僑居瑣記

《海外花實》附散文及書信選

蔡岱梅　著
傅一民　編

商務印書館

責任編輯：毛宇軒
裝幀設計：郭梓琪
排　　版：周　榮
責任校對：趙會明
印　　務：龍寶祺

僑居瑣記——《海外花實》附散文及書信選

作　　者：蔡岱梅
編　　者：傅一民
出　　版：商務印書館（香港）有限公司
香港筲箕灣耀興道 3 號東滙廣場 8 樓
http://www.commercialpress.com.hk
發　　行：香港聯合書刊物流有限公司
香港新界荃灣德士古道 220–248 號荃灣工業中心 16 樓
印　　刷：中華商務彩色印刷有限公司
香港新界大埔汀麗路 36 號中華商務印刷大廈 14 樓
版　　次：2024 年 12 月第 1 版第 1 次印刷

ISBN 978 962 07 4710 6
Printed in Hong Kong

《海外花實》英文版封面

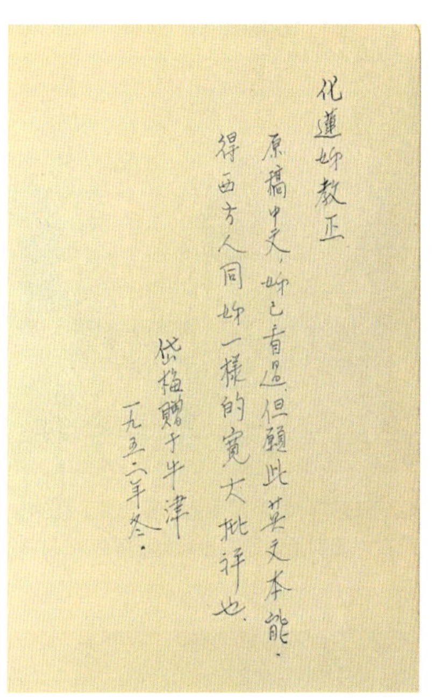
化蓮妳教正
原稿中文，妳已看過，但願此英文本能
得西方人同妳一樣的寬大批評也。
岱梅贈于牛津
一九五二年冬。

蔡岱梅贈給熊化蓮（即信中的何太太）英文版《海外花實》的簽贈頁

華僑登記證 No 546
Certificate of Registration

開計 熊式一
1 姓名 Name S. I. HSIUNG 2 性別 Sex MALE
3 年歲 Age 39 4 籍貫 Native Province Kiangsi
5 出生地 Place of Birth Nanchang, Kiangsi
6 現在居所 Present Residence The Western Corner, Oakwood Drive, St. Albans, HERTS.
7 職業 Profession Author
8 商號 Establishment
9 何時入境 Date of Arrival 1933
10 夫或妻 Name of Wife or Husband
11 子女 Names of Children & Their Sex
Date 28th July 1941

《華僑登記證》（1941 年頒發）
熊家住址登記為聖阿爾本，即他們搬去牛津之前的住所
照片從左至右：蔡岱梅、熊式一（後排）；熊德輗、熊德蘭、熊德威（前排）

CHINESE AUTHOR AT HOME

One of China's greatest modern authors lives and works in Britain. He is Dr. Shih-I Hsiung who, with his wife and four children, lives in Oxford. The best-known of his plays is "Lady Precious Stream" which had a record run of over 800 performances in London and was equally successful abroad. He has written many more, among them "The Western Chamber", "Mencius was a Bad Boy" and "The Professor from Peking". In 1940 he published his novel *The Bridge of Heaven* which is now in its eleventh edition; he is engaged on a sequel to it to be entitled *The Gate of Peace*. Due for publication now is an important work by Hsiung—*The Life of General Chiang Kai-shek*. The author is also writing a *Contemporary History of China*.

《女王雜誌》報導：〈中國作家之家〉（1945 年 12 月 12 日期刊專頁報導）

配文中提到當時即將出版的《蔣傳》（最終於 1948 年出版）和《和平門》（未完成）。

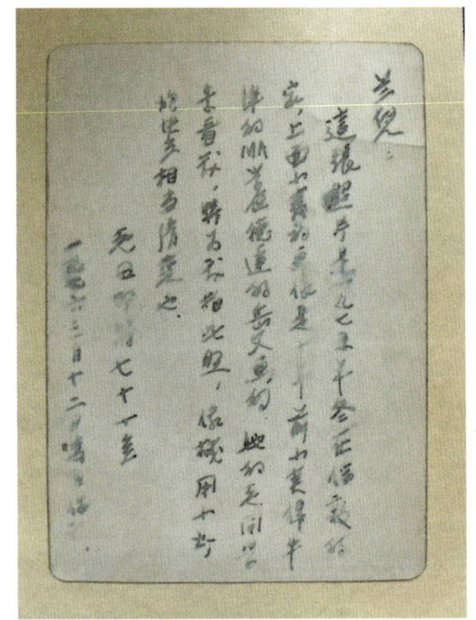

蘭兒

這張照片是一九七五年冬在倫敦的家，上面小美的畫像是十年前小美得牛津的MA學位，德達的岳父畫的。她的老同學來看我，特為我拍此照，相機用小燈泡快光相當清楚也。

老母即將七十一矣

一九七六三月十二日寄自倫敦

蔡岱梅晚年照

附言：「蘭兒：這張照片是一九七五年冬在倫敦的家，上面小美的畫像是十年前小美得牛津的 MA 學位，德達的岳父畫的。她的老同學來看我，特為我拍此照，相機用小燈泡快光相當清楚也。老母即將七十一矣 一九七六三月十二日寄自倫敦」

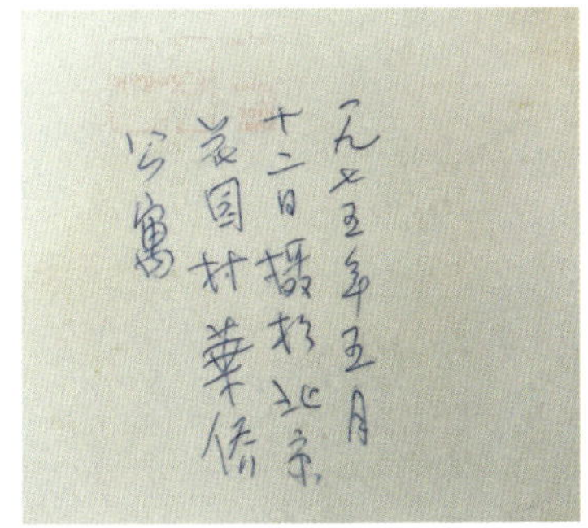

華僑公寓合影
從左二至右：蔣彝、蕭淑芳、熊德蘭、吳作人、熊德輗
背面題字：一九七五年五月十二日攝於北京花園華僑公寓（應為蔣彝先生親筆）

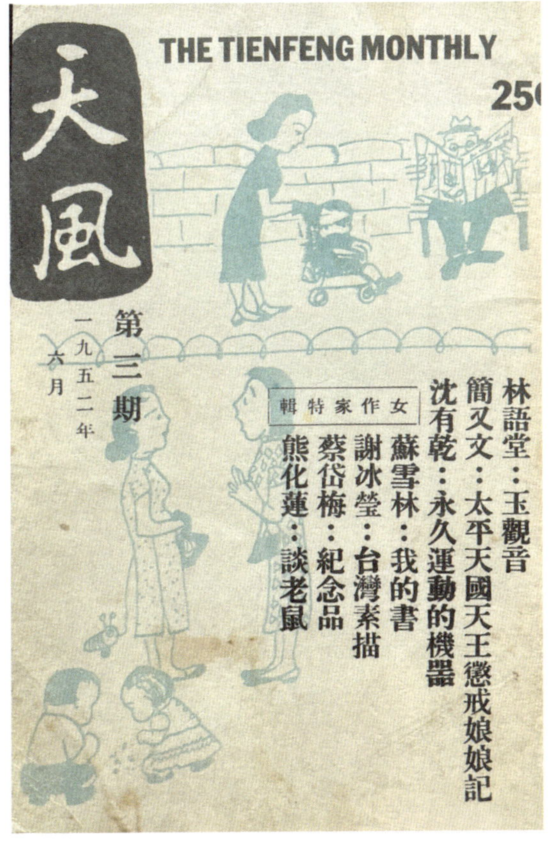

《天風月刊》封面 1952.6

印文為「逸伏盧」，（共二枚，第一枚為著名畫家張安治先生所刻贈）

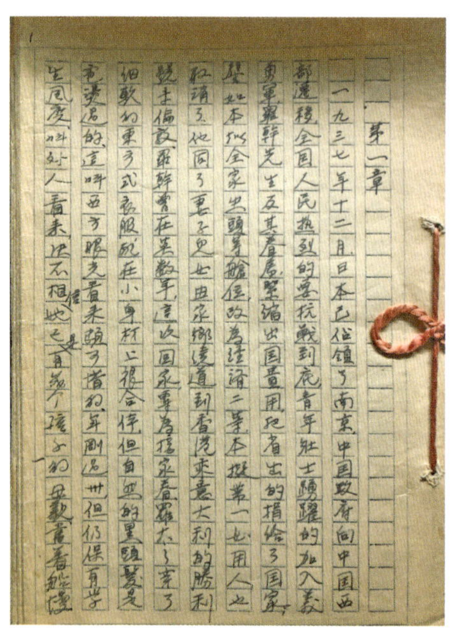

《海外花實》手稿第一頁

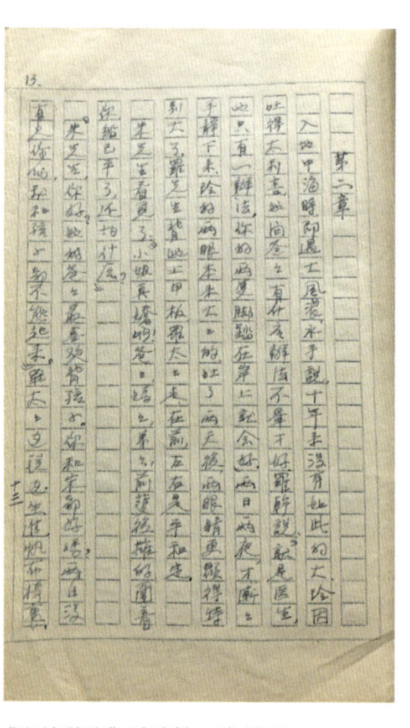

《海外花實》手稿第二章首頁

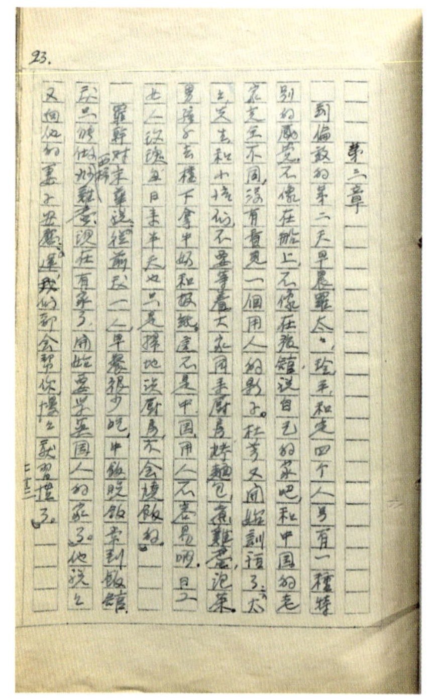

《海外花實》手稿第三章首頁

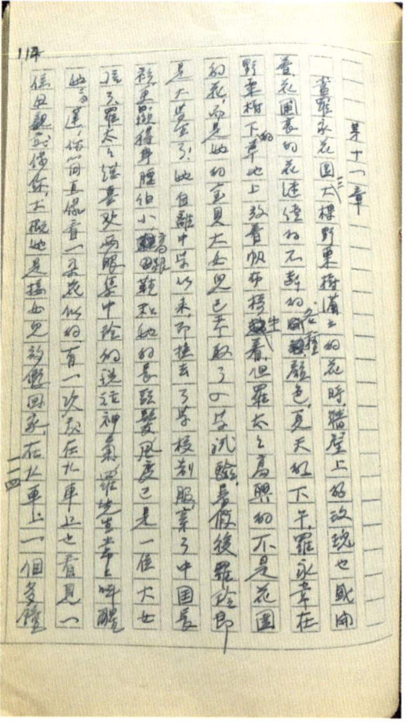

《海外花實》手稿第十一章首頁

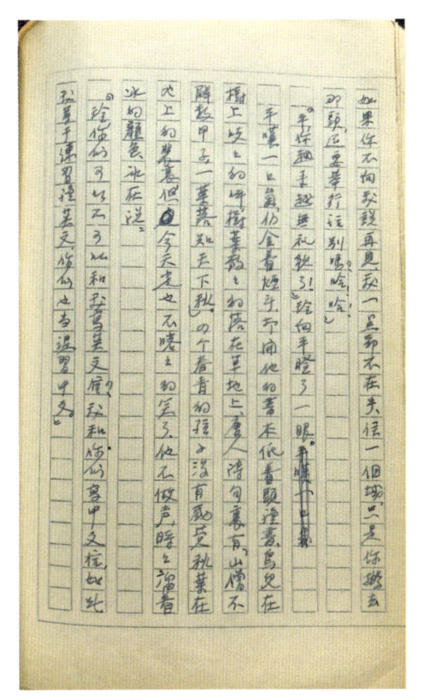

《海外花實》手稿第十六章內頁

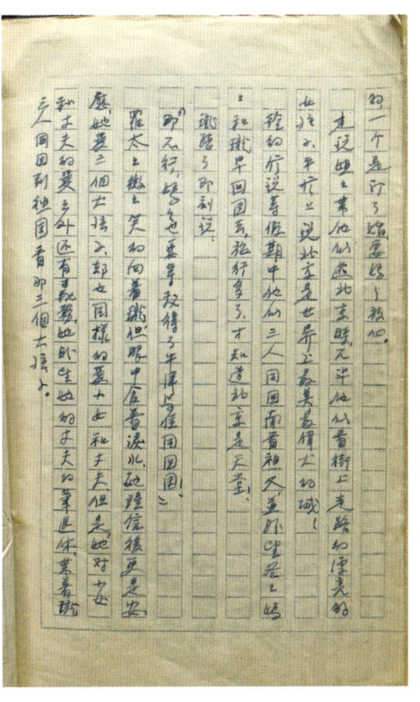

《海外花實》手稿末頁

蔡岱梅大學畢業冊封面及內頁（名字被誤印為蔡黛梅）

序一

宏大歷史的私密敘述

作者蔡岱梅女士在英文版小說 *Flowering Exile* 出版之前，曾在與丈夫熊式一以及出版社的通信中披露了一些重要的資訊，對於後人如何理解這部作品很有幫助。首先，她提到並不喜歡出版社編輯所取的英文稿標題 :“Flowering Exile”。熊式一曾經給這部書稿起過好幾個名字，包括 “Far From Home”。“Flowering Exile” 則是審稿編輯查理士的意見，熊家的好友，漢學家霍克思對此也不太認同。 認為「外國書喜歡套用 exile，再加上花，似乎俗氣。」其次就是小說本身是寫給小女兒看的，出版也是希望能夠打動做過母親的讀者。其三就是，蔡岱梅十分小心，懇請編輯關乎人事方面，千萬把關，不能「顧了事實的有趣」，「而有太損人處」。

《僑居瑣記》中收錄的是蔡女士五十年代出版的英文小說的中文原稿。英文的翻譯是丈夫熊式一完成的。熊式一先生三十年代初在英國憑藉一個話劇《王寶川》(*Lady Precious Stream*) 一炮打響，此時在英國文化界已經站穩了腳跟。據稱翻譯過程中原作者和譯者有不少分歧，通信中也有提到。有學者曾經指出熊式一的翻譯更加有意迎合英國讀者對於中國文化的獵奇心理，努力塑造一個「快樂和睦的熊家」(the Happy Hsiungs) 形象。按照這種對於文本歷史的認識，我們很容易將這一中文原稿看成更為可靠的未經改寫的文本。把中文版本和英文版本的出入看成為男性作家改寫女性真實思想的例證。我想說的是，事實恐怕沒有那麼簡單。

蔡女士的通信中提供的資訊證明這部英文書稿最終呈現的樣子恐怕是多方協商的結果。蔡女士對於文稿中涉及到真人真事的多層禁忌，讓我們想到很可能在書寫過程中她就對於事實本身有所修改，或做出一定取捨。因此，我們在這裏看到的也未必就是未加修飾的事實本身。同樣這也是一個當事人的敍述。只不過，相對於英文小說來說，這也許可以算作是第一敍述。然而，令我們感興趣的難道僅僅是還原歷史本身嗎？

當今對於中西交流中的文化政治比較敏感的讀者看來，在海外用英文寫中國人的生活情況多多少少會受到受眾的影響，有意識地設計某種「中國形象」以供西方社會的消費。這也就引發了對於「去類型化」「去偏見」描寫真實可信（authentic）的中國人生活的渴望。然而，這不應該是唯一的政治考量。關於所謂「真實可信」的中國人的敍述不應該只有一種，與蔡岱梅相同背景的知識女性的海外生活，最近幾年也發掘出了好幾個案例，最有名的當然要算張愛玲的《小團圓》，其次有與《海外花實》同時期的淩叔華的自傳體小說《古韻》。除此以外，另外一些知識女性雖然沒有留下親筆的個人紀錄，他們的後代的追根溯源也使得我們對於她們的經歷有所了解，比如紀錄徐志摩的第一任夫人張幼儀的回憶錄《小腳與西服》。還有一些女性，比如胡適夫人江冬秀雖然文化水準不高，但是據說也曾寫過自傳。據學者唐德剛稱那是「一篇最純真最可愛的樸素文學」，只是沒有面世而已。由此可見，現代留洋女性的書寫多種多樣。即便仍可以沿用一些籠統的父權壓制之類的語言描述，並不足以描述每一個個體作家的特例。若期待她們中間的任何一位承擔「中國女性」的「真實可信」的代言人，恐怕都有以偏概全的危險。

所以進入蔡岱梅女士中文版的文稿的路徑，恐怕不能捨近求遠地一味強調文化政治，還是得從文本入手。蔡的文本是一本名副其實的「僑居瑣記」—— 它描述了一個以熊家為原型的中國家庭在英國落地生根的十幾年的生活。它和張愛玲的英文小說《小團圓》有可比之處：首先作者都是經歷過大時代大動盪的人，但是國際局勢國家大事都被「放逐」於文本之外。小說本身遵循的是所謂「社會習俗小說」（novel of manners）的路數，比如西方的簡．奧斯汀的《傲慢與偏見》或者是東方的《金瓶梅》《紅樓夢》甚至《海上花》，描述的更多的是家長里短的日常生活瑣事，從細節之處呈現出社會變遷。《海外花實》的作者不似張愛玲那樣是有歷練的小說家。所以雖然同樣具有女性特有的細微觀察，卻並不擅長經營人物，刻畫心理。同時小說的主角蓮相對於張愛玲的人物來說，價值取向比較主流，追求的是四平八穩的家庭生活，即便到了海外，也沒有張愛玲的角色那種與生俱來的漂泊感。不管怎麼看，《海外花實》都更像一個情景劇（situation comedy），彷彿客廳已經預定了是這個戲的佈景，進進出出的客人給每場戲帶來新鮮的話題。小說的發展是以這個固定的背景為前提的。所以，熊式一所提議的題目，“Far from Home” 是貼切的。本來小說就是圍繞着 “home” 展開的 —— 雖然人物都已經遠離了中國這個 “home”，實際上 “home” 從來就沒有離開過羅家。

日常生活是瑣碎而平淡的。蔡作的寫實風格不惜犧牲戲劇性的衝突。這在當時曾被某些英國評論家所詬病。蔡岱梅的自我辯護是這本書本來就是個回憶錄，是寫給女兒看的。這種說法是可以成立的。普通人的生活也值得紀錄。也許對外人來說，這個紀錄不足為奇，而對於家人來說，這卻是彌足珍貴的。

這份珍貴並不僅僅因為小說裏面的內容，更是因為被小說家遺留在外的故事。《僑居瑣記》值得我們從頭到尾地通讀。後半部分的散文和通信補充了小說裏一些過於簡要的敘述，或者略去不談的內容。

從頭讀到尾你會意識到這個「家」是怎樣被苦心「營造」出來的。

所謂「營造」並不是說它是虛假的。恰恰相反，它非常真實，只不過是一個精心構造的文學產品（artifice）。有的時候這體現在作者對於大的動盪輕描淡寫的一筆帶過。參考附錄裏的內容，你就會知道這些動盪實際驚心動魄。比如，倫敦面臨空襲的危險，玲的學校因此準備疏散，為了保密，家長還不能被告知轉移的地點。「羅太太雖然很憂慮，但不慌。他們曾從戰火中的祖國走出來，這又是『戰爭』，是『世界大戰』。她不想把家中人分開，但羅先生覺得走出一個就是一個，同時玲跟着學校仍有課上，故討論的結果還是讓玲同學校走。」

「走出一個就是一個」是一種非常現實也非常無奈的處事態度，是戰火之中的普通人的生存邏輯。讓人想到的是作者蔡岱梅自己留在老家的另外兩個孩子。小說一開始羅先生回國接家眷赴英，原來並不是把家人接來到海外享受榮華富貴，其實也是一種逃難，從一個戰場逃到另一個戰場。中間涵蓋了一些困難的抉擇，「走出一個就是一個」。蔡的小說裏沒有提到過留在家裏的兩個孩子，以及中國人常見的四世同堂的大家庭，有一說是因為怕英國讀者不能理解，其實我猜想，這並不是唯一的原因。設身處地地想一想，一個剛剛從戰爭中走出來的家庭，它的主要注意力恐怕要放在如何讓「走出」來的幾個人活下去，而沒有心力去緬懷被落在後面的另一半。

「營造」這個家是需要有人做出犧牲的。這個犧牲不只體現在現實生活裏，而且還體現在對於故事的敍述上。小說中的羅太太雖然是個主角，卻是一個着墨甚少的人物。更多的注意力都放在幾個孩子如何適應英倫生活上了。難道羅太太就沒有屬於自己的艱難？雖然從細微之處我們可以看到，這個羅太太並不是一個不諳世事的人。比如她很為自己有一個知名的女朋友杜芳引以為傲，有人對她多有微詞，她馬上站出來維護她。然而她很少有機會能夠讓內心複雜的想法流露出來。這是一個自我犧牲的女性的現實考量，同時也反映在敍述的比例上。羅家是年輕人的舞台。他們的故事，他們的選擇是羅家面向未來的希望；過去的東西，上一代的故事，相對來說都要被邊緣化。

下一代當中最出彩的當然是性格外向，活潑聰慧的玲。一九四九年之交，中國歷史上如此不可逾越的轉型，羅家三個在英國受過良好的大學教育的兒女先後決定回國。大約同時，熊家兩個留在老家的子女又千辛萬苦遠赴英倫讀書。這些東方與西方之間的走動，在冷戰格局即將定型的四十年代末、五十年代初，不應該是任何人能夠隨隨便便做出的一個選擇。然而，在蔡岱梅的小說裏賦予了極其簡單的描寫：沒有長篇累牘的政治辯論，也沒有進一步的解釋，為什麼羅家三子女會做出這樣的決定。實際上，與我們預期的不一樣的是，並不是所謂的國家政治被淡化了，而是說羅家從一開始就沒有放棄讓兒女歸國服務。這在小說中幾次提到，政治風雲並不足以改變這一初衷。

現實中的熊家恐怕也是一樣。遠在海外的熊家對於新中國的資訊的掌握是相當即時的。國內的親友來信之中所傳達的消息，即便是對新政府有所微詞的，也並沒有被審查掉。比如熊家好友小鹿，在 1953 年就在信中直言相勸，若要回國，「書，除了古典文學和一部分較進步的作品留下，其餘都出售，減輕負擔，帶回來全無用。」追求進步的大女兒很明白她在牛津受到的英國文學教育，需要怎樣的改變，才能適應冷戰之後，東西之間日益加劇的文化品味方面的分歧。她在 1950 年就在與母親的信中說道，「母親的文章我們都覺得非常好。又有意思又幽默，可惜這一兩年的中國雜誌不歡迎沒有革命性質的或所謂『不前進』的作品。再過一個時期，等我們中國革命完全成功了，文藝才能脫離政治。」新中國與英國的關係，並沒有像與打過韓戰的美國一樣針鋒相對。因此《海外花實》中海內外的家人並沒有完全切斷聯繫。小說沒有寫到的後續故事，必然是這個精心「營造」

的家，在超越個人的國家政治、地緣政治中的不斷溝通磨合，相互適應。這雖然是一個個體家族的紀錄，同樣也是歷史的見證。

一九五二年出版的《海外花實》幾個遠在中國的孩子第一時間就看到了，覺得「非常好笑」，「姆媽把我們都說得太好了」。屆時羅太太的三個孩子已經「單飛」了三四年了。 很可能，蔡岱梅的小說有一半寄託了她對這三個遠在海外的孩子的想念。事實上，下一代也並沒有停止對於「家」的「營造」，一直到一九五八年，大女兒還在家書中分析道，「我們家所謂『分散』主要原因不是因為有人在國內和國外……而是因為母親這個中心放錯了地方了。」然而，「母親這個中心」的安置也同樣是有其歷史原因的。父母同樣也有着自己獨立的生活軌跡的，並不能為子女而左右。

還有一個原因你一定要把這個小說和附錄聯繫起來讀。那就是在小說中被改頭換面的一些邊緣人物，原來都是中國近代史上有名有姓的重要人物。參照附錄中的通信往來看，你會發現蔡女士的文筆比錢鍾書嘲諷林徽因家的沙龍要來得厚道得多。那不是因為熊家的客人比光顧林徽因客廳的更加平凡卑微。羅太太無意揭朋友的短處，但是她的直言不諱，經常能夠一兩筆就傳神地將幾個人物勾畫出來。其中着墨最多的，是以民國時期著名女作家陸晶清為原型的巾幗英雄杜芳，還有以崔驥為原型的多愁善感而又迂腐可愛的羅家朋友宋華，其他的恐怕要做一些偵探工作。比如楊冰的母親是否就是與英國才子朱利安·貝爾有過戀愛史的淩叔華？書信本身證明熊家在英國的確是不少文人的落腳點。為民國文人「營造」一個海外的家，有誰能說這僅僅是一個關涉個人的故事呢？會心的讀者跨越這虛構與現實的界線，是可以拼湊出一段宏大歷史的私密敍述的。

沈雙

序二

1952 年，英文版《海外花實》出版，成為最早的旅英華人女作家英文自傳體小說。事隔半個多世紀後，香港商務印書館推出其中文原作，蔡岱梅的文學建樹得到了廣泛的認可，世人得以從中文的角度欣賞到這位女作家的文學風采，可喜可慶。這部作品，從獨特的家庭主婦的視角，描述了一個華人家庭在海外旅居十多年間的親身經歷，筆觸細膩生動，敘事風格輕鬆平淡，感人且蘊有深意，令人不忍釋卷。

《僑居瑣記》中，除了《海外花實》，還收錄了蔡岱梅與夫婿熊式一的部分散文作品、隨筆以及大量的家信和眾多文友的信件。這些資料大多為首次披露，十分難得。它們與《海外花實》形成文本之間的互證互補，豐富了作品的內涵以及廣度和深度，為讀者了解當年海外文化人的離散遭際、友情交往、思想觀點、困頓努力等方面，提供了極為珍貴的第一手資料。

總之，《僑居瑣記》內容豐富，深具歷史和文學價值。它必然成為研究近代中西文化交流以及海外華人史的重要資料，無疑會廣受歡迎。

鄭 達

編者序

《僑居瑣記 ——《海外花實》附散文及書信選》所記錄的，大都是關於上一世紀中葉，在大西洋彼岸英倫發生的一些軼事。然而，在整理書稿的過程中，卻不時湧現出一些 *déjà vu*[1] 瞬間，牽引着我向記憶深處，拾取那些「似曾相識」的花絮。《海外花實》小說中，那個喜歡在哥哥姐姐頭上拍拍打打的羅定，不就是多年以後的「孩子王」，每每喜歡對我們小字輩施以「拍拍頭、捏捏臉蛋兒」之見面禮的二舅熊德輗嘛！當讀到，1945 年夏的牛津火車站，小身材的杜芳女士「直向人縫中擠出」，我腦海裏閃現出的場景，是四分之一世紀後，南昌的長途汽車站。車門一開，率先從人縫中擠出，第一個跳下車的，是肩背着人民公社草帽，小身材大氣場的大姨熊德蘭（她那時被下放到外交部在江西的「五七幹校」）。在小說中勤勞肯幹，樂於「為勝利而種菜」的羅平，是半個世紀後，身居皇城根下，仍舊惦記着要去鄉下種地，我可愛的大舅熊德威。

我的外祖母蔡岱梅，是僑居英倫的熊家，當年牛津遠近聞名的逸伏盧（及後來海伏山莊）的女主人。上世紀四十年代中後期，熊家有三個子女同時就讀於牛津大學。因為男女主人的熱情好客，以及對其他學子的同等關愛，他們在牛津的家，幾乎變成了「中國留學生

1　原文為法語，英文譯為既視感，含有似曾相識的意思。

之家」、非官方「駐（牛）津辦」。多年後，外祖母在寫給忘年交陳毓賢女士的一封信中如此追述：「我來英國後雖然沒有學點什麼課程，因為做了一個家庭主婦。特別又是戰時，又在海外，又住在一個牛津名大學城。當時來往朋友也確實多，在客廳，在飯桌上，在廚房，我觀察到各種朋友的性格，特別是有風趣的。」結果這些都被她作為素材，寫進了《海外花實》，也成就了我們今天看到的這本文選。

我在上世紀六十年代中期出生於中國北方，母親是熊德海，熊家子女中排行第四的次女。我小時候，不僅沒見過外祖父母，家中連他們的照片都沒有。只知道，外祖父母，還有小舅和小姨都在國外。第一次聽見外祖母的名字，是在七十年代中期某一天。那次，家中有位海員叔叔到訪，談到他所工作的遠洋輪船，將要在英國的某港口靠岸。母親很熱情地找出外祖母的地址，並說：「我母親對祖國去的同胞都很熱情，這是她在倫敦的住址，她叫蔡岱梅。」我當時印象特別深，因為覺得外祖母的名字太好聽了，跟那個年代常見的名字很不一樣。後來，那位海員叔叔真的去登門拜訪了，他還帶回外祖母送給我們的，一本由大衛·霍克思翻譯的英文版《紅樓夢》。

記得小學放假最開心的事，就是母親吩咐打點行裝，帶着我們乘綠皮火車去北京探親。二舅德輗的家，在西郊魏公村的北外西院，那裏通常是我們第一站的落腳點。二舅家子女多，人來人往，再加上我們的到訪，更加感覺熱鬧非凡。二舅特別喜歡小孩，我們小孩也特別喜歡二舅。最愛聽他給我們講東西方故事，看他表演變戲法。表哥表姐們，對我這個生性活潑的小表妹，也非常有耐心。有一年，表姐熊心還客串導遊，領着我去天安門遊覽。並且帶我去體驗北京當時新開通的首條地鐵。我們一直坐到終點站蘋果園，沒出站，又掉頭轉乘回去。地鐵車廂裏空空的，沒坐幾個人，大都是像我們一樣的觀光乘客。還記得，有一次在二舅家的樓道口，住在樓上的許國璋教授興奮地走進門，聲音洪亮地對二舅說：「……在某某某電台，聽到對老太爺的採訪，一個字一個字，講得清楚極了，英文還是那麼棒……」欽佩之情，溢於言表。二舅哼哼哈哈，絲毫沒有接話的意思，於是也就沒有了下文。我猜「老太爺」指的，應該就是我的外祖父，但連他的具體名字是什麼，依舊不知道。

偶爾，為減輕二舅家的接待負擔，我也被分配過去跟大姨德蘭同住。七十年代中期，德蘭曾在地處百萬莊的外交學院任教。印象中，她那間單身宿舍與鄰居共用廚衛，房間裏並沒有多餘的牀。我的臨時牀鋪就安在一張大書案上，那是她從南昌老家運回來的。清晨醒來映入眼簾的，是畫家吳作人先生送給她的一幅書法，上書陳毅元帥詩作：「大雪壓青松，青松挺且直。要知松高潔，待到雪化時。」這幅字大姨很欣賞，一直掛在家中牆上（2008 年春，大姨因病入院後，這幅字和另一幅趙樸初先生的書法，離奇地從她家中消失，不知所踪）。那段時間，大舅德威的家還在黃寺空軍大院，但大舅的工作地點不在北京，所以我們過去叨擾的次數相對較少。

我當時年少，沒有過多追問大人關於熊家的事情。只依稀記得一些偶而聽到的對話片段，和印象深刻的畫面。除以上幾例，還記得聽到過母親私下告訴哥哥，外祖父當年寫了一個劇本《王寶川》，在英國大獲成功。哥哥追問，為什麼後來再也沒有如此成功的著作了？母親的回答是：「脫離生活，寫不出新作品了。」我在旁邊聽得一愣一愣的，因為從未聽說過「王寶釧」這個戲劇人物，也更搞不懂，「深入生活」和「脫離生活」，究竟是怎麼一回事。如此說來，外祖母所著自傳體小說《海外花實》，倒真的不存在任何「脫離生活」問題。書中絕大部分細節，都來自於她的親身生活體驗。

《海外花實》這部小說，沒有宏大的敍事，僅從女主人的視角，講述了一個中國家庭僑居異鄉的聚散離合。書中的每個人物，背後都有真實的原型。除了以外祖父母為原型的「羅先生、羅太太」，羅家的幾個孩子，「羅玲、羅平、羅定、羅瓏」，分別基於我的大姨熊德蘭、大舅熊德威、二舅熊德輗，和小姨熊德荑。書中羅家那些性格鮮明的朋友們，也都可以在熊家當年的社交圈裏，一一找到對應的人物原型。基於崔驥先生的「宋叔叔」、基於陸晶清女士的「杜姑姑」，以及主要基於傅仲孫教授的「何教授」，都描寫的非常傳神。書中還有許多其他人物，自帶各種「缺陷」登場。儘管，為得不忍心傷到朋友，外祖母也很努力地嘗試過進行偽裝，動用了各式「馬甲」。結果，仍不免有人「對號入座」，以至於導致個別「冷戰」。姑且按下不表。

《海外花實》小說的原稿由外祖母用中文寫作，由我的外祖父、著名旅英劇作家熊式一先生翻譯成英文，並協助完成出版事宜。英文版 *Flowering Exile* 於 1952 年秋在英國由彼得書局（Peter Davies）正式出版。原版英文護封上是這樣介紹這本小說的：

> ……戰爭來臨，隨之而來的种种艱難困苦都被勇敢面對，並且機敏克服。我們可以看到戰時的英倫對這位中國母親造成的各種困惑不安，儘管她是一位非常敏感的女士，但必要時又能變得異常的腳踏實地，吃苦耐勞。
>
> 他們前前後後搬過幾次家，常來常往的朋友包括：王教授[2]、宋叔叔、了不起的杜姑姑，還有很多其他中外友人。幾個孩子長大成人，並入讀牛津；家中又新添了嬰兒，這个最小的女兒瓏，即刻贏得了讀者的喜愛。故事絲絲入扣，這个非常中國式的家庭中充滿了互助互愛，樂觀精神和寬大包容。生活中

2　即《海外花實》裏的朱教授，在英譯時被改為王教授。

滿是喜劇，但也有幾頁悲劇：既可憐又可愛的宋叔叔死於結核病。

這是通過一位賢妻良母中國女性的獨特視角，所講述的充滿人性的故事，基于真實生活，通篇都是有趣的細節。……

我的母親熊德海和小舅熊德達，並未出現在《海外花實》這本自傳體小說中。1937 年底，他們的父母帶着三個姐姐哥哥遠赴英倫。當時只有七歲和五歲的姐弟倆，卻被留在南昌，由他們的外祖父母（南昌話稱為公公、婆婆）代為撫養。照顧他們日常生活的，還有一位「乾娘」：蔡家忠誠的女傭章家女。抗戰期間，蔡家老小被迫逃難，一度撤退到贛縣，借住在寺廟裏。直到光復後，才於 1946 年搬回南昌。1949 年 6 月底，姐弟二人毅然踏上投奔父母的征途。他們從南昌一路南下，輾轉湖南、廣東、海南島、香港等地，在 1949 年聖誕節翌日 12 月 26 日抵達牛津。在離別十二年後，終於和父母兄妹團聚。

雖然《海外花實》書中，並沒有他們二人的身影，但這本小說的緣起，卻與他們密切相關。因為到 1949 年底，外祖父的寫作生涯進入瓶頸期，熊家在經濟上已入不敷出，毫無財力承擔二個子女赴英的船票。在港的熊家好友、牛津校友梁文華（英文名 Man-Hua Leung），和她的丈夫 Mr. Arthur Bentley（中文名「卞雅德」），慷慨地伸出援手。卞先生不僅協助姐弟倆申領護照，辦理其他赴英必不可少的表格填報等手續，還墊付了從海口到香港，以及從香港到英國的船票費用，共約二百英鎊。如何儘快歸還這筆欠款，在德蘭和德威給父母的家書中均有所提及。外祖母提筆撰寫《海外花實》的初衷，也包含希望可以將稿費用來償還這筆欠款。事實上，她一收到這本書的版稅，就馬上匯往香港，償還了部分債務。餘額大概是一直到 1955 年才全部還清。

作為延伸閱讀，本書後半部還選錄了一批散文和來往書信，以佐證和豐富作品的歷史背景及時代特性。我的外祖父母，性格及文風雖然很不一樣，但都比較富有幽默感。出自他們筆下，那二篇描寫對方的隨筆，《家珍之二》及《我的丈夫》，非常適合對比着品讀。夫妻間多少衝突和妥協，都被玩笑似的春秋筆法，掩於字裏行間。其實，外祖父熊式一所著長篇歷史小說《天橋》，以及外祖母蔡岱梅所著《海外花實》，這兩本他們獻給彼此的著作，都是二老傾心合作的結晶。這在他們的家書通信摘選中，也有所體現。比較有意思的是，自傳體小說或散文中的某些細節，往往能與通信中的細節相呼應。《海外花實》中的羅先生，「凡遇人說他時，他總喜歡找對方的錯，頗像律師家的辯護」。現實中的外祖父，一再被外祖母在家書中鼓勵敦促，希望他能更加專注於寫作。結果他在某封回信中，也不忘回敬一句：「你若每日把寫信的時候寫稿，自然斐然有成績。」

當讀到，外祖父在家書中調侃外祖母：「你若掛牌招生，保你所收的費不夠貼你炒麪的本，若學生太多，則我們大家每週配給的肉都要貼完的！」我不禁回想起，七十年代中期，母親給那些上門求教的學生們輔導英文，不僅從未收取任何課費，還經常熱心留飯。對平素來訪的大小朋友，也從來都是毫無保留地熱情招待。在那個糧油肉蛋憑票供應的年代，堪稱難能可貴之舉。原來這樣的待客之道，也都是來自外祖母的家傳。

更有意思的是，書中（包括散文和通信）的一些預想，竟在多年後紛紛變成現實。例如，在小說裏，羅太太心中感覺，孩子中唯有羅玲是可以繼承父親的寫作事業，將來也可出版書。現實生活中，德蘭在回國的船上就在寫英文小說，準備投稿。剛回國的那兩年，在家書中仍有不少關於書稿的討論。後來，德蘭決定放棄英文寫作，但終於在 1982 年，用中文發表了長篇小說處女作《求》。因題材新穎，出版後曾引起小小的轟動。八九十年代，除了參與編寫多本英語自學教材，她的長篇小說《求》單行本，以及《海外歸人》合訂本，都曾多次出版發行。有些「夢想成真」，則被打了折扣。書中的小瓏，八九歲時，就叫母親也要等她「得了牛津學位同回國」。十多年後，德荑如願獲得了她的牛津學位。但在英國生長的她，畢業後並沒有選擇「回國」，而是決定移民去了美國。而她的母親蔡岱梅，最終也沒能如願與她「同回國」。

小說中「杜姑姑」的原型，熊家好友、永遠的小鹿、「小伯母」——陸晶清女士，1939 年春赴抗日戰區考察之前，在一封致「五十號老少男女公鑒」的信中寫道：「我想德威一定佩服『小伯母』多勇敢！上戰區去！」「假如此去回不來，無論怎樣死，希望德威以後都稱『小伯母』做『烈士伯母』」——為什麼「小伯母」陸晶清，會在上公園路五十號眾多的男女老少室友中，唯獨點名德威，來佩服她的勇敢，並交代如何稱呼她的「後事」？難道她有先見之明，可以預見到德威竟在十年後，真的投筆從戎，勇敢地走上戰場？！在得知人物結局的情況下，再回過頭來，檢視當初的一切言行，不知這是否就類似於上帝視角？

本書特別摘選了，外祖母與陸晶清之間的多封通信，時間跨度近五十年。陸晶清作為上個世紀二十年代即嶄露头角的民國女作家，特立獨行，文筆鮮活。透過這些所摘選的信件，一個「新時代女性」的形象躍然紙上。她們作為摯友，曾一度親密無間，在信札中袒露心扉。最後哪怕已年近耄耋，仍然憧憬着跨越重洋的久別重逢。就連陸晶清晚年對外祖母的評語，「不外露的堅強」，也道盡了莫逆之交的相知相惜。

德輗在他那篇習作〈英國的公立學校〉中介紹道：「在這學校差不

多要花一半的精神與時間在體育運動上面。」因為他從小是在英國公立學校接受的教育，對體育運動的熱愛，也貫穿了德輗的一生。熊家的運動健將，非他莫屬。他家裏，各種球類應有盡有。德輗的子女們，從小就跟着爸爸，夏天游泳、冬天滑冰。我小時候常隨母親去北京，也跟着他們下過水、上過冰，在北外的操場上練投籃，在廢棄的游泳池裏踢足球。

我猜想，在母親的心目中，她的「娘家」其實就在北京，在京城的姐姐哥哥們就是她的「家長」。當年，他們敦促父母給她醫治破相的臉頰，湊錢給她買船票回國。之後又資助她讀完大學，直至成家立業。母親在東北師範大學就讀期間，一放寒暑假就從長春往北京跑，享受被姐姐哥哥寵愛的幸福時光。結婚生子後，進京頻率沒有那麼高了。但在她生命的最後幾年，每年寒假都帶着我們去北京探親。所以，我從小就跟這幾位姨媽舅舅非常地親近。這次整理家書，不禁再次被他們之間真摯的親情所感動。惟願已在天國重聚的他們，永遠還像年輕時一樣親密無間、開心快樂。

在我童年結束的關頭，母親因病早逝。我那快樂的「北京假期」系列，也從此一去不復返。我學會變得更加獨立，在學業上發奮圖強，接連考入市重點中學、省重點高中、國字號頭部大學。終於在大學期間，如願轉讀京城，得以與二位舅舅和大姨重聚。1986 年 6 月，小姨熊德荑到中國旅遊探親之際，我在二舅德輗家第一次見到她。雖是初次相見，我們卻毫無陌生感，宛若久別重逢。在她的幫助下，我大學畢業後，旋即赴美留學，之後在美國工作生活多年。直到本世紀初，又因為工作機會回到上海。這些年來，小姨德荑在華府的家，一直是我在美國的大本營。我們悲喜與共，情同母女。我曾陪同德荑赴南昌尋根，她那一口純正的民國南昌話，讓滿座土生土長的南昌親友齊聲贊歎不已。德荑也不止一次帶我重遊牛津，從逸伏盧舊址，到 OHS[3] 和 LMH[4] 校園，追溯她成長過程中的關鍵節點。

《海外花實》出版時，德荑只有 12 歲，但已入讀牛津中學。她對許多書內書外的人與事，至今仍記憶猶新。正是她告訴我，《海外花實》原本由外祖母以中文寫成，後經外祖父翻譯成英文出版。二老因創作觀點方面的分歧，在翻譯成書過程中，屢次發生爭執，甚至傷及了夫妻感情。這使我不禁產生好奇：既然我們所讀到的英文版 *Flowering Exile*，含有外祖父「二度創作」的成分在內，那麼其中文原稿，是否更能體現外祖母本人的文風，讀起來更加原汁原味呢？因此，便萌生了念頭，去找到《海外花實》的中文原稿並設法出版。

作為「羅瓏」的原型，《海外花實》記錄了德荑從出生到八九歲的成長過程。書中很多有趣的細節，都來自於她真實的生活經歷。其實，書中隱去了，熊家不得不搬離逸伏盧的真正原因。1948 年夏，著名英國作家格雷厄姆·格林（Graham Greene）買下了逸伏盧所在的花園洋房，作為給太太薇薇安的分手禮。熊家在剛剛送別德蘭後，就收到房東發來的，必須提前搬離逸伏盧的通知，真是禍不單行。接下來找房搬家的過程，相當漫長。直到第二年的春天，才鎖定了牛津郊外的海伏山莊。書中寫到，瓏小小年紀，因為廣告看多了，居然熟知房產市價。事實的確如此，外祖父覺得這事非常有趣，常常要德荑在客人面前表演。而外祖母則感覺此舉不夠文雅，頗有點難為情。孰料這段童年經歷，竟在德荑心中種下對房地產的熱衷。她在參加工作僅三年後，即打破熊家只租不買的傳統，首度在倫敦瑞士屋街區購置了

3 Oxford High School 的簡寫，即牛津中學，牛津著名的女子中學，學生一般是從 10 歲開始，一直讀到 16 歲或 18 歲畢業。

4 Lady Margaret Hall 的縮寫，即牛津大學瑪格麗特夫人學堂。

一套公寓。這住處，也是外祖母蔡岱梅人生最後二十年得以安居的所在。後來即便在沒有購房需求時，德荑一度最喜歡的週末消遣，仍是去逛開放日待售的吉屋 (open house)。

這次整理書稿，感觸良多。在將外祖母的中文手稿一字一句輸入電腦時，彷彿穿越時空隧道，回到二戰前後的英倫牛津。置身於書中人物之間，聆聽他們的對話，分享他們的喜怒哀樂。這類「浸入式」體驗，真不是單純的閱讀所能感受得到的。對我來說，還有一份特別有意義的收穫。那就是，意外地發現了母親德海的一篇遺作。在前期整理外祖母手稿及信件時，我偶然看到兩張散頁，上面印有一篇短文。這二頁初看起來，頗有些來歷不明。因為印有「天風月刊」的頁首已被裁去，標題下方的 (天風通信) 四字也被用藍墨水塗掉。令人不禁有點好奇，難道此文有什麼特別之處？只讀了幾段，我就意識到，這篇散文極有可能出自母親德海之筆。通信的落款「細海」，也更加證實了我的判斷。因為母親在家中為次女，弟弟妹妹都用南昌話稱這位二姐為「細姐姐」，正如他們都叫二哥德輗為「細哥哥」。

我深知，母親也曾是一位文學青年，身懷寫作夢想。這點在她的日記和家書裏，都有所提及。但在她生前，從未聽她說起過，已有文字付印發表，而且是在《天風月刊》第十期！這一期的作者，除了外祖父熊式一，還有陳寅恪、林語堂、徐訏等等。恐怕母親無論如何都不曾意識到，這批與她「同框」作者的規格之高。後來，我在整理外祖父母之間的家書時，也的確看到了外祖父對母親這篇短文的好評。外祖父稱贊得簡直有點「過火」。他在信中誇獎道，如果母親再寫三篇，且篇篇如此好，連他都要「拜下風了」！不過，母親在這篇投稿發出後不久，《天風月刊》第十期正式付印之前，就踏上了回國的歸途。她不僅沒機會看到那本出版後的雜誌，後來再也沒有機會，連寫幾篇類似格調的文章了。

或許，外祖母也曾想過把這篇文章寄回國內，故此裁去了頁首，並塗掉了「天風通信」幾字。因為，她在那個時期非常小心謹慎，連「台灣」和「美國」這樣的敏感字眼，都不敢在家書中提及。不知出於什麼考慮，最終還是沒有將這二頁隨家書寄回。很有可能，因為文中所蘊含的「小資情調」，與當時的進步文學潮流格格不入，不僅外祖母猶豫再三後沒有寄出，以至於連母親本人，都再羞於提及此文。我拜讀時用心品味，深感母親那婉轉細膩的文筆，與外祖母的文風極其相近。她文中穿插的那段童年回憶，傷感於和心愛的新皮袍永別，分明就是投射了她與父母的別離，以及被日軍侵華戰火摧毀的童年。看似平淡的筆觸之下，其實蘊藏着最深切的情感。

《僑居瑣記》裏的大部分文字都出於外祖母蔡岱梅筆下，或與其存在某種關聯。透過這些文字，可以看出，她是甘心奉獻的賢妻良母、體貼入微的閨中密友；她既擁有「不外露的堅強」，也是善解人意的聆聽者；是幾十年後，仍被老友們念念不忘的「淑女蔡岱梅」；她更是漂泊海外半個世紀，一直心向祖國的「老華僑」。她對子孫後代循循善誘，隨時隨地不忘教導我們做人的道理。她所養育的六個子女，雖然散落在不同國度，但皆學有所成，盡職敬業，對社會作出了一定貢獻。這成績，足以讓任何母親驕傲自豪。然而，她曾在文中感歎自憐：「人間只知道稱羨花與果，誰憐灌溉人的辛苦！」今天這本文選，作為遲到的致敬，終究沒有缺席。

傅一民

2024 年秋，海上瑞伏居

目錄

EXILE

第一輯

《海外花實》中文原稿

蔡岱梅

第一章

一九三七年十二月，日本已佔領了南京，中國政府向西部遷移，全國人民熱烈地要抗戰到底，青年壯士踴躍地加入義勇軍。羅幹先生及其眷屬，緊縮出國費用，把省出的捐給了國家：譬如本擬全家坐頭等艙位，改為經濟二等，本擬帶一女用人，也取消了。他同了妻子兒女由家鄉繞道到香港乘意大利的勝利號來倫敦。羅幹曾在英數年，這次回家，專為接家眷。羅太太穿了細軟的東方式衣服，配在小身材上很合體，但自然地黑頭髮是電燙過的，這叫西方眼光看來頗可惜地。年剛過三十，但仍保有學生風度，叫外人看來，決不相信她已是有幾個孩子的母親。當着船慢慢離岸時，羅幹向她微笑着：「蓮，現在船開了，再沒有什麼猶豫了吧？」

羅太太在開箱子，撿出必需品出來，羅幹在旁幫着，她也微笑着：「當然是我的心理矛盾，又想你在祖國的大學教書，又想讓孩子出國留學，我自己倒無所謂的。」她把三個孩子的睡衣，也撿出來，放在各人牀上。羅幹關了箱子，他很能體諒太太嬌嫩的手，不能提重東西，雖然他心中有點懊悔未帶用人，但他很樂意地幫着她。這是他們初次離開大家庭，而過單独的小家庭生活的開始。

羅玲是大女孩，快到十二歲，兩眼睛大大的，有神則像父親，這是她降生時，她母親盼望的。最慶幸的，三個孩子沒有父親的短下巴和闊嘴，英國的漫畫家，常以此特點來描寫羅幹先生。羅平比他的姐姐小一歲零四個月，羅定雖比羅平小一歲，但看來頗像雙生，兩兄弟總是十分和睦，但對外時則三姊弟在一條戰線。大人的舉動，在他們看起來，是很幼稚的。

飯廳中只有羅幹一桌中國家庭，其中還有不少的中國留學生，以及西方人，英、法、意各國人都有。飯廳的右角裏，那桌有三位中國先生和一位中國小姐，羅先生時時注意看那桌的人。羅玲也跟着父親的視線看了一 下：「爸爸，你時時刻刻地看那桌吃飯的人，你是看宋叔叔，還是看那位小姐？」

羅太太馬上責玲：「玲，你再不能胡說了！你忘了祖母常教你，中國舊禮，對長輩和父母，要有規矩尊敬，不能隨便向大人開玩笑的。」

玲喜歡說笑，尚不知孰輕孰重，大人和她玩得來，她什麼都要說，小孩規矩而呆板的，她惹都不敢惹。她最不懂大人心理的，這樣要如此，那樣又要這樣。譬如剛才她要點鹽加在魚上，自己站起來伸手去拿，但她的父親又是故事多端的。

「玲，你不能伸手穿過桌子拿東西！要什麼，只好請對過人傳給你，你要注意桌上的規矩，和我們中國不同。」

玲的兩眼大大的，長眼毛，合上合下得很快，她每想事時必如此眨動。她說：「祖母教我要東西時，自己站起來拿，不能命令別人代拿，即用人也不能讓小孩亂支使。」

羅太太常在她和父親爭論時叫住她：「玲，聽爸爸的教訓，禮節是要適應環境的，等我們回國來，還是要記着我們的祖母的教訓。」

小弟弟羅定，也最愛笑鬧，他覺得沒有宋叔叔在一塊，失了什麼似的，他向母親要求：「媽媽，可以不可以邀宋叔叔來我們一桌同吃？」

羅先生沒有等羅太太回答前即刻說：「不可以，宋叔叔說了，他要練習交際了。他在中國生長二十六年，老是唸書，還沒有交過女朋友。」

羅太太覺得玲和定太鬧，她說：「定，你看哥哥，吃東西不東張西望的。」

定忽然向平的背上一拍，「哥哥，等我們吃完了飯去找宋叔叔，問他的交際如何？」

「不要吵，我在吃魚！」平說時眼睛一直盯着魚刺。

船經過哥倫坡[1]時，同船人差不多都認識了，同船的中國學生，對這羅家，特別親熱。因為羅幹先生曾留英數年，學生們喜歡問他英國這樣，英國那樣。其中還有一位朱教授，雖然教英文多年，還沒有到西方遊過，這次他把幾部版權賣了稿費，出國觀光，因為他的年齡也大點，所以和羅先生也特別談得來。

船靠哥倫坡的頭一天，大家組織了小組預備上岸遊覽。羅家邀了朱教授，而沒有邀宋先生，因為宋華說過要同三位同桌吃飯的中國學生同上岸。船停了，大家集在大廳裏檢查護照，一批一批地上岸去。羅先生看見胡小姐同一批學生先走了，沒有看見宋華，羅先生走上前幾步，很客氣地問：

「胡小姐，宋先生呢？」

胡小姐很不高興地樣子：「我哪知道，我們這組早約好了的，他沒有加入我們。對不起，羅先生回頭見。」她沒有說完就先轉身走了。羅太太對羅先生說：「糟了！你要不要回船艙去看看他？」

朱教授急了：「他又不是孩子，還會丟了嗎？我們的護照都蓋了印，快點上去罷。」

1　斯里蘭卡首都哥倫坡（Colombo）。

定的心地軟，他先要去找宋叔叔。羅先生也不知如何是好，他說：「哥倫坡我來往的已玩了兩趟，今日我本不想上去的，為的我的太太和孩子，請朱教授陪他們遊覽，我還是不去的好，我進去看宋華去。」

羅先生送他們到吊梯口，看見他們上了小輪渡，才慢慢地踱進甲板上，碰見德國胖子，也沒有下去，他常喜歡和宋華談話，但他也不知宋華在哪裏。羅先生走進抽煙廳，也沒有看見，然後就去宋華的寢室敲門。停一會，才聽到很小聲的回答：

「進來。」

羅先生無論大事小事，永遠總是笑容滿面的，除非他生了氣，那時就有再滑稽的事，也引不出他的笑容。他現在又是笑嘻嘻地，看見宋華穿得整整齊齊的躺在牀上奇怪地問了：

「宋華，你換好了衣服，為什麼不同他們上岸看看？」

「我的情敵故意別了我，不讓我加入。他說胡小姐說的你們邀了我！豈有此理，前晚我明明告訴了他。」宋華很天真地接着又說：「剛才我真想自殺。我把牀頭電燈泡取下，手指剛要放在插口上，還沒有挨近，像有什麼打我的手似的，嚇我一大跳！但我遲早總要想個溫和點的辦法自殺！」

羅先生聽了沒有笑，心裏想幸好孩子們沒有聽見，否則他們要追問，什麼是溫和的辦法自殺。他只好裝着沒有聽見宋華說的什麼，他問宋華：「還有沒有別的人沒有下去的？我看見德國人坐在甲板上抽煙。」

宋華本來躺着，像生了大病似的，聽見羅先生一提德國人抽煙，忽然使他從上鋪起身跳下來，對着羅先生說：「我正要告訴你一件更豈有此理的事！昨天那位德國人，把一支由新加坡夜市舊貨攤上買的破鴉片煙槍給我看，他說要帶回德國給他的朋友和親戚看，這是中國最有名的鴉片煙槍。我說這是鴉片戰爭時的小部分人抽的煙，戰後中國法律早已禁止抽鴉片煙了，他為什麼選這種廢物帶回國，我們中國有多少文化美術品。他說老實話，他沒有錢上古玩店，只買得起便宜貨。我聽了很氣，問他多少錢轉賣給我好不好，他說那不成，船已開了，不能再另買了。」

宋華本無精神，但是這一串話卻一口氣說得很激奮。羅先生聽了也氣：「晚上我們同朱先生再商量，明日我要治德國人。」

宋華嚇着了，馬上說：「不行，他很野蠻的，我們打不過他。」

羅幹不禁笑了：「笑話！打架還成話，我們又不是水手，趕快同我上來去喝茶。」

宋華雖然只比羅幹小十歲，卻看來像小孩聽大人的話似的，他們穿過甲板，走向船尾大廳上。音樂師到時仍在奏音樂，可是今日旅客多數上岸去了，茶座差不多空着，羅和宋選了一張靠邊的桌子坐下，茶房走來問要什麼。

羅先生說：「我要一杯冰茶，宋華，你要什麼？」

宋華向茶房說：「我要一杯熱茶，不要冰。」

幸好定不在此，否則他又要拍宋叔叔的背，覺得最後三個字是多說了的。宋華寫文清雅，作詩有風韻，只是欠說話。但小孩最欣賞的，就是他的說話。他喝着熱茶，很久沒有做聲。他本要為胡小姐寫一首長詩，但被德國人的煙槍破壞了詩意，他準備寫一部鴉片戰爭史。羅幹也很久沒有說話，他時時看着錶。

晚飯後，有賽馬。孩子聽了很興奮，要求看一看才肯睡。羅太太也覺今日艙內太熱，允許了孩子同上甲板去看。定越高興越喜歡在哥哥姐姐頭上拍拍打打。平的頭大大的，他喜歡讀故事書，無論弟弟如何弄他，他若無其事的照樣看書。玲則不同，她不能受絲毫擾亂，常常大叫：

「媽媽，看定啊！」

羅太太有時挪着定靠近，同一椅坐坐。但定仍是咯咯地笑不住的，羅太太只希望有一日，定也能像哥哥姐姐，喜歡讀故事書，靜靜地。

兩三水手提着小木馬向他們身邊過，旅客們陸續地也都上甲板來了。定忽然看見宋叔叔和朱教授同爸爸坐在遠遠的，他跑過去要他們來這邊買馬票，羅先生搖搖頭：「定，你和哥哥姐姐去玩，我們要休息一下。」

小定這次沒有笑，跑到母親身邊，擠在同一椅中坐了，他只要覺得不快活，就會靠近母親，但不聲不響地。羅太太知道他，故意叫他學意大利的 uno[2]。

開始比賽馬。六只小木馬，都放在開始的線上，每只馬身上都標了號數，一位水手管着馬的行動，聽另一位水手報告數目，然後他移動馬走的步數。報告數目的水手，托着兩個小盤子，先送到羅玲身邊，兩弟弟立刻站在兩旁，很興奮地瞧着。每盤中裝有骰子。玲先擲一下左邊的，即是馬的號數；再擲一下右邊的，即是剛才的號數走幾步。因為甲板不夠長，要來回地一遍，才算到了終點。

第二場，水手托着盤子送到胡小姐面前，好幾位中國青年，也站在她後面，他們用中文叫自己買的號數。坐在玲後面的一個很高個的手背上滿了毛的英國人輕輕問玲：

"May I ask you to teach me how to say one to six in Chinese?"[3]

玲不懂他說什麼。羅太太雖然稍可讀點英文書，但聽話的訓練也沒有，不過剛才這位先生說得既慢又簡單，所以羅太太聽懂了。她用中文和玲說了，玲說得很慢很清楚：「一、二、三、四、五、六。」

2　Uno，意大利語中數字一。

3　英文「請你教我用中文說一到六好嗎？」

沒有等比賽完場，羅太太即送孩子進艙先去睡了。她安排完了，再一人又上甲板來。羅、朱、宋三個先生同時都站起讓座。

羅太太坐進帆布椅，半開玩笑地問：「你們是不是三巨頭商量國家大事，女人可旁聽嗎？」

羅先生馬上說：「沒有什麼，剛才我們做了一件最痛快的事，本來我說等明天的，越想越生氣，不如早做了，可平靜地睡一晚。」羅先生頗像冒險的英雄，不便自己來描述，故轉過臉向朱先生，請他來報告。

朱教授馬上站起，向着羅太太先咳嗽了兩聲，好像準備講演似的，羅先生說：「不必那麼嚴重！」

朱教授笑了一笑才說：「羅太太，我們的羅先生真有膽量，他今天沒有上岸玩，特意要陪陪宋先生的，因為宋先生失戀，想——」

宋華馬上止住他：「朱教授，不要開玩笑，談剛才的事好了。」

朱教授深深向宋華鞠一躬：「對不起，老弟！」

朱教授回過頭向羅太太繼續地說：「宋先生告訴羅先生，昨日德國人故意把一支夜市破攤上收買的煙槍給他看，並對宋說：『青年人，你瞧，我買了，我要帶回德國給大家看，這是你們中國最有名的寶貝！』他那種下流氣，宋還和他講理，他簡直蠻到底，所以羅先生想法子治他。」

「晚飯時，羅先生看見德國人埋頭大吃時，羅先生先走出飯廳，接着宋和我也溜出來了。我在飯廳門口外一步，看德國人會不會出飯廳，宋則站在去德國人的房子的過道上，我們三人約好，如果德國人出飯廳，則由我們馬上傳報羅先生。」

「羅先生一進門，便發現煙槍在牀上擺着，大概不久前他又獻寶給誰看了。羅先生用手帕包了手，立即拿了起來，打開圓洞小窗戶，向海中一拋。我們三人才先後再進飯廳，吃甜菜、水果、咖啡。」

朱教授很緊張地講完，羅太太聽了有點擔憂：「不知德國人知道了會如何？怪不得今晚幹吃到一半，說是要去洗洗臉，他說太熱了。」

「你不要擔憂，」羅幹安慰她：「本來一支煙槍算什麼事，他那種可惡的態度，應該教訓他一下。我想他是不好意思追問的。」

他們都停了一會，沒有說話，海風吹得他們的頭髮有點亂，有時弄得臉上癢癢的。黑黑的夜，波濤打着船的聲音，和機器房的聲音混合着。宋華一直沒有說話，羅太太知道他沒有上岸的故事。她本想談點什麼今日哥倫坡的事，剛到嘴邊又停了。羅先生已覺到：「蓮，你想說什麼？」

「沒有什麼，我想說今日哥倫坡沒有什麼意思。宋先生沒有上岸並不可惜。」她又向宋華說：「宋先生，煙槍被魚吃了，你為什麼還不快活？」

宋華在北京進大學的，即常去羅家，他們是老朋友，因為宋華比別的朋友有更不同之點，他是用功的學生，不多說閒話。來時多討論西洋和中國文學，以及哲學，羅先生深好中國和西洋文學，談趣相同。宋華幼年專攻中文古學，西洋文學方從大學開始，他天生很有詩意，頗能修養，為人亦非常清雅。

他快要出世之前，他的舅母也有孕了。兩家感情極好，希望下一代也結親，永遠團結。所以兩位母親，希望生不同樣性別的，好配偶，中國舊禮叫做「指腹為婚」。果然宋華方出世六個月，他的舅母，為他生了一位未來的妻子。但是宋華命運不好，很早他的父母都去世了，舅母也很年青死了，他在舅舅家中長大，遠親及用人照顧他和表妹表弟們。

幼年時代，一對小未婚夫婦頗玩得來，到中學時，他們才漸漸疏遠，漸漸向家庭反對。他們彼此沒有惡感，只感覺此種婚約是不合理的。但宋華不敢明言反抗，到北京大學唸書後，即不回舅父家，他想要解脫圈套，他想要自由。他自上船後，感覺脫離了束縛，他要改變人生觀。以往他的興趣是書本，所謂人情世故沒有半點在他的腦中，但船上兩週生活，又頗覺太苦了，他覺得眼前混亂，線裝書看不見一本。胡小姐究竟什麼樣子，真的他還沒有正眼看過，只覺胡小姐的身材和表妹 —— 未婚妻差不多，他每次吃飯時，不敢向右邊、左邊坐的人看，雖然無意味，但有時還常說一二句，他吃的東西亦不知鹹淡。

有時胡小姐憑欄觀海時，他想挨近同看看海，但是心裏想，腳走不動，永遠距離遠遠的。同船有幾位中國青年，喜歡造空氣，不知同情苦難，還常常地似關心又似譏笑地問：「宋華，進展如何？不要灰心啊！」

宋華對羅太太很恭敬，因為有幾次朋友聚會，如不討論文學時，宋華老是不聲不響地坐在角落裏。羅太太常請他和小孩講故事。他講的故事，頗得小孩崇拜。故他也常用小孩贊美的故事，來代替他不會閒談，而談給同座的朋友聽。他的性情和緩，聲音又比較低微，常常被粗心的朋友們不聽完，打岔說笑別的事去了。他有時半路無下文的停了，羅太太感覺朋友粗心的太多，她常常接着問宋先生下半段故事，她很忠實地聽完。也可以說是她的耐性好，即是兩三歲的孩子，說不清話時，對她說什麼，她總肯聽的，宋先生因此很感激羅太太，故羅太太問他時，他馬上把精神提起來，不作悲觀狀。

「羅太太，我沒有什麼，很好的，大概剛才太緊張了。」

羅太太知道他書生氣重，頗怪朋友們故意捉弄他。其實他不是為女人而發迷，而是為羅曼史找材料。有的詩人隨感作詩，有的人想作詩而無才，故意到風景好的地方走走想引出詩意。宋華的詩是天生的，他的羅曼史就是想學後面作詩的人了。

第二章

入地中海時，即遇大風浪，水手說，十年來沒有如此的大。玲因吐得太厲害，她問爸爸有什麼辦法不暈才好，羅幹說：「就是醫生，也只有一辦法，你的兩只腳踏在岸上就會好。」兩日兩夜，才漸漸平靜下來。玲的兩眼本來大大的，紅了兩天後，兩眼睛更顯得特別大了。羅先生揹她上甲板，羅太太走在前，左右是平和定。

朱先生看見了：「小姐真嬌啊！爸爸、媽媽、弟弟，前護後擁地圍着你。船已平了，還怕什麼？」

「朱先生，你好？她的爸爸最喜歡揹孩子。你和宋都好嗎？兩日沒有見你們，我和孩子都不能起來。」羅太太邊說邊坐進帆布椅裏。

「我也兩日沒有見宋華，剛才他還在此的，大概又寫詩去了。」朱教授放下手中書回答羅太太。羅先生聽到寫東西，就聯想起朱教授初上船時和他談過的：「朱先生，你說要在船上開始寫小說，完了幾章了？」

朱先生深深歎一口氣：「要說我這部小說，早該在國內寫的，一個人一個人的心情真難說。雖然我們同船只三星期，比我同三年事的朋友還親熱點。以後我們同在英國，更是要常請教你。」

羅先生不十分明白，覺得不該問的，但他仍補一句：「我問你的小說寫了多少，怎麼惹得你發牢騷？」

朱先生很認真地樣子：「老兄，你不知我的家庭。雖然也有三個像你們差不多大的孩子，但是，我的太太個性頑強，脾氣壞到極點。我們的家，連朋友都不敢去——」

「那正好，你有時間寫作呀！」羅先生插進一句。

朱教授苦笑道：「一個家庭的空氣不愉快，只聽到一個尖聲的女人，整天罵東罵西的，即是天才的靈感也會毀滅！」

羅夫婦看見他傷感，也就不便細細追問了。玲忽然接聲說：「朱教授，我的爸爸是問你在船上寫了多少章小說？」

「糟了！」朱先生轉過笑臉來：「小孩子都在此，我都忘了說了些什麼。這三星期，給我太愉快。看見你們一家，一團和氣，又看見宋華一人優哉遊哉的！」

「真的，」羅太太向孩子說：「你們去找宋叔叔來！」

定聽了，馬上傳話到平：「哥哥，媽媽要你去找宋叔叔！」

平的兩腿稍短，頭又比普通孩子大，所以他走路時有點搖搖擺擺的。他走了幾步，忽然清醒了似的，回頭向弟弟：「定，你也來。你老是支配我跑腿！」

定又喀喀地一面笑，一面跑去，和平兩人彼此手挽頸地走下樓去了。羅太太看見玲的精神完全好了，兩條辮兒上的緞帶有點鬆散，她摸摸玲的頭髮：「玲，你今日完全舒服了嗎？前天你說什麼？」

玲聽了翻身來用小手蒙着她母親的嘴：「媽媽，不要說，朱教授要聽見了。」

朱教授又深深歎一口氣：「還有兩天就要到威尼士[1]了，我真捨不得和你們分開，你們一家，看了令人羨慕。」

1　意大利水城威尼斯 (Venice)。

「朱先生，你不要怪我說直話，恐怕你有點無病呻吟。有一批舊文人，喜歡如此。凡樂觀者和悲觀者，都是跟着個人性格而定。宋先生一定很羨慕你，他的目的：這次留了洋，第一願望要出版幾本書，再回到國內當教授。要說你今日，這兩點都有了，家庭和孩子你自己也有一半責任啊。我沒有見過你的太太，也許你說得過火點。」

朱教授有點啼笑不得之概：「羅太太說得不錯，恐怕我自己也有不對的地方。但家庭不愉快，不是一日造成的，這次我國抗戰，更是令人擔憂的事。所以我的心緒，愈來愈散漫，不能集中著作。剛才羅先生問我，其實我一字未寫！」

玲本來很急，想聽他寫了小說沒有，因為帶的幾本故事書，她都讀完了，或者可向朱教授借原稿看看，她聽到一字未寫，大為失望，故忽然又插嘴：

「我天天看見朱教授找人聊天，自己不寫，反倒怪東怪西的！」

羅太太嚇慌了。馬上責玲：「你小孩膽子大！怎樣敢胡說，趕快向朱教授道歉！」

朱教授嘻嘻地笑：「不要，不要。小孩說話算什麼。本來也是我不振作。小妹妹，你哪知道，找人聊天，可增加知識的。」

「朱先生，你要在歐洲大陸上玩多久才去英國？」羅先生把談話題轉方向。

「約一月光景。」朱先生把近視眼鏡取下，用手帕擦一擦，重又戴上：「我想多看看幾個國家，然後去英住一年。將來回國時，我想由美國回去。我有兩件事，正要請教你：第一是你已遊過歐洲大陸，這些國家，請告訴我，有幾處值得特別多注意的；第二是英國的住處，請你代我先定好。」

羅先生素來熱心，凡一舉手之勞的事，他總是喜歡幫朋友忙的：「等一等，我開一單子說明給你，什麼地方值得遊玩。至於倫敦住處，國會山附近有幾位中國朋友，我會轉託他們代問問。可惜地我的兩層樓面，家眷來了，否則住我家不要緊。宋華暫時也住我們家，還有一位我太太的老朋友，馬上由法國去英國，也住我們家。這趟經過法國時，我們就邀她同去。」

「也許朱先生知道她的名字，不知朱先生在國內見過她沒有？」羅太太心中佩服她的朋友，故意把她的名字慢慢提出：「她是數年前住在北京有名的女作家杜芳女士！」

「我知道她，可是我沒有見過她，她和丈夫離了婚，跑到外國來的。聽說她長得比男人還高，說話非常直爽，得罪人不少。並且喜歡男朋友，而和太太們弄不來。」

羅太太不喜歡這種一概抹煞批評人，尤其是還沒有見過面，更不應根據傳說。杜芳是她的好朋友，故她即刻向朱先生說：

「將來你去英國時，可以碰見她。她有特別風格，倒真像很多男人，今朝有酒今朝醉之概。但到她口袋空了時，她寧可餓着肚子，不肯向人低頭。這是她的硬氣。我特別佩服她的，男人不敢欺侮她的。」

遠遠地有吃飯打琴聲，羅太太想起平和定還沒有來：「恐怕平和定又和宋叔叔搗亂了！」她邊說邊站起，牽着玲要走，她向羅幹說：「幹，最好你去找找他們。」

琴聲走近她身邊過時，才發現定微微笑地打着琴調，後面跟着原來打琴的男孩。羅太太、羅先生、朱先生都微微笑着，玲向定說：「你的拍子不對啊！」

明日早即可到威尼士[2]了。羅太太忙着收齊艙內的行李，羅幹走進走出的，羅太太一面撿一面說：「你要幫忙就動手撿撿，你要蕩蕩就在外面耽耽。走進走出的，忙又沒有幫，反弄得我眼花繚亂的。我

2　即意大利水城威尼斯。

做事喜歡靜靜地，所以三個孩子也不讓他們進來。」

「好，好！」羅先生滿口答應：「我再不進來了，重的東西等我來好了。我在外面覺得你一人累，怪不安的，進來又不知從何下手，孩子也委實會弄得亂糟糟的。」

羅先生剛出房門口，又回頭：「蓮，這幾日宋華越來越癡呆了，無論胡小姐走到哪裏，他總是遠遠跟隨着。她走得快，他也走得快。她走得慢，他也走得慢。又不說，又不笑，沉着臉追。」

「就是朱先生這一批人。」羅太太有點可憐書呆子：「起初是他們造空氣，推動他，等着這位先生認真了，他們又幸災樂禍似的，又來看熱鬧。明日分散了，就可完事的，幸好胡小姐不是去英國，她是去瑞士。凡一個男人，給一個女人印象不好時，無論如何，都沒有辦法的。」

「千怪萬怪，只怪他的舅舅顽固派，管束得太严。」羅先生也為宋華感慨地說：「他自己是道學老先生，拼命也向宋華只灌注古文，像喂籠子裏的小鳥似的，今日籠門突然開了，飛走自然都不會合林的。」

孩子嘻嘻笑笑地都跳進艙來，玲抱了一些糖果，說是船長送給他們的。宋先生跟在後面也進來了，他來問羅先生，要給多少茶房的小費。他聽到一個同學說，張少帥一賞便是一百鎊。

「你不必愁，中國闊人，有點像比賽似的，也許大帥就會給二百鎊了。我國工資比較低，故小費常常多點。但他們茶房都有薪水的，我覺得你單身學生，給做寢室的一鎊，飯廳招待的一鎊，洗澡房給十先令就夠了。但我們因為大小五人家眷，稍稍要多點。以後到了英國，則不像在法國，處處要小費，說是你每見法國人就給不錯。如是坐法國船，給船長小費，他都會接的。」

最後的早餐後，旅客都向大廳去檢查護照。即刻就要靠威尼士岸了。玲、平、定，特別興奮，時時走到欄杆邊觀望，定又時時在玲、平的頭上拍拍打打了。又時時爬在宋叔叔的背上，但宋叔叔心事重，讓他爬；玲則跟着父親，她興奮極了，要上岸看世界有名的威尼士，街上用小船代車子，還有博物館的古畫，她看過明信片上的照片，今日要親眼遊覽了。這時她特別佩服父親了，父親咕魯咕魯幾聲，碼頭上人就懂得，即刻車子也來了，她奇怪地問：

「爸爸，你也會說意大利話麼？」

羅先生下船前接着幾封信，一直拿在手中，沒有時間看。他說：「不是的，碼頭上的人多半懂英文和法文的。我去年在大陸上玩時，只有英文說得他們懂，我的破法文，在法國更行不通，只有英國人懂我的法文，奇怪，英國人說法文，我也容易懂些。」

「你的法文不好，不要拉英國人做伴。」羅太太坐在舊款划船裏，嘴頭隨便談話，眼睛又要看風景，又要注意平、定不要他們亂動。

「真的，」羅先生很認真說：「一國語言，如可以到處通行的話，則不會用心學他國語言的。還有年齡也有關係，我學法文到大學才開始，就不如幼年學英文快。你看我們三個孩子，到了英國後準比你強。」

由威尼士到巴黎，只半天一晚。進巴黎站時，沒有看見杜女士，羅夫婦大為失望，奇怪船上接她的信，明明說了，等他們的電報來車站的，羅先生雇了汽車，通通上了旅館，然後打電話去問杜芳。羅先生差不多說出滿頭大汗，也不能怪羅先生的法文太差，他用過英文說了的，委實那接電話的法國女人太急，說話快得像滾珠子似的，結果羅先生還沒有聽清楚杜女士是不是在她那裏。羅太太有點着急：「那怎麼辦？本約好她同我們去英國的。幹，等孩子睡了，我們同去她的住處看看。請宋先生在旅館，不要出外去。」

第二天一早，羅先生聽到有人敲門的聲音，他即刻披上長衣，在鏡前用刷子使勁刷平他的頭髮。他的頭髮硬，每睡覺起來就像怒髮衝冠的神氣。他一邊刷，一邊對他的太太說：「一定是杜芳來了。」他即刻去開門，三個孩子都赤腳一擁向媽媽牀上擠了，定喀喀地笑，玲則問：「媽媽，昨晚看到杜姑姑沒有？」

羅幹有點氣，孩子們沒有換衣服，即跑出來，並且永遠不喜歡穿拖鞋，他一個一個地拉起來：「杜姑姑看到你們淘氣，不想去英國的。她的房東太太說她搬到鄉下去了，我們只好留下我們旅館地址。回頭我也需打一電報給倫敦的樓下 flat[3] 的朋友。」

玲挽着媽媽不肯起來，她說：「杜姑姑總留了字給我們呀。」

「我也奇怪沒有一個字，我懷疑昨晚我們找錯了地方，法國中國學生比英國還多，等我們回去了，總有她的信的。」羅先生推着孩子去換衣服。

羅太太記得羅先生說英國冬天冷，那天是一九三八年一月十一日，羅太太又拿出毛衣要小孩添上，內毛衣褲、外毛衣、厚呢衣和長褲（戰前英國小孩不穿長褲的）。在香港時，羅先生替兩個男孩一併定做了厚呢大衣。但玲的豹皮大衣是羅太太的老樣子重改給她的。看來如果倫敦有北極那麼冷也不怕了。他們進了倫敦維多利亞車站，檢查護照和行李後，三大人、三小孩，大箱子、小箱子，滿載着兩車開向亨姆士特區[4]。玲不聲不響地，由車窗看看倫敦的街道，暗灰的天氣，既沒有霧，也沒有雨，簡直不像父親形容的，只覺身上冒火，天氣一點都不冷。父親敲敲車窗子，車夫即在一所英國四層樓房子前停下。羅先生下車，向上面兩層瞧瞧，他從他的衣口袋中掏出帶回中國旅行了一趟的鎖匙，車夫搬行李，孩子們挽着母親，母親對他們說：

3　英式英語中公寓的意思。

4　倫敦街區名 Hampstead，現通常譯為汉普斯特得。

「孩子，這是我們在英國的家了。」樓下房東出來歡迎他們，並向樓上叫：

「杜女士，你的朋友到了！」

羅太太和羅先生彼此看看，大笑起來。羅先生一直向樓上跑，在樓梯中間即碰到杜芳，他們還是中國習慣，見面只是握手而不互吻的。

杜芳得意地說：「昨晚把你們急死了吧？通通快點上來看看！」她看見孩子，每個擁抱一下：「都長高了！還記得不記得我？」

杜芳兩手拉着羅太太的兩手：「我要罵你，為什麼對我永遠要那樣客客氣氣的！一定要邀我由巴黎同來，孩子一堆，一進倫敦房子，什麼都沒有，當然我先來幾天，替你們佈置佈置一下，又算什麼。」

「罪過，罪過！你太好心腸了！」羅太太滿口不過意地唸着，然後看見宋華站在那裏等待介紹：「你見過宋先生沒有？」

「在北京時，我聽過杜女士演講。」他很恭敬地向杜芳鞠一躬：「當然杜女士不認識我是學生，你的學生太多了！」

「我接到他們由船上來的信，提到你不少。」杜女士說完又向孩子說：「孩子們，看了你們各人的牀後，快到廚房看看，清炖雞、紅燒蹄子，還有炒腰花，快來吃一餐一個月未吃的中國飯！」

玲、平、定快活得又跳起來，定又在玲、平的頭上拍拍打打，玲大叫：「媽媽，看定啊！」

第三章

到倫敦的第二天早晨，羅太太、玲、平和定四個人另有一種特別的感覺，不像在船上，不像在旅館，說自己的家吧，和中國的老家完全不同，沒有看見一個用人的影子。杜芳又開始訓話了：「太太、先生和小孩們，不要等着，大家同來廚房烤麪包、煮雞蛋、泡茶。男孩子去樓下拿牛奶和報紙。這不是中國，用人不容易啊。日工女人玫瑰，每日來半天，也只是掃地洗廚房，不會燒飯的。」

羅幹對宋華說：「從前我一人，早餐很少吃，中飯、晚飯常到飯館，我只能做西柿炒雞蛋，現在有家了，開始要學英國人的家了。」他說說又向他的妻子安慰：「蓮，我們都會幫你，慢慢就習慣了。」

杜芳拿了報紙又在嚷：「聽啊！昨日是最暖和的冬天，六十年都沒有如此的温暖！」

玲忽然有所悟似的：「昨天我還以為媽媽給我的皮大衣會出火呢。」

杜芳也記起了，向羅太太說：「你們的孩子，確實穿得太多。就是今年不特別冷，但平常冬天，也沒有我們北京冷。趕快替孩子找學校是重要事。」

宋華聽了，自告奮勇道：「我想先教教他們的初學英文，否則到學校一字都不懂。」大概他因為住在羅家心不安，有點職務比較過意得去。

羅先生沒有仔細考慮，他想到自己的稿子要趕完。羅太太初到，對一切也陌生的，杜芳雖然感覺不十分對似的，但她又不便發表意見，她私下問羅太太：「宋華來英，預備研究什麼的？他教你們小孩中文是很好，為什麼在英國還要請中國人教英文？我不懂你們。」

羅太太深覺得這是重要的問題：「我因為還沒有靜下的時間和你談，幹這趟回東方，前後將近兩年，沒有寫點東西。不但應該為小孩子找學校，就是宋華，也應該幫他和教授接頭唸什麼學位才好。我們只和他約好，假期替孩子補補中文，我們怕將來回國時，孩子中文忘了就糟了。哪知前天他提議教英文，他有點神經質，又帶孩子氣，所以我們當時沒有說什麼，等幹去找好了學校，就不要緊。」

杜芳被在英的中國朋友邀請她擔任華僑中文日報的編輯。倫敦也有很多機關團體，發起援華反日運動，常常開大會募款，救濟中國抗日，杜芳也常常作公開講演，常常博得踴躍的捐款。羅家最愉快地時間，就是晚飯前孩子溫完了功課，羅先生宋先生在這時也是休息的時間，杜芳也是這時回家。在她走上樓時，頭一句大家可聽到的：「今日我又氣死了——」下面一段總是特別精彩有趣的。但是她說過後，並沒有顯得她真氣死了。要是另外一人再重複一遍她說的，就沒有她原來說得有聲有色了。羅太太更喜歡她的，她每次說完了今天的見聞，馬上把外衣脫了，穿上圍裙進廚房。她不是幫小忙，而是掌鍋。羅太太對廚房事很生，她寧願做杜芳的助手，遞這樣拿那樣。快弄完時，杜芳會在鍋上敲一下，樓上的孩子，書房的羅先生都會一擁而來搬菜、搬果子。宋華也會跟着人的後面，走來走去的。如果碰到杜芳沒有說話時，她則會發問：「宋華，你為什麼手中不幫拿點什麼，光空着手跟着走，也不輕快呀！」她因為熟了什麼也不客氣。

但宋華小聲音地說：「你又沒有叫我拿什麼。」

「他們跑來跑去也不是我叫的，腦子和手要連在一塊呀！」

羅太太常常從中調和：「宋先生，你拿這缽飯去，孩子拿不起的。」

宋華拿了飯缸，一邊走一邊唱：「一個英雄好漢！——」他唱唱又把飯拿回廚房了。

杜芳又問：「英雄，為什麼把飯拿回來？」

宋華說：「桌上滿了，擺不下。」

杜芳再問：「擺不下？不可以放在旁邊的几上？」

宋華又端着飯走出廚房：「你們又沒有先說，女人的主意真多！」

羅家的晚飯，如沒有客人，常常很早就吃完了。一則孩子要早睡，二則大人們有時要去看戲，也方便點。羅家人多，由杜芳指派工作，女人燒飯，男人洗碗，小孩打雜跑腿。羅太太不喜歡廚房堆積不要的東西，凡不要的，馬上用報紙包了，向樓下側院垃圾桶子裏送。剩菜過濕的話，有時向廁所倒。羅先生有一次叫平去倒，平倒了，順便在沖水馬桶中沖了一下盤子。

「很乾淨的，不用再洗了。我在廁所沖過了。」平覺得可省了爸爸多洗一個盤，所以申明一聲。

玲聽了大叫起來：「媽媽，平在馬桶中洗了一個盤子！」

兩位女人，同走進廚房，羅太太向着盤子微笑。杜芳拿了向樓下跑，一邊走一邊說：「還有什麼考慮，放在垃圾桶就算了。」

「可惜一個有中國畫的盤子，也許倒垃圾的人會撿去掛在家裏牆壁上的。」羅先生洗完了碗，回過頭拍怕平的背。

兩週中，小孩子對英文不感興趣，故他們大半時間，仍在找中文書讀，定也找到四冊中文的王先生漫畫新集。羅先生覺得不能再等他完了稿才找學校，他到附近一個學校看看，那校長告訴他說：「你帶了孩子來英國進學校嗎？我想不應該進這種學校。這個學校叫做中心學校，專為做工的家庭小孩進的，一切費用都由國家供給，讀到十五歲就去做工的。」

羅先生聽了頗為難起來，他雖曾在英數年，只在倫敦大學和教授碰過頭，還不懂英國的小學和中學教育制度。校長很和藹地和羅先生談了很久英國學制，羅先生很滿意地回到家。

第二天早晨下雨，羅先生撐了傘，玲穿了雨衣，她挽着父親的手臂，同走上附近的議會山的一女校。一位書記引了他們進校長的房間，校長站起來和他握手：「羅先生，這是我們第一次收中國孩子，她懂不懂英文？」

羅先生看看玲：「一點也不懂。」

玲的兩眼溜轉轉的，一會向着校長，一會向着父親，只看見他們常常向着她，說得太快，好像只聽到說「她 —— 她 —— 她 —— 」的。她想當然是關於她了。

校長又向羅先生說：「下午三時三刻散學。她認得不認得回家？制服等通知裁縫來量尺寸，暫時穿着普通衣服可以。」

「下午我會來接她。」羅先生說。他走出校門，心中似乎鬆了一半。他帶着微笑，一邊走一邊回頭看看玲的學校。

羅玲跟了校長進了三年級的教室，全班的各種深淺的棕色或黃色的頭髮中，突然加了一個黑頭髮黑眼睛的東方孩子。校長和教員說了什麼，玲也沒有聽懂，然後教員走到她坐的面前，看看她，慢慢地一個字一個字地說：「你叫什麼名字？」

「羅玲。」

教員拿了本子及書，放在她桌上，仍回到講座上，繼續地講，玲不懂，教員時時向她笑笑。教員走出教室時，全班孩子都圍住玲了。玲聽到遠一點的孩子輕輕在說：「中國女孩。」有的拉拉她的手，有的摸摸她的兩條小辮子。她們說什麼，玲一點都不懂，她可聽到一兩個字：「可愛，可愛！」很多小孩子拿了筆和紙，要她寫名字。後來玲在上面畫圖，下面寫上「什麼」。她們都搶着要寫，這樣把空氣變得有趣了。玲畫得快，她們寫得更快。並要玲馬上照着她們唸，如此她們做了她的朋友。

當天下午四點鐘，兩個弟弟坐在樓梯口上，羅太太放上水壺，小火炖着。玲回到家一直跑上樓找母親。她太興奮，說不停，她說英國女孩喜歡她，因為她不會說英文，都把她當 baby[1]，什麼都幫她做。

玲說完了，忽然發現兩個弟弟穿了新衣服：「是不是杜姑姑出的主意，替你們買的衣服？」

羅太太看看三個孩子，非常高興，她也報告玲不在家的事給玲聽：「今日上午幾乎把你的爸爸忙昏了，送了你，又帶你的弟弟去見山谷學校的校長，校長說要從明日起去上課。爸爸順便帶他們到學校指定的店子去買了現成的制服。聽說你的女校，還要等裁縫來量尺寸，真是考究！」

玲仔細瞧瞧兩弟弟的制服，上衣、毛衣、領帶、襪子，都是酒紅色。定走去把帽子也拿來了，也是酒紅色，還有一個徽章在帽上。玲點點頭：「我本來不喜歡這顏色，但男孩子穿起來不難看，媽媽爸爸喜不喜歡？」她沒有等回答，接着想起：「幸好短褲是灰色，如果再加上酒紅色長褲，簡直是船上的打琴吃飯的男孩子。媽媽，你瞧，連這三個金色銅扣子也一樣。」

羅太太笑了一笑，站起來向廚房走去做菜。

玲仍興奮地談自己的學校，她說：「無論如何，我還是喜歡我們的深藍色的制服，白襯衣，多雅致大方，我們是中學，不像你們私立

1　英文「嬰孩」的意思。

的小學，專以鮮豔的顏色來示人 ——」

定沒有等她說完，喀喀地笑個不停，又在小玲的頭上拍拍打起來了。小玲自杜姑姑教她要抵抗之後，不再叫媽媽看了。她也在小定的頭上連拍了幾下，但小定又重拍她，玲又再拍他。誰都要打最後一下，平則在中間大笑、大跳、大叫道：「好，好，好呀！」

電話鈴響了，羅先生即刻由他的書房跑進客廳接電話：「白先生，對不起，剛才是我們的孩子又吵鬧了你，我十分抱歉。我的太太和我都沒有在這屋子，因為孩子剛剛由新學校回來，非常興奮。他們馬上會到上一層去，真對不起。」

羅太太和孩子聽到白先生，知道又是樓下房東來的電話，孩子知道又闖了禍，都不做聲地要溜上樓去，羅太太對孩子們說：「玲、平、定，先洗了手去喝茶，爸爸說過你們多少遍，不要吵鬧，總不記着。」

羅先生又氣又好笑：「從前白先生總上樓找我，最近幾次來電話了，恐怕再過些時要通知警察了。」

羅太太感覺倫敦房子最不痛快的，就是和房東合住四層樓房，羅家住的是上面兩層，樓下兩層是房東自住。房東也是一位作家，非常怕聲音。羅太太怪羅先生租上兩層樓，應該租下面兩層，有一個小園地，可讓孩子走走。他們在中國住在老家大屋，從來沒有住過如此的光樓面。羅先生事先沒有考慮，他向羅太太解釋：「房子是人家的，人家要把哪層租人，哪能由我們選？從前我和一位朋友合住這兩層，各人佔一層，又沒有孩子，也就不覺有什麼不方便。幸好這是早有合同，否則人家不租給有孩子的呢，你還想選上層下層！」

羅太太似信非信的，心想，等地方弄熟了，遲早她總要另想辦法，她覺得孩子沒有園地是最大的委屈。

羅先生送了平和定上學回家，向羅太太說：「我們在中國沒有看過如此家庭式的學校。屋子看來，還沒有我們這幢寬大，教室只有兩個，十歲以上的是高級組，十歲以下的便是低級組，每組只十幾個孩子，全校一共不過三十幾個孩子。」

羅太太也有點奇怪地問：「你今天見到校長沒有？」

「當然見了。看來他教高級，一位年青的先生教平和定的那班低班的，除了校長和他，再沒有看見第三位先生。」

羅太太覺得羅先生沒有送了玲上學回來那麼快活，她從好的方面來安慰羅先生：「也許規模小的學校，先生容易注意孩子。」

現在羅家吃晚飯前更加熱鬧了。三個孩子也像杜姑姑，每日總有新聞帶回家。這不是報紙，這是家庭特別愉快新鮮的空氣。有一次兩兄弟回家告訴一件痛快的事，說是同班有一日本小孩不來上學了。羅太太有點懷疑：

「是不是你們惹嚇了他？」

平看看定，定看看平，還是定老實地先說了：「我們沒有動手打過他，我們只是常常對他瞪眼，他一見我們就有點怕的樣子走開。」

羅太太即刻教訓他們：「這是國家開戰，孩子是天真無罪的。你們不和他做朋友就夠了，千萬不可無禮。」

平和定最怕的是每星期一學校的中餐，總是幾片白胸部雞肉，又沒有中國醬油，乾乾的，他們總是吃不下，這是他們數年後在戰時食物受限制時常常懊悔的一件傻事。

羅家第一次在英國參觀學校運動會是玲的學校。那天宋叔叔、杜姑姑也沒有出門，約好下午全體出發去參觀。玲領頭，一進校門，就碰到一位女教員，她看見小玲的全家來了，很是興奮。她有一本關於中國的什麼書，正預備向玲的父親問，玲先彼此介紹了。她即刻說：「羅先生，你知道一本中國書叫 ——」她一時記不起那中文書名：「我會記得的，等一等 ——」

「誰寫的？」羅先生想幫助她記起。

「好像有 Y 字，也記不起了。書名我一定記得的，等一等 ——」她看見滿滿人頭在她面前，越想越急。羅先生安慰她說：「中國名字真難記，秦秦周周的，總搞不清，哪天請你帶了書來我們家喝茶，好不好？」

如此暫把那個窘局解了。她很和藹地說：「那好極了，我樂意去看你們。現在，我來領你們去運動場，校長也在那裏的。」

如果羅家不是東方人，也許進運動場入座時，不會如此令人注意，校長也走過來招呼他們。可是這一年的運動記錄不是運動員所創造的，以後每年開會前，校長常是報告給新同學聽：「戰前，我們有一位中國女孩，她頭一次開運動會，帶了父親、母親、姑姑、叔叔，還有兩三個弟弟 ——」

玲、平、定漸漸喜歡英國了。第一件是星期六不要上學，中國學校只有星期日一天是休息日。但羅太太覺得孩子玩得太多，星期六上午規定是宋叔叔教孩子的中文，下午或做功課，或看電影，仍有點像在中國。玲在星期日最喜歡的是畫畫；平仍是喜歡找中文小說看；但定還沒有合他程度的好故事書。不過他已停了拍拍打打，不逗姐姐哥哥了。他發現隔壁有一嬰孩，每日早上上學時看見坐在小車上，放在前門院中，他每次經過必喜歡溜進院去摸一下嬰孩的光頭。心想等星期日早上，大可和他玩玩。

這是定初次和西方嬰孩接觸。他每看見越怪的嬰孩越喜歡，譬如隔壁的迪克，雖然約一歲了，但一根頭髮都沒有；定特別喜歡去摸他的光頭，眼睛、鼻子長得和中國孩子大不同。定把迪克當玩具似的，他一見定也快活得大笑。看護看見定太喜歡了，迪克太快活，故不忍阻止他們玩。因此迪克睡覺時間常被弄亂，有時看護還發現小車子裏，有糖果橘子之類的東西。她想羅太太一定不知道，又無法向定解釋。有一次看護向羅太太再三道歉：「真對不起，羅太太，本不應對你說的，定和那一位大男孩，都是太喜歡迪克了。但是因為迪克太小，不能亂吃糖果和水果，睡眠時間也有時亂了，可以不可以請定和迪克少玩，等他大點就不要緊。」

羅太太聽了也道歉：「對不起，我不知道。那位大男孩是我們的朋友宋先生，我會告訴他的。」

定聽了非常地失望，他說：「希望我們家也有嬰孩就好了。吃的東西是宋叔叔給的。」

羅太太抱着定同坐在一把沙發椅裏，摸摸他的小手，說着：「告訴宋叔叔，千萬不能再給迪克東西吃。你們吃奶時，我也是怕糊塗人把小孩當動物園的猴子似的，一見就要給點花生。大概人是由猴子變的，總難完全脫了猴子的行為。」

定漸漸轉變得喜歡姐姐的畫了。玲畫時，他常站在旁邊欣賞和批評。好時還常為玲換水跑腿。有一次他問玲：「姐姐，你最喜歡哪類小動物？」

玲低着頭在畫，她沒有想，即刻回答：「我喜歡蝴蝶。」

定看不起：「那小蟲有什麼意思？」

玲把筆放在果醬瓶中水裏洗，她看看定，又要編出理由讓定佩服她：「多半女孩喜歡蝴蝶，美麗輕飄飄的。女人則喜歡孔雀，富麗堂皇。小男孩則喜歡老虎，凶猛利害。大男人則喜歡獅子，是萬獸之王。這就是我的哲學，你不信，你去問問他們試試。」

定立刻就去找他們，只聽到他喀喀地笑，平看書時怕定擾亂，常常在寢室看書，定走進兩兄弟共的寢室：「哥哥，假如要你變一動物，你要變什麼？」

平在看書，並沒有擡頭，繼續地在看書，只聽到他說了一聲：「老虎。」

定又笑又跳地去找宋叔叔。他敲了房門，宋華在打字，沒有聽見。但定沒有等回音就進去了，他們是老朋友。宋華說：「定，你又來了！等我打完這一章我就出來。」

定要求似的：「我只問一句話就走好嗎？」定繼續說：「假如上帝要你變一動物，你想變什麼？」

宋叔叔停下打字：「當然要變一只獅子！」

定喀喀地笑跑出來，在樓梯口碰到杜姑姑。他心想希望最後一次真對了才好玩：「杜姑姑，你喜歡什麼動物？」

杜姑姑：「我喜孔雀！」

定大笑起來，杜芳拉着他問：「為什麼傻笑？」定拉了杜姑姑去看玲。杜姑姑聽了定說了原因，他們同進飯廳。不吃飯時，此屋就兼做孩子做功課的地方。她走近也看看玲的畫：「玲，你的畫越來越有意思了，真是大有畫才。大了非到巴黎學畫不可。」

玲舉起一張剛畫完的畫在看：「媽媽說學畫會餓死，她說巴黎有幾萬光吃麪包喝白水的畫家，要等餓死窮死後，他們的畫才會成名。」

「當然有這種事，也不完全每個畫家都是那樣。」杜芳說說把畫接過在手中看，她又想起：「我有幾次看見 *Daily Sketch*[2] 報紙常常有兒童得獎的畫。我看玲用的顏色生動，定，你去邀哥哥同去買三份來。你們三個人都可用水彩畫試試，街口斜對過那家賣報的，什麼報都有，也許有昨日未賣完的。」

定同平一路上念着 *Daily Sketch*，念到店子時，老板娘向他們說：「早安，糖？」

定停住了剛才念的報紙名，他回答店員：

「早安，不是糖，是買 —— Ladies' Skirts[3]。」

---

2 《每日見聞》(*Daily Sketch*) 是一份創辦於 1909 年的英國小報。

3 英文「女裝裙子」的意思，其英語發音與報紙 Daily Sketch 比較接近。

女人聽了頗奇怪，看了一下自己的裙子，再又問：「對不起，你們要什麼？」平和定都窘了，平紅了臉想回頭跑，還是弟弟又輕輕地再說一遍：「報紙 Ladies' Skirts 。」

女人後面站着一個男人，他笑笑地，他知道這兩個小男孩新從中國來，還不會說什麼英文，他猜着了：

「大概你們要 Daily Sketch ，今日只有星期日報，明日就有了。」

第四章

放暑假的前一週，羅家剛剛吃完飯，天氣熱得很，全部窗戶都打開了。紗簾被風吹得在房子裏打轉。羅玲由學校帶回一卷她的圖畫，杜芳一張一張地欣賞，一面看，一面誇獎。羅太太在和羅先生商量暑假中計劃，想請家庭女教師，為三個孩子補英文法文。

羅先生對平和定的學校，本不十分滿意，故他贊成羅太太的提議請女教師。他說：「如果找到一位好教員，下年開學時，平和定不用再去上學了，一直在家讀一年。將來可進像玲的中學，多好。」

「我不贊成！第一，是暑假應該帶小孩旅行度假，」杜芳聽了立刻反對，「第二是男孩子更應該進學校和小伴玩，不應該關着門讓女教員管得呆板板的。」

「芳，你想想，我們半年中，差不多繞了半個地球，還需要旅行嗎？平和定只要把文字趕一下，以後過假期的機會多得很。」羅先生本對男孩私立學校不滿意，故決意暫改變方法，對杜芳的提議簡直沒有接受一條。

杜芳女士有點掃興，她決不生暗氣，自羅家來後，一切都聽她的意見，這次她覺得被潑了冷水，故要申明給大家聽：「這次我真氣死了！你們把孩子逼壞了我不管，可是，下月我去瑞士度假。」

她說了就走出客廳，玲、平、定，三小孩也溜溜地跟着她出來。玲拉着杜姑姑：「杜姑姑，你不該急，如果你慢慢地多說幾句，爸爸媽媽還會聽你的，我真想看看瑞士的山。」

「我寫文章可以修改修改，但說話就是出口成章的，決不拖拖拉拉的。你們小孩不懂，凡三個人如有二個人同一意見，那單的一個決不容易打破兩個的。」

「不要緊，等宋叔叔回來，杜姑姑先給他說好，要他贊成你一邊，二與二比總可以做到一條。」定即刻蹦蹦跳跳地說。

「杜姑姑，好不好？」平也即刻贊同弟弟的主意。

杜芳女士再看看三個孩子天真爛漫可愛的樣子，也有點懊悔剛才說一人去度假：「你們的媽媽倒好說話，唯有你們的爸爸急躁脾氣，巴不得馬上把你們送去牛津或劍橋。可惜你們姓羅，如果姓杜的話，我一定帶走你們，他們才無辦法。」

三個孩子聽了有點怕，他們決不想離開爸爸媽媽跑的。停了一會，還是玲先說：「那就杜姑姑也不要去了。」

「本來我今年沒有打算去瑞士的，倫敦的華僑日報，也難找人接辦，我一時急得說了，但我的脾氣凡自己既說了就要實行的。」杜女士又怕傷孩子的心，馬上又說：「今天看見廣告，*Heidi*[1] 電影來了，這個禮拜六我帶你們去看，是 Shirley Temple[2] 演的。」

門鈴響了幾下。每次多半是平下樓開門，這次仍是他先聽到。他們通通由杜姑姑房中出來，平由扶梯上騎馬式地溜下去了。他們做任何頑皮的事，只是杜姑姑欣賞，幸好羅太太沒有看見，否則要立刻拉住他，要他一步一步地走下去。她怕小孩跌傷骨頭，凡有危險性的

1 好萊塢電影《海蒂》。

2 好萊塢童星秀蘭·鄧波爾。

事，一概不贊成。這次開門還不見人上樓，就聽到平在樓下大叫大嚷：

「朱教授來了啊！爸爸，媽媽！」

樓上人聽了，大小齊出動的站在樓梯口向下等候。羅先生一興奮聲音也就大了。

「快點上來，我們以為你折回中國，不來英國了。為什麼近一月連個字都不來？」

朱教授唉聲歎氣地：「因為我改多了期，不好意思再三地說改，踏上了府上的門，讓你們驚奇一下。」

全體進到客廳，羅太太特別介紹杜女士，朱教授恭恭敬敬的：「小弟在中國就久聞大名，在船上就聽到杜女士會同他們來英國。」

「我既不是同他們來，」杜芳即刻回答，「也不願聽一位高個大漢自稱小弟，怪噁心的！」

朱教授一進門即碰了一鼻子灰。但在女人面前，又不能表示自己氣量狹小，找句子頂回去。只有裝着似聽見非聽見的，又似乎在乎不在乎的樣子：

「杜女士的確好會說話，怪不得各處請你演講。」

杜女士雖然說話痛快，但有時自己管制不住自己的嘴，常常出口後也有時懊悔，但一會兒轉念就無所謂了。剛才劈頭損生人，一半也是和羅夫婦的小意氣還未清透之故，過後也覺得自己有點失禮，她說：「演講是演講，罵架是罵架！不過我罵架比演講好是真的。」

孩子看見朱教授挨罵的樣子真欲笑。羅先生去接一電話還沒有回客廳，羅太太趕快說：「朱先生就在我們這裏吃晚飯，你吃了我們的菜，才知杜女士的手和腦都超人一等呢。」她邊說邊站起來，又向杜芳說：「你瞧了冰箱沒有？有些龍蝦，用你的燒法真好吃。」

朱教授聽了有龍蝦，大快活起來：「哈！哈！哈！小——」下面的「弟」字未出口就停住了，並用手掌向自己的臉上輕輕打了一下：

「該打！又忘了！我是說我今天口福不淺。」

孩子們看見朱教授自己打了自己一下，大笑大跳起來。杜女士倒有點不好意思，故轉變稱贊朱教授：「朱先生，你一定演戲很好。請你來參觀我們的廚房，有的人燒飯怕人吵，糖鹽會放錯，我倒是人多陪我談，我越是做得有勁。」

朱先生跟着兩位女人走進廚房，並說：「我只能演丑角。」他想起沒有看見宋先生：「宋先生呢？」

「應該馬上會回來。」杜芳打開冰箱，並順便給朱先生一杯冰橘子水，接着說：「不過，他沒有時間性的，有時我們的飯做好了半天，只等他。」

「等一等，你可看見他又要帶一堆寶貝回來，我們的日工女人每天早上總可得點小禮物。」羅太太也在洗菜洗米，提到宋先生，隨口談給朱教授聽。但朱教授聽了頗為驚奇地說：「是不是你們的日工女人年青貌美？」

杜芳聽了不禁大笑：「朱先生想的是另一方面，但是我們的日工女人是高而胖有一堆兒女的女人，狐臭氣頗大。宋華帶的禮物，只有她能欣賞，連孩子都不會要的，等一會你瞧好了。」

羅太太在切菜，又向朱先生說：「朱先生，你差不多在法國半年了，法文一定說得很好了？」

朱教授的兩眼直看着桌上杜芳所做的菜，如果不是杜芳一開頭即教訓了他一頓的話，他一定要坐下來先吃點的。所以光欣賞着而不敢舉箸一嚐，他沒有聽清楚羅太太說什麼，故突然地又問：「對不起，羅太太，是不是你問我的話？剛才我想事去了。」

「又是一位詩人呢！」杜芳鏟菜倒在盤中。

「慚愧，慚愧！我生平不會寫詩。」朱教授說時忽然想到宋詩人：「宋華在船上大寫情詩，來英國還寫不？」

「最好請朱教授不要再提船上的事，他非常認真地難堪。剛才我是問你的法文學得如何？」

「不行，不行，年老了。英國人說老狗不能學新把戲。」朱教授連連搖頭。

杜芳聽到樓梯上有聲音，馬上向羅太太說：「蓮，大概是宋華回來了，你叫他馬上上這兒來。」

羅太太打開廚房門，真的看見宋華上樓來了，即刻說：「宋先生，快進廚房來瞧瞧，有一驚奇地事。」

宋華頗累的樣子，走進來：「我猜着了，一定你們又做了餃子。」進到廚房，朱先生和宋先生大握手，宋華說：「你幾時到的？你好呀？」

杜芳女士站在爐前炒最後一個菜，她回過頭來說：「宋華，趕快把你今日的成績給我們瞧瞧。」

宋華看見朱先生在此有點不好意思，如果羅先生在此，他決不肯拿出來的，但被杜女士連着催，也就不由自主地從左右口袋中掏出來了：「今日運氣不算好，夾了二十四下，才得到四樣小東西，這是做什麼的，我都不懂。」

杜女士關了火，走近桌邊，宋華已把東西列在桌上，杜芳用炒菜的鏟子指給他看：

「這是女人做針線用的插針包。這是小梳子，你總知道，這是胡椒瓶，這是套在火柴盒外面的鐵盒。明天早上，玫瑰太太一定又好高興地。」

朱教授越來越莫名其妙，他只好輕輕地問羅太太：「他買這些東西做什麼？」

杜女士沒有等羅太太回答，她很爽快地說了：「過日要宋華帶你去看倫敦中心區，那一帶很多這些玩意兒。」

朱教授搖搖頭：「我一點都不感興趣，我不懂宋華如何變了。」

杜女士放下鏟子，解下圍裙，她坐在椅子上，把桌角上的煙灰碟拿到靠近她的桌邊，然後用打火機把她嘴上的煙點着，然後向朱教授說：「你沒有看見那種機器？每次只要放進一銅板，推動一下，即刻可以看見那玻璃櫥中一個小鐵手似的夾子起動，再慢慢地向底下堆滿了各種東西去夾，自一個銅板的東西直至一個錶！當然空時多，宋有一次弄過一個打火機，他現在想弄到那錶就算最後的成功。」

朱教授懷疑地問：「這是不是倫敦大學的一種課程？」

杜芳有點聽不順耳了：「朱教授那樣看不起人？雖然是工人消遣的玩意兒，但是宋華整天在圖書館用功，出來花兩先令散散心也不為過，他又不抽煙，像我每天的兩包煙，比他消耗得多呢！」

宋華有點難為情，同時他也玩膩了，故趁機用手在桌上使勁一拍：「好，大丈夫一言為定，自明日起不再玩了！」

「對的，換換消遣也好！」羅太太也贊成宋華的決斷：「我去叫孩子們擺桌子吃飯。」她走出了廚房。

「你們這裏真快活！」朱教授看看宋華帶來的小東西：「羅先生在做什麼？他忙得不參加我們的廚房會議真可惜。」

「他在趕寫完一本小說，羅幹要不回國一趟，那就早該出版了！」杜芳放了一壺水在小火上。

朱教授又向宋華問：「老弟，你是不是在寫論文？」

宋華有點吞吞吐吐不敢直說似的：「因為我國內的獎學金不多，我想也先寫一本小說，得點稿費，再定計劃研究。」

杜芳本要走出門，她又回來向朱教授說：「很好！現在我也可以聽聽你對宋華讀書的意見。我早就和他討論過。」

朱教授很驚奇地說：「宋公，真是理想家！先請你不生氣，我把你當兄弟好朋友說話，實在為你有益我才敢說——」

「你說你的意見好了，為什麼先繞這多彎？」杜芳有話直說，不喜歡啰啰嗦嗦的。

「我說，宋華：第一，你總知道羅先生也在寫小說；第二，你總知道他已在英國文人方面有了名。即是你的小說可與他比，但英文無論如何趕不上他啊。何況你是未出名的作家？不是白花時間嗎？我覺你不如按你之所長，譬如你對中國詩這方面寫點東西，開頭把你的作品站定了，以後寫別的不要緊。」

宋華聽了也立即興奮：「好了，那我先開始寫中國詩史，以後我接着寫中國小說史，戲劇史，散文史，成一部中國大文學史。近來我為得創作小說，不算十分滿意，放下又不知做什麼好，每日上圖書館，不過搜集點資料，預備將來回國用的。」

朱教授聽了又大佩服宋華：「是不是你起碼有四年在英國的計劃？材料夠不夠？」

「本來我帶了不少中國文學方面的中文書，再去東方學院圖書館找點，國內還可寄來，材料決沒有問題。」

朱教授肚子本來很餓，再看見做好了的菜，他實在忍不住再等了：「宋華，你有此魄力總不錯，即馬上不能實現，遲早總可達到的。做什麼事總要肚子不餓，現在我真餓死了！」

杜芳即刻拿了一樣菜：「我們帶點東西進飯廳，也許孩子們的功課沒有做完。」

吃飯時朱教授對羅先生說：「我記起一件事要問問羅公的，你知道不知道有沒有中國學生肯暫時離開英國的，一年或半年都行。這次我在挪威，碰到一位北歐人研究中國美術的，他想請一位中國人，幫助他一點中文方面的東西。每日只要半日的時間，他可供給來往川資、食住，及一點點零用錢。」

玲聽了沒有等父親的開口，她即刻就問：「朱教授，你自己為什麼不幫他？」

「玲，你真是小孩，不知天高地厚！」杜芳沒有等朱先生回答，她和羅家是老朋友，對孩子也就像一家人，故責備玲。在此飯桌上，杜芳和玲說話都有趣：「堂堂一位教授，怎可去做學生的工作。要我就不在乎，如果我不是瑞士的李太太再三催我去度假，那我也許去看看挪威的。」

「朱先生，你如何認得他的？」羅先生回國前在倫敦曾碰到過一位中國青年，他幫過這位北歐美術家。

朱教授把筷子放下：「我先要謝謝杜女士菜燒得真好。」他又向着羅先生說：「我在中國就碰過他，那時他在中國弄攝影一類工作。因為他不會說中文，常找會說英文的人，看那人倒辦法多，不但很懂美術，還很會享受。這次我去他家住了一個多月，他的住宅很講究，一位很年青的法國太太，還由中國帶了廚子來。」

「據說幫西方人弄東方人的文筆，也可以說是容易，也可以說是不痛快。容易地，只要你把意思譯出就夠了，文字體裁他自然要自己修改才好用他的名字出版。不痛快的，是不像教學生，譬如你教小學生，你只管把需要的讀出來就夠；教大學生，你大可討論思想意見。但這種由你幫助翻譯，不但文字間膜很多，由西方的眼光來看東方，當然不免有大錯誤之處。」羅先生曾聽到那位中國青年抱怨。

「最好要心平氣和的人，只盡力把文字方面幫助他，至於他出版一些什麼，不去管就行。要像宋華的脾氣才合適。」朱教授說說，隨便地向宋華問：「的確，宋華，你想不想去？只當遊歷一個地方，橫直[3]時間可由你選。」

---

3 「反正」的意思。

「我要看看另一國家是真的。」宋華心中想，如不因有此機會，真難旅行。他似乎有點興奮：「經過德國時，我也想看看德國。你剛才說只半日工作，那半日我自己還可做自己的事。不過今年我不想去，明年春天去行不行？」

「等我寫信去問問，大概是可以的。他也是要我順便在英國打聽，也不是急於馬上要請人的。」朱教授又向羅先生說：「你贊成不贊成？」

「不妨讓宋華試試，多看國家總是好的。」羅先生說了又向朱先生說：「你這次在大陸上總玩夠了吧？」

「唉！你們總想我玩得痛快？」朱先生又接連歎了幾口氣：「每接到我太太的信，必是痛罵我的。可惜她越寫罵人的文章就越寫得好，否則每次信，我可不拆的。」

杜芳聽了十分忍不住笑：「不知世界上有『打人』的藝術否？」

羅太太總怕令人難堪，她向杜芳說：「芳，我們同去做點咖啡。」

星期六下午，杜芳帶了三個孩子看了電影回來。一進到客廳，又看到一位高個的中國先生，羅先生馬上介紹：

「這位陸少將，新從中國來，剛到英國。這位是杜女士，這是我們的三個孩子，玲、平、定。」

陸少將聲音洪大清楚，他向杜芳說：「說來慚愧，在軍部混了幾年，一點意思都沒有。我們的上司下野休息，我們也跟着休息。我很想唸點英文，看看人家的國家。我和羅先生是中學時同學，究竟拿筆的生活和拿槍的生活大不同。」

杜芳接了羅太太給她的一杯茶，她坐下對客人說：「陸少將，想在英國耽幾年？現在住在哪裏？」

「我暫時住在旅館，我想在你們附近找住處，作住兩年計劃。」

「定，你陪陸伯伯到朱教授那樓，看看他的房東太太有沒有房間。」羅幹不十分喜歡走路，他又向陸少將說：「朱教授的住處房子非常好，你看了房子再同定回來吃晚飯。」

定想起買報的事，再不敢單人向英國女人交涉：「假如朱教授不在家，那陸伯伯和房東太太交涉，我是不敢說英文的。」

「親愛的孩子，來幾句簡單話，我是可對付，你不用怕。」陸少將拉了定同下樓走了。

陸少將好學心切，每字必問，並且不恥下問，即小孩像定，他一路都問了不少。他只知道一點中學英文底子，幹了十五年軍部生活，差不多都忘光了。他的口袋裏放好一本漢英雙解小字典，臨時有什麼弄不通時，即刻翻一下小字典。他們走上山，定越走越喜歡陸少將了。按了朱教授的鈴，無人下來，然後才按房東太太的鈴。一位灰白髮的老太太開了門，她知道是來看朱教授的：「大概朱教授出去了，你們要不要留條子給他？」她讓他們跟着她進來，把大門關上了。

「午安，夫人，」陸少將很客氣地即刻把字典拿在手上：「我的名字叫陸少將。有沒有房間出租？」

房東太太見過海外來的教授、軍官，不少，故並不以少將為奇，她說：「正好有一間下週可空出，我可以帶你去看看。」

房東太太帶了他們由樓上看了房間下樓，都站在狹而長的過道上。只聽到陸少將連說：「好！好！好！」他想問房東太太住房子和吃全天的飯，一週要付多少。他盡他所知道的單字都想了，可惜他不知道英文的「full board」[4] 這兩個普通字，他便照中文意思直譯的說：「How much a week if I sleep you and eat you?」[5]

房東太太嚇得臉色變了，她一連串說些什麼，陸少將也不懂。定

4　英文「膳宿全包」的意思。

5　蹩腳英文「假如我睡你吃你一週要多少錢？」

看見不妙，趕快走去開門，陸少將也有點慌慌忙忙轉身又把房東太太碰了一下，他馬上道歉，意思是說自己粗心，沒有注意的意思，他趕快地說：「I don't care!」[6]

定只想到難為情，他不敢看房東太太，他一直向門外跑，陸少將也跟着他跑下山。少將在後面追着說：「慢點，為什麼走得那麼快？」

6 英文「我不在乎！」的意思。

第五章

杜芳去瑞士一連數月。有一晚，羅家突然接到她由瑞士來電話，說再見。她直接由馬賽回香港，然後去重慶大學教書。她要羅家把她的書籍行李交給旅行社代運。接着宋華也去了挪威幫助那位美術家寫中國美術史。朱教授出國一年，也回國去了。這三位不僅是羅先生羅太太的朋友，也是玲、平、定的朋友。雖然以後仍有不少的中國朋友來看羅先生、羅太太，中國學生們、教授們和大使館的職員們，但孩子們只覺得他們是大人的客，不能像杜姑姑和宋叔叔是一家人似的。

羅家的家風，永遠維持兩種習慣性禮節，對英國朋友，他們則按着英國習慣，即喝一杯茶都先約好。對中國朋友則仍照中國習慣，除非酒宴才先寄請帖，平日朋友來，上午則留吃中飯，下午朋友來，則留吃晚飯。羅家給朋友最喜歡的，不必先在國內已認識，也不必在來以前寫信和先通電話，更不要主人先約，只要你的手指在羅家的門鈴上一按，就歡迎進來了。

羅太太做茶時，常常問英國朋友要中國茶還是英國茶，客人一半為客氣，一半為好奇，因此羅太太總是盡自己最喜歡的龍井茶泡出待客。顏色既淺，味也清淡，不放牛奶也不放糖的，顏色儼然像一杯白開水中滴過數滴英國紅茶似的。男客人喝了一杯一聲不響，女客人喝了記得誇一二句。但是如果羅太太再問她們是否要一杯時，她們多是很快地回答：「謝謝，不要，真太好了！」

羅太太最欣賞的是茶，無論紅茶、綠茶，她覺得如用在合適的時間，都各有其妙。有一次，她對新由中國來的客人馬太太說：

「馬太太，你不喜歡英國紅茶和有些英國人不喜歡中國綠茶一樣。你才來不久，漸漸就會覺得英國紅茶也有意思的。」

「紅茶綠茶本來我同樣的喜歡。但是我不喜歡英國人加牛奶和糖在茶裏，牛奶、糖又是我最不喜歡吃的。好好的茶，加上這兩種東西，根本沒有茶味了。」馬太太談到茶，又聯想到初到英國時住旅館，吃英國的飯也不慣，她接着又說：「羅太太，我對英國飯也吃不來，好好的綠菜，用白水煮得像爛草似的，我簡直吞不下。番薯我也怕，魚和肉都腥極了。幸好不久我們找到了一層樓面，自己可燒飯了。幾時請你和羅先生來我們家吃吃便飯。」

「我們一定會來看你們。馬太太，你提到英國人白水煮菜，令我想起有朋友告訴我，英國初進口茶葉時，人民不知如何吃法，他們也用水煮，像煮素菜一樣，然後把水倒掉，灑些鹽在茶渣上，就那麼當素菜吃。那你更要嚇倒了。」羅太太說話時，常常看到馬太太穿的繡花鞋，馬太太知道羅太太欣賞她的鞋，她伸出兩腳對羅太太說：

「我在國內也穿皮鞋的，這次出國，就打聽到西方人喜歡中國的繡花，所以我就特別帶了兩打出來，即每月穿一雙，也夠我兩年穿了。」

羅太太趁機會說：「我覺得穿了出街太可惜了，在屋子裏穿，軟而舒服。出街趕公共汽車，地道車，非走路不可，不比在中國出大門即坐車。如果碰到英國人，不懂這是中國真正的繡花緞鞋，他們還以為你是穿了拖鞋上街呢。」

「怪不得街上很多女人和小孩都看着我的腳。下次不穿出來了，謝謝你提醒我。」

「你也不要留在那裏不用，等聖誕節送給英國太太作禮物，或者等開籌款會捐給中國時，你也可捐些到會裏。」

羅先生同了馬先生由書房走進客廳，把兩位太太的談話打斷了。馬先生說：「英，你真是像到了娘家，來了就不想走。我們的孩子和看護還不熟，不知哭了沒有。我們還要看一家朋友就趕快回家。」

羅太太送了他們走出客廳，她說：「我們一直談吃談穿，還不知道你們的孩子多大了？有幾位？」

「只兩個孩子，男孩兩歲半，女孩才一歲。等他們大點，一定帶來看羅伯母。」馬太太說了又向馬先生說：「川，我要先回家一趟，換了鞋才再出來。」

婆婆思紀太太已在羅家教了平和定一年了。她初來時介紹給羅家，她姓露易斯小姐，後來有幾次車夫開了車來接她，稱她婆婆思紀太太。但羅家當面稱她仍是露易斯小姐。為什麼她用兩個姓，孩子想到電影明星也有，所以也就不奇怪了。

第二年快放暑假時，羅家仍沒有計劃去旅行度假，他們還保有中國習慣，以不動還是不動。羅先生完了一本書，又要另寫一本，孩子唸唸英文、法文，又要唸拉丁文。故羅先生對婆婆思紀太太說：「露易斯小姐，我希望你能繼續教孩子，玲放了假，也要讀法文和拉丁文。」

「當然我喜歡照常上課，我本想去法國過假，看來消息越來越不好，我怕阻在法國回不來，或者我改到湖區山上一週就回來。如果孩子們想看英國的湖區，可以同我來。」

「那好極了，因為我的太太和我都不想動，孩子有你帶着，我們也放心。我的太太覺得孩子的長假和大人耽在倫敦不換一下空氣，對小孩確實不好，她聽了一定高興地。露易絲小姐，你也覺得消息嚴重嗎？如果俄國肯和英國訂約，那希特勒決不敢攻波蘭的。」

「不對，不對，希特勒是和平的，只是英國有四個主戰罪魁，丘吉爾、艾頓、答甫苦撥、金柯爾[1]。如果殺了這四個人，天下就和平了！」

羅先生愕然，為得她是教員，羅先生也就不認真地討論下去。他聽到她在假期中繼續上課，又可帶孩子去度假，便很滿足了。

八月底的一個早晨，羅先生接到玲學校通知，不是學費單而是召集家長開會。當時羅太太在家很緊張地等羅先生回來。羅先生每次由外面回來，總是笑容滿面的。但這次他回到家，心思很重地進到屋子，他在客廳走來走去的，玲性急不能等爸爸開口而先問了：「爸爸，學校開什麼會？」

羅先生坐進他太太的對過沙發椅中，向着他的太太報告：「蓮，玲的校長報告要家長為孩子準備輕便的東西，當日帶去，只要孩子自己可揹得起的，孩子都由學校同出發。約離倫敦不算遠，暫時不能告訴家長去的地名，等孩子到了就會通知家長去看他們。」他邊說邊注意羅太太神氣。如果她不讓玲同學校走，他則要寫信告訴學校。

羅太太雖然很憂慮，但不慌，他們曾由炮火中的祖國走出來，這又是「戰爭」，是「世界大戰」。她不想把家中人分開，但羅先生覺得走出一個就是一個，同時玲跟着學校仍有課上，故討論結果還是讓玲同學校走。

第二天玲去學校聽先生指導，羅太太則去替玲買背包和軟底球鞋，準備走長途路的。玲由學校回到家很是興奮，一進門即聽到她叫上樓：「媽媽，媽媽，校長答應讓我帶兩個弟弟同去，趕快替平和定

1　Winston Churchill, Anthony Eden, Duff Cooper, 等幾位二戰前期英國政壇的主戰派。

也買一份背包，撿洗臉的衣服。」

「玲，是不是同學都帶弟弟？」羅太太驚奇地問。

「不是的，只有我問了校長，校長問了弟弟的年歲，即刻就答應了。因為昨天我很難過，我一人不想離家，但又捨不得離開學校不上課。我心想，如果我們三人如能去一塊地方，爸爸媽媽也就可決定同我們走了。」玲說得快，兩手的表情頗像她母親。

羅太太抱了玲，並對羅先生說：「幹，你看，玲比你聰明，她會想辦法，三姊弟可在一塊。你昨日開會，就不會和校長商量。」

「也不是你教她問的呀！」羅先生也高興地說：「當然我也希望兒女比我們聰明。」

羅太太近來身體不好，加上消息一天比一天吃緊，對孩子更擔憂。她想到中國仍在戰爭中，現在又要開始遷移她的倫敦的家，不知世界上哪裏是安全。

定看見媽媽坐在沙發椅中沉默着，他又想擠在媽媽一塊坐下去，羅先生看見了：「定，你不要再擠媽媽了，媽的身體不好，明年我們家中真會有小嬰孩了。」定聽了眼睛發光似的，但是他要和哥哥姐姐同走，想到媽媽又捨不得似的，所以剛才爸爸報告的消息，雖然驚喜一下，但不像平日高興得會在玲、平的頭上拍了。玲、平、定都圍着媽媽。玲說：「那馬上要搬到我們到的地方去了。」

羅太太微笑，看看三個可愛的臉龐，即刻安慰他們：「當然要快搬，爸爸和我住在倫敦，又掛記你們，又受驚嚇。如果戰爭爆發了，此屋的合同也可變的，不像爸爸回國接我們，此屋空着還要付租的。」

九月一日，玲、平、定跟着學校走了，因守祕密的，走時連孩子自己也不知去什麼地方。但第二天早晨，羅家即接到玲的信了。她的學校到了聖城，和一本地的女子中學共校舍，孩子則分在聖城的住宅人家。玲、平、定派在一老牧師家，雅丹夫婦。但玲、平、定很想家，羅太太每次去看他們，回來也是不舒服。雅丹太太的年紀已過七十，說話時不停地搖頭，她雖然愛孩子，但照顧不來。一日，她對羅先生說：「你們的孩子很聽話，但我老了，有孩子在家，我很擔心。譬如有同學來找他們玩，我又不知是不是你們喜歡的孩子。這種年齡的孩子，正需要自己的父母教育。」羅先生很懂得年老人心理，受不起擔心，聽不得聲音，羅先生安慰老太太說：「真是感謝你們如此仁慈地照應孩子。我的太太也是想把家快點搬來。因為倫敦的房子有長期合同的關係，我們正在交涉辭退。」

「我勸你們在此地暫租一幢小小的，一則好照應，二則可不訂長期合同受限制，幾時要搬回倫敦只要一月的通知就行。」她年老，經驗多，她經過了第一次歐戰的。羅先生有中國古風，尊重年老人，故即刻接受她的勸告，到本地的房產公司問房子，然後又在本地摩登中學為平和定報名。他連日奔走，每次回來，看見躺牀的太太，滿壁的書，以及笨重的大家具。他想到搬家，他不敢表示憂慮，他照常地來回跑。

九月底的一個晚上，羅太太燒好了晚飯，等羅幹。全屋靜靜地，樓下兩層也沒有人。她在想着三個孩子，羅幹一進來就說：「今晚外面好黑啊！街上沒有燈，我又坐晚了一班車，我記掛你一人害怕。」他說着跟着太太向廚房走，用電筒照着，不敢開燈，因窗簾還沒有裝黑布。

「我一直坐在椅中不敢出來，聽到你開門，我像復活了似的。房子找着沒有？孩子習慣點沒有？」她把爐上的飯菜拿到廚房桌上，自孩子不在家，他倆夫婦每餐就在廚房桌上吃。

「哪裏，玲見我走，又是要流眼淚，所以我馬馬虎虎租定了一幢房子。說是新蓋的，小雖然小，看來很乾淨，光線也好。今日我帶平定去見校長，考試了一下。校長本聽到他們由中國來不久，看見他們的英文和數學卷子，都驚奇。即刻答應收了。然後我又帶他們到外面喝了茶，再送他們回去，故搞得誤了車。」羅先生邊吃晚飯邊說，羅太太用手帕包了電筒，所以只是羅先生挾菜時模糊看得見。

「這完全是婆婆思紀太太這一年補得好，可惜沒有考他們法文，婆婆思紀常誇平定法文呢。」羅太太提到孩子卷子好，則忘了一切。

正在準備搬家的時候，連接着宋華由挪威來的信和電報，因為戰爭，那位研究東方的藝術家要他離開，但英國領事館不肯簽入口證，除非英國有人擔保他的生活，才可讓他重來英。那位藝術家準備要宋華從西伯利亞回中國去，但宋華要完成他的英文中國詩史稿。故羅家不容考慮的拍了三個電報，一歡迎他來英，一通知駐挪威英領事，一請在挪威的中國領事幫忙。雖然羅家在進行逃難中，但想到宋華的處境，比他們更窘，在患難中幫助朋友，比在太平時大宴朋友更需要。

羅太太先去看了孩子，然後同到新宅。搬家車尚未到達，房子還是空的，柯立孚太太已在做窗簾，她是由雅丹太太介紹給羅家，可做五個半日的下午，她每日上午在電影院打掃。羅太太相當滿意，雖然只有五個半日，比沒有總好些。

搬運車到的很遲。羅先生是同搬運車來的，他一進門則唉聲歎氣。孩子和羅太太都圍着他：「幹，是不是又累得頭疼了？」

「不是頭疼，車子幾乎不能開來了。」羅先生搖搖頭說了，眼睛想找坐的地方：「讓我在樓梯上坐一下，」他一面說，一面用手帕擦擦鼻子：「今早搬東西時，我沒有注意他們，他們在酒櫃櫥裏拿了一瓶精[2]，當啤酒喝光了。半路上大吐特吐，動都動不得。」

定馬上說：「幸好媽媽沒有看見。」

羅太太對玲說：「玲，快給爸爸一杯水。」

2　Gin，金酒，或杜松子酒，盛產於英國的烈酒。

羅先生稍稍休息一下，看見三個孩子和妻子又團聚了，他站起來每個孩子都抱起來一下，接着又告訴他們：「幸好我記得有一位朋友告訴過我，凡是喝酒太多，只有吃西紅柿可治好，所以我走了很遠，才能買到一磅西紅柿給他們吃，在路上大約差不多停了二個鐘點。」

「再也不要搬家了，除非我們回中國。」羅太太很體貼丈夫太辛苦。

「倫敦的家具，差不多丟下了一半，這個屋子如何也無法放得下，那一部分我還得再去一趟處置。」羅先生說說即刻上樓指揮搬家工人先安置地毯。

羅太太走進廚房，想問柯立乎太太有辦法做茶不。定還是跟上跟下的，和母親說個不完，他們這次分開快一個月了，他聽到宋叔叔快回來，高興得不得了，又問：「媽媽，宋叔叔來了，住什麼地方？我和哥哥一房，就沒有宋叔叔的房間了。」

羅太太一面看搬運的人擡東西，一面回答：「爸爸在隔壁天鵝太太處租了一間房，宋叔叔白天還是可以和我們一塊同茶同飯。大概這個星期就可以到了。樓上工人在鋪地毯，你們今晚還住在牧師家，明日爸爸去接你們回來。」她說完又問：「平到哪裏去了，剛才他還在這裏的。」

定指着後院給母親看：「媽媽，你瞧，哥哥在鋤地了。他早說過，為勝利而種菜！」

羅太太由窗子裏遠遠望着平，她想到戰時，想到逃難，一切都不能由計劃，只要三個孩子快樂，就是她的安慰。

第六章

宋華這次回英國之前，即知道羅家搬到小城市，住宅近鄉村。他入英國境時就順道去湖區遊了，由湖區買了一部舊腳踏車帶到羅家。這是他到英國時即想要的，因當時羅先生告訴他，住倫敦不需要，除非住鄉下方可用。故宋華這次達到了兩件心願，「遊湖區」「腳踏車」。

定一見他，又在他背上揹了一下，平則讓宋叔叔摸摸頭。玲則得了幾張挪威風景畫片，羅太太忙做茶，羅先生則問他在挪威做翻譯的情形，宋華說：

「我相信老頭子是被我弄氣了，借開戰非送我走不可。」

「你的脾氣很溫和的，怎樣會把老頭子弄氣了？」羅先生有點奇怪地問他。

「我沒有對他無禮，不過我聽多了他吹牛，他當他的太太面前，總吹他的中文好，並希望我也在他的太太面前誇他，但是我如何也不會說假話。」

「這點小事也不致那樣生氣！」

「有幾次他的太太也坐在一房間聽我們唸中文，老頭子唸中文時常常生字唸不下去，總是我幫着接上。有幾次不知是他吹多了，還是我接多了累了呢，他唸不下去時，我硬着不幫助接，等他自己記。根本不認識的字太多，如何也記不起，常常弄得他窘極了。」宋華說時頗得意地笑。

羅幹聽了又好笑，又覺宋華也是孩子氣：「你這是殘忍，你要治他，不應當他太太面前泄底的。」

「我就是要他的太太知道，如果他是謙虛的年長者，我倒會同情他、欽佩他的，一連被我弄了幾次，以後倒是吹得少多了。」宋華興奮地繼續說：「有一次他的太太不在身邊，他告訴我天下有兩件難事，第一難是妻子，第二難的是中文！」

宋華既與羅先生傾腹談了，乾脆把他的心思也說出來：「不僅這件事我弄得他難堪，還有很多小節目，我和他處不來，……」

羅先生沒有等他說完，即插進一句：「大概他要把你當他的學生，而你又把老頭子當你的學生，這就打不完的，還是早散的好。」

宋華回到羅家，就像到了自己的家似的，好像心頭輕鬆了。他又說：「我在挪威住，除工作外，一個朋友都沒有，故感覺非常地寂寞。我很想回英國弄完我的稿。」

羅先生也很贊成他：「要說鄉間比倫敦真靜多了，你盡可好好寫下去。我雖說寫東西，在倫敦總是應酬多，也靜不下心。近數月孩子和搬家，又大擾亂一陣。」

羅太太泡了茶進來，並聽到他們怨倫敦鬧，她即刻接着說：「現在三個孩子都進了學校，住此也沒有熟朋友，倒是你們很好機會寫東西。」

一個月後羅家才漸漸把新屋子弄得有點秩序。有一天羅太太聽到後門有人打門，以為是送貨來的人。她開門看見是隔壁的天鵝太太，心中有點奇怪，她為什麼不走前門來。天鵝太太就想站在那裏說什麼，羅太太一定要請她到客廳坐，好像她有點猶豫的樣子。結果同了羅太太進客廳，天鵝太太看見兩壁的書架，一直靠天花板，除了書和沙發外，沒有一點瓷器銅器的東西。

天鵝太太走後，羅太太有點為難，不知如何是好，吃中飯時，她對羅幹和宋華討論：

「剛才天鵝太太來看我，她說她的丈夫晚上不能聽宋打字機的聲音。白日她在家也有時聽不慣，所以很抱歉地想宋華另找房間。」

宋華聽了怔住了，但羅幹毫不在乎地說：「再在本地報紙上找過一家好了。」

「再找不到有如此近的，簡直像在一家似的。」羅太太細想各種方便的地方，她沒有抱怨丈夫租小了房子，但羅先生自己也感到了：「只怪我當時糊糊塗塗和孩子看屋子，只覺得此屋小巧，又是新蓋的，住進了才知缺點太多，不說沒有宋華的房間，那時還不知道他要回來，但是連我也沒有一間書房。」

宋華看見羅夫婦為難，馬上想到他的腳踏車，他立即解決了：「我有腳踏車，橫直我每天都要騎騎玩玩，所以房間稍遠點毫無關係。」

這次搬家最幸運的就是平和定進了摩登學校，制服又全換過，帽子及短呢衣的顏色，正是玲喜歡的藏青色，圍巾的藍、黃、灰三色似乎太花，但大而厚，冬天走讀倒是羅太太放心地。每天散學時候，同班的孩子很多爭着要幫派平和定提小箱子，他倆兄弟一直用小箱子代替背包。胖胖的堅姆士力氣最大，他自己揹了自己的，左右手硬要提平和定的，他一定要走出街口才肯交給他們。他有一次說：「我喜歡做你們的腳夫！」

「什麼原故？」定奇怪地問。

「因為你們是中國人，我們家喜歡中國。」

「我的母親說過，我們可邀同學星期日來喝茶。堅姆士，這個星期日你來好不好？」定接了箱子問他。

「我有很多中國郵票，如果你喜歡的話，就可以送些給你。」平接着箱子也說了。

堅姆士聽到郵票，大為高興：「好極了！等我問媽咪，這個禮拜日可以出來不。我也會帶我的郵票冊來給你們看，如重了的可和你們交換。」

平和定每日口袋裏堆滿了的郵票，後來懂得可以交換，平和定是合股的，故合作由一小冊加成兩冊、三冊、四冊，有時羅先生也幫助他們搜集，三父子的合力，當然在班上要算第一郵票種類和張數多的了。

雖然郵票是室內靜的消遣，但中間休息時，先生要他們到場地吸新鮮空氣，新鮮空氣有時像打強心針，孩子們跳叫打架像瘋狂似的。如果吵鬧過於厲害時，校長必出來申斥。但校長回過頭如看見平和定的話，必轉臉向平和定和顏微笑一下。這種笑，是和悅，是優待，平和定是中國孩子。

玲在學校聽到老師教沒有家的學生，做完了功課應該幫助屋主人 —— 乾媽。玲想到自己的母親一樣辛苦，她做完了功課也就跟着母親。她能洗碗，雖然她打得多，羅太太總想到她的手小小的，瓷器又滑，不是她的錯，只要她的手沒有打傷，羅太太就放心。玲有一次說：

「媽媽，我做粗事，就不能慢慢地，看見洗碗水就不舒服，越要快完越容易打東西。但是我畫頂細的東西，可以很細心地畫。那天我畫了一張郵票給平，他想撕下又怕弄破，他立刻浸到水裏去泡，顏色全糊了。他說戰時連郵票的顏色都差了，把我笑得不得了，他才知道是我畫的。」

「吃價[1]人才是如此，能細能粗，你又不是故意打東西。你看見平要浸水，就該叫住他，應該給爸爸和我看看，你再去畫一張去迷爸爸。」

「爸爸不像平容易相信人。」玲洗完了吃茶的杯子，今天成績不壞，只破了一個茶杯把。羅太太在廚房準備晚飯的菜，平、定兩兄弟有說有笑地也進來了。平則趕快拿布擦乾杯子，定因為家中的嬰兒還沒有降生之前，他暫時還是享受最小的優待。他只可幫媽媽吩咐，玲做這樣，平做那樣，只要玲、平不注意時很聽他支配，但是有時玲、平清楚了，則會笑鬧一陣。

玲常在母親身邊幫拿菜給她炒，繼續她們的談話：「媽媽，今早我們的校長報告，此地的女校長向我們警告，不准我們的孩子挨一下牆壁，要我們離牆一尺走。」

定聽了大叫：「那女人該打！」

「定，不要淘氣胡說。」羅太太馬上叫住他。心想到兩個女校共一校舍，校長和先生都各個愛惜自己的學校的，這比兩個家庭共一房子還難。她忽然記起羅幹曾說過這個校舍是新建築的，想必原來的校長怕牆壁弄髒，才說出如此過於不近人情的話，她告訴孩子，大概是這種原因。

「無論好人壞人，媽媽總給他們推想理由，其實那女人就是壞人。」玲十分為自己的校長抱不平。

「你們還是小孩子，腦子簡單，人的複雜，哪是『好』『壞』兩個字可分的麼？壞人哪能做校長？她要領導多少學生。不要說了，你們的功課都做完了沒有？」

玲、平、定同時回答：「做完了。」

1 「吃價」在南昌話中指商品質量好，或東西好，或人的能力高等意思。

羅太太想到今年就快完了，還有三週就是新年。羅家還是像在中國，以新年為主，聖誕節則隨便點，她對孩子說：

「等新年爸爸帶你們看電影，此地沒有戲院，即倫敦戲院今年也不演小孩子看的戲，因倫敦的孩子都疏散了。」

「媽媽不去看電影？」定聽到只是爸爸帶他們去。

「當然媽媽不去，你看，媽媽多重多累的。」玲解釋給定聽。

「要知道媽媽會如此的累，我真不該想我們家要有一 baby 的。」定十分不安的樣子。

羅太太想到孩子的天真可愛，又想到世界上大戰的殘殺，多少母親在過流淚的年，她感覺她是最幸福的母親，忘了一切的勞累，帶着微笑站起燒飯炒菜。定又在吩咐：

「哥哥，要擺桌子了！」

一九四〇年一月十八日，有一對中國青年夫婦來看羅家。這個日子，是羅家永遠記得的日子。李先生、李太太，結婚不到一年，因李先生來英研究電氣，由倫敦大學派來此地工廠實習。李太太的北京話帶點南方口音，伶牙俐齒，剛從大學畢業，為了陪伴丈夫到英，她開始學做家事。因李先生又是一位不能吃英國飯的，幸好他們租到兩間房，廚房則和房東太太共用。羅太太說：

「你們總算運氣好，很多房東太太不肯讓廚房共用的。」

李太太看着李先生發笑，然後對羅太太說：

「羅太太，你不知道我受了房東太太多少委屈啊！我每次在廚房燒飯時，洗菜洗米，當然不免落點水在地上，房東太太立刻用布當我面蹲在地方擦。頭一次我當然道歉，我自己還沒有覺得究竟落了多少水，以後就特別小心。哪知天天我做飯時，她必拿一塊布跟着我擦，叫我真難受。我告訴李良，」她說時眼看李先生一眼，李先生正在和羅先生宋先生大談工廠實習的情形，「我告訴他，房東太太不能看見一滴水在地上。他聽了毫不在乎，他叫我也拿一塊布，房東太太燒飯時，也跟着擦就是。本來我不會聽他的話，想想只有此辦法。」

「你真的跟着她擦了？」羅太太有點不相信。

「當然，我一連跟着她擦了幾次，她再也不跟着我擦了。」李太太說時非常認真地樣子，一點都沒有覺得自己做得滑稽。

羅太太越想到李太太當時那幕，實在忍不住笑，笑得肚子疼了。羅太太知道笑得太厲害，極力忍住沒有再笑，對李太太說：

「李太太你真年青，還沒有脫學生氣。李先生白天上工廠時，你一人也怪寂寞，請常到我們這裏玩玩。」

李太太剛才提到受房東太太拒絕有點不愉快，但聽到羅太太如此體貼她，好像走在沙漠中，聖母給她一杯水似的，她馬上轉了笑容說：「我一定會來的，就怕太吵鬧了羅太太。」

吃完了茶，送走了客人，羅太太還是覺得不舒服。她叫羅先生上樓去，然後聽到羅先生在樓上打電話叫汽車。玲、平、定三個孩子聽到媽媽要進醫院，立刻都湧上樓看媽媽去了。

「只怪李太太說房東太太，把媽媽笑多了。」玲一面幫媽媽撿小箱子，一面說。羅太太看看三個孩子，似乎有點不放心似的，故意逗玲：

「玲，我進了醫院，你是女主人了，兩個男人，兩個男孩子，你會不會照應？」

「宋叔叔又不住在這裏，爸爸自己會照應自己。平和定還用我來照應？我是小姐，他們應該學點禮貌，侍候小姐。」

「女人總要學做媽媽的。」定不服地說。

「我要做媽媽，沒有媽媽脾氣好。好，你們要當心就是。」玲還在說，羅先生走進來了。

「車子來了，你們鬧什麼？我送了媽媽馬上就回來的，你們要靜靜地！」

平提了箱子先走下去了。他永遠是做得多，說得少。玲牽了媽媽的左手，定牽了媽媽的右手，羅先生在後面跟着。三個孩子站在門口，看了車子走了才進來。

三個孩子進到客廳，看見宋叔叔半躺在沙發椅裏看書。定問：

「宋叔叔，你知道媽媽上醫院去了嗎？」

「幾時走的，我怎樣不知道？」宋華聽了大驚地問。

「哈哈！簡直是聾子！」平大笑。

「平，不許這樣大的聲音笑！」玲做起媽媽來了。

第七章

第二天早上，雪蓋滿了屋上地上。羅先生把每間房的窗簾打開後，房內顯得特別光亮，但外面沒有看見雪片飛舞，也沒有風，好像全世界如此潔白乾淨的，太平的。羅幹穿着中國皮袍罩着睡衣，還沒有換，他忙，他怕孩子誤了課。三個孩子的臉都靠着客廳的玻璃窗戶上，他們看見郵差的自行車，送報車，牛奶車，破壞了潔白的道路。

「可惜，可惜！」平歎氣地說。

「這才是像有畫意。」玲說。

「如何一晚上下了這麼厚的雪，我一點都不知道。」定奇怪地說。

「雪不比雨，它沒有聲音的。我喜歡悄悄來的雪，我恨風暴！」玲說時兩眼仍集注在外面的景。

「孩子們，快點上廚房做東西吃。」羅先生翻一下報紙即刻放下，他領頭走，後面跟着三個孩子。

「定，從今日起，你也要開始工作了。」玲記起媽媽不在家。

「我又沒有說不做，我在預備擺桌子。」定已在開抽屜。

「大概媽媽已生了 baby 了。你們看，定都做哥哥會做事了。爸爸，你打電話問問醫院，媽媽如何？」玲有點急於想快知道消息。

「我把我們的電話號碼寫下了，看護說生了會來電話的。你們上了學，我就會去看媽媽。媽媽生定時，在醫院先住了三個禮拜才生的。」羅先生一面說一面在切麪包。

「啊！那昨晚不應該讓媽媽一人住醫院的。」平在看着烤麪包。

電話鈴響了，父子四人一湧而去聽電話，羅先生拿起電話筒：「是的，早安。……一女孩，……昨晚十一點半鐘。啊，啊，現在母親和 baby 都好？我即刻可以去看嗎？謝謝，再見。」

羅先生放下電話，高興得不得了。定又快活得跳，又在玲和平的頭上拍了幾下，羅先生告訴他們，護士說昨晚媽媽叫不要打電話來，怕驚醒了你們。

「爸爸，我們幾時可以看見小妹妹和媽媽？」玲特別高興有小妹妹了，她感覺家中男人比女人多。

「要兩週後媽媽回家時，你們才可看到。醫院規矩不到十五歲的孩子們不許進醫院看病人。」

「媽媽又不是病人。」

「醫院章程，凡住院的都叫病人。不用急，兩週的日子很快就過了。」羅先生快活得每個孩子都抱一下。

「爸爸，小妹妹的名字由我取。」玲昨晚就想好了很多女孩男孩的名字。

羅先生突然嗅到焦味，他向廚房跑，「糟了，廚房燒焦了東西！」

定聽到門外有破銅爛鐵的聲音，他即刻去開門。這條街很長，又是不通之路，羅家屋子很近街尾，故平日無大車經過，即私人車都少。宋先生的車，是這條街上唯一有名聲的，他是文人，他很可惜自己不懂一點凡關於極小的機械東西。羅先生曾勸他把腳踏車送到店子去修理一下，「的塔的塔」的聲音雖然無妨礙，怕是車子的哪一部分鬆了，如果有一天人跌了就不好，他雖口頭答應着，但還是騎着。那天定聽到了不等他進門，先去開了門等他，定笑嘻嘻地說：「早安，宋叔叔，有好消息，快來吃焦麪包。」

宋華走進飯廳，定繼續着擺桌子，宋華說：「吃焦麪包為什麼是好消息？我的牙痛，不能吃。」宋華沒有看見羅幹，他又向定問：「你的爸爸就到醫院去看媽媽去了嗎？我今天特別早點來幫你們。」

「你猜，好消息是什麼？」

「呀，我知道了，生了弟弟？還是妹妹？」

定推着宋叔叔進廚房，他看見羅先生在做蛋，玲在旁邊說話：

「爸爸，多麗、蒂麗、黛娜，三個都不好嗎？」羅先生一直在搖頭，他忙做又忙催孩子快點吃了上學。宋先生進來，聽到玲在取名字，知道是女孩，又看見羅先生都搖頭不贊成，他即刻向羅先生道喜。

「恭喜，恭喜！你又添了一位千金！可以不可以讓我取一個中國名字？大女兒叫『玲』，小女兒叫『瓏』好不好？這是中國現成的玲瓏兩個字。」

羅先生聽了也喜歡，向孩子說：「我吃完了早餐就去醫院，把宋叔叔取的名字告訴媽媽。」羅先生說說又想起要教孩子的：「這又是我們中國習慣和西方不同的地方，他們是孩子未降生前就想好名字，我們是要等看見了孩子再取名。我們舊家庭，還要請古學好的有名望的老先生取名呢。」

玲剛取的名字爸爸都未接受，本有點失望，她在用奶油塗烤麪包，即刻用刀子指着說：

「宋叔叔又不是老先生。」

「多少次媽媽教你不要指人，你又忘記了。」羅先生覺得孩子太不注意禮貌，有點冒火。

定看見爸爸要生氣，趕快調解：

「姐姐是專門欺侮家裏人，她在外面的禮貌很像維多利亞時代的女孩子，尤其她看見學校的老師，每句話裏都要帶上『是的，某某小姐』，『是的，某某小姐』，頸脖子都不動一下。」定說時，並仿做玲的神氣，引得大家都笑。

「現在你們都欺侮我了！」玲也大笑。

半點鐘之後，羅家一點聲音都沒有，電話鈴響了很久，沒有人接，也就停了。中午羅先生才回家，他要做中飯等孩子，這是戰時家庭不方便之一的事。學校停止中飯，近的孩子可回家，但稍遠的只能帶「三文治[1]」，這個冬天怪冷的，回家可吃熱點的，但來回地要趕，和在學校吃冷的乾麪包也是分不出究竟哪種對孩子們好，無論如何，羅家孩子對乾麪包更是怕，寧願每日中午回家。

自羅太太進了醫院，只有羅先生和宋先生合作。但要隔壁人聽來頗像羅家在辦大酒席似的。只聽到羅先生發命令，要宋華帶這樣過來，拿那樣過來，羅先生掌鍋，宋先生做助手，看來羅先生比杜女士更神氣，他調度人的本領比女人更高，宋先生也就會在他的調度下叫拿鹽過來時，快得送糖來，拿錯了，羅先生很客氣地不會生氣，還耐性地教什麼樣子是鹽，什麼樣子是糖。但宋華並不感謝他指導，他認為這是人生極微小的事，不值得傷腦子。萬一湯裏放了糖，餓了的話，也可喝，否則不喝也不算一回事。羅先生則覺得這是糊塗傻子，為什麼不細心點，好好放鹽，好好喝得舒服。尤其糟蹋不喝，這是不惜物，又在戰時，更是羅先生覺得不應該的。幸好這種糖鹽的衝突無傷大雅，他兩人爭辯過了之後還是很好的朋友。

有一日宋華問到羅太太在醫院如何，羅先生頗有點憂慮地說：

「今天我見了醫生，他說蓮的身體還不算好，晚上睡眠也不好，

1　即三明治夾心麪包。

大概這半年為家事憂慮太多。你暫不要告訴孩子，我想讓瓏到託兒所帶幾個月，等蓮的身體復原了，再接瓏回來，否則恐怕要把她累倒了。」

宋華聽了也很掛記的，他看見羅家這半年忙亂：「我看你的稿子沒有完，也是她急的一件事。等羅太太的身體好了，你也就可不管家事，天鵝太太的那間房，如果你不住那裏，你又不自己打字，再問她租來做你的書房，她一定肯的。雖然這客廳有你的書桌，那不可能寫東西。」

羅先生聽了即刻去看天鵝太太，他對任何事，認為要做時，決斷極快，毫不猶疑，也不多考慮，如成功當然是他的靈敏，如失敗他也不懊悔是粗魯。

第二天他去看太太時，他把計劃告訴了蓮，她現出喜慰的笑容，說：「天鵝太太肯租給你一間做書房太好了，這比在家有一書房還好，電話、客人、小孩，你都可不聽了，他倆夫婦又沒有孩子，再安靜沒有了。」

醫院看護都喜歡瓏，別個病室的看護都走來看看。他們沒有看過中國嬰兒下地即有黑頭髮、黑眼珠特別有意思。有一看護對羅太太說，她希望有這樣一個可愛的 baby 就好了。羅太太開玩笑地說：「我送給你好了。」她以為是真的，即刻走去叫另一看護來做證人似的，站在房門口，她對羅太太說：「你是不是願給 baby 到我？羅太太。」羅太太嚇一跳，她急得沒有笑，馬上說，No! No![2] 那看護有點難為情似的，對另一看護邊說邊要轉身走，「大概剛才她說得玩的，我真希望她再說一句。」

羅太太回想那個場景真像臨崖勒馬似的，如她接着說一句玩話，

2　英文「不是，不是！」的意思。

也許真要成麻煩了，她想想都可怕。羅幹頗覺有趣，他對太太說：「我回去要告訴孩子，這多有趣。」

羅太太在兩週後，雖然回了家，但瓏在八哩外的託兒所，不僅羅太太牽掛着，每週尾羅先生帶玲、平、定必去看一次。大家都懊悔沒有搬稍大點的屋子，請一住家的用人，則解決一切了，母女就不致分散之苦。但羅太太又想到搬家之難，不想在羅先生寫稿時又再大動一陣。她去看天鵝太太，她託天鵝太太打聽這條街有沒有肯照她樣的讓一間房租人。羅太太平日很少和鄰居來往，一則初來不熟。二則羅太太英文不夠，又兼家事忙，三則鄰居們誤認為羅太太不肯和他們結識。幸天鵝太太很熱心，不時即有隔羅家四個號數的一位太太來看羅太太，她答應讓一間房，因此羅先生向中國領事館要了一位中國阿媽，她的年紀雖有六十歲，但比羅太太卅五歲的精神要強兩倍。

阿媽來了，瓏也回家了，羅家空氣也大不同了。瓏回家時已有三個月，已能笑，胖胖的圓臉，兩眼黑而帶亮，她不是羅家的嬰兒，她是羅家的寶貝，是羅家的玩具。玲、平、定每晚睡前，總要溜進媽媽房中細看細摸瓏一番，有一晚瓏是醒的，兩眼溜溜轉轉，定要求說：「媽媽，把燈關一下試試，看看瓏的眼睛亮得會出光不？」

宋華來羅家未進門前，他總是先到花園而後進屋子，但羅家花園不像在中國的花園，有亭，有小池，也不像英國的花園，有大草地，有大樹，他們搬來時因為屋子新蓋的，地是原色黃沙土。平在後面種了一角地菜，但長得瘦而小小的，看來和小孩工作很相稱。前面玲雖種了花，但不見花的顏色。這是戰時，一切不景氣，羅夫婦一點都不抱怨。現在，宋華到花園欣賞的是什麼，他像兩年前在倫敦，走進隔壁的前院，看車中的嬰兒，今日不是迪克，而是瓏了。

宋華進屋子第一件事是找報紙，他的手挨着報紙還沒有打開時，他心中怕而又要看的，是戰線的消息，他常常說：「我想想，今日英國退廿哩是什麼地方？」

「你和幹天天料定英國退廿哩，德國打進來了，我們也要進集中營了。」羅太太已是憂慮，不想聽不愉快地消息。

宋華已打開了報紙，送到羅太太面前，手指着報紙上的地圖：

「羅太太，你瞧，這不是我猜準了嗎？昨日在這地方，前日在這裏，明日準要在這裏了。你看好了，這幾週以來都是這個步驟的退。幸好一日只廿哩，並不是潰敗。」他說完拿着報紙坐進沙發裏，把眼鏡子取下，頭栽在報紙裏，因為他的眼睛是近視，自有眼鏡子後，他整日都戴着，但讀書看報時，他不習慣戴，他會感覺他和字的距離變了，他要維持原來的鼻子幾乎靠着紙，他要眼睛靠近字，這是他的生命，他要靈魂浸入文字中。

但是，他會被人羣叫醒，阿媽帶了一羣客人進客廳來了，馬先生、馬太太、三歲的曼哥，兩歲的淑珊。宋華即刻戴上眼鏡子，和馬先生馬太太握手，羅先生羅太太也從花園進來了，羅太太說：

「馬太太你好！今早接了你的信，我正要回你的信。」

「真對不起，我們來不及等回信了，昨日發了信給你託你們也在這個城替我們找房子。但昨晚上更是轟炸得利害，就在我們那條街落了一個炸彈，我們的房子震動得落了瓦片下來。我以為我們的房子也要倒了。孩子嚇得大哭，我的牙齒抖得都響了，拉着馬川直問不會再炸麼，他連說不會的，不會的。今早想想頗滑稽的，轟炸哪能由他說『不會』」。

「假如我那時說不知還要炸多久呢，也許會把你嚇死了。」馬先生抱着曼哥不放，羅太太請他們坐下，曼哥掙扎地要從他父親身上下來，馬先生抱得緊緊的。馬太太又向羅太太說：

「羅太太，我們不可以再像昨晚那樣了。所以我們不能等找着房子，先在你們客廳打地鋪睡幾晚，一找着即刻搬，好不好？」

羅太太看見這種情形，不能拒絕他們，她即刻說：「哪能要你們打地鋪，我會叫平和定下來睡沙發，你們暫時擠在他們的房間。宋華也會幫你們找房子，早上幹已打了電話問了房產公司，他們簡直沒有辦法，他們把你們的名字地名記下了。我也替你們看了本地的週報，據說出報的那天就有人在報館門口守出版，那我們怎樣可以起那麼早，這一陣倫敦來的人委實太多。」

馬先生把曼哥交給馬太太，淑珊一個兒坐在地毯上很乖的。馬先生同了羅先生、宋先生出去找房子試試，阿媽走了進來，因她是上海人，她在上海時曾在外國人家學了一點點外國話，平日和羅家說話時總是用上海話回答。如有客人時，她喜歡用外國語：「太太，現在已經四點了，是不是馬上做茶來？」

羅太太說：「就四點了嗎？如何孩子們還沒有回來。瑪麗，請你做點小茶餅，給馬弟弟、馬妹妹吃。」

阿媽還沒有回答，玲、平、定即進客廳了，同叫了媽媽，看見有客人，三人都站着。羅太太對孩子說：「玲、平、定，恐怕你們不記得了，馬伯母來過我們倫敦的家的，趕快叫馬伯母。」

馬太太微微笑地向每個孩子握握手：「好像都高了一點，我聽朋友說他們都在學校考前幾名，真是給我們中國做足面子。」

「哪裏，小孩都是一陣一陣地有興趣，不過學校先生也有關係，這兩個學校的先生都教得好。可惜平和定那班的科學先生最近徵去戰地了，上一年定對科學本非常有興趣，這位新先生教法就差點，也就減了定的興趣不少。」羅太太在這裏談兒子，定已走去和曼哥、淑珊玩去了。平則走向花園去看種的菜地，他除了自己的小妹妹，任何小孩都引不起他的興趣。玲從樓上抱了瓏下來了：「媽媽，瓏醒了都沒有哭。」

玲把瓏送到媽媽懷裏，曼哥突然走來，像是貓兒見了小鼠，用手在瓏的臉上啪的一下打了一巴掌。瓏看見生人本在瞧着沒有哭，這一巴掌下去即刻聽到瓏放聲呱呱地哭了。

馬太太頗不過意，走來摸摸瓏：「真長得好玩，幾個月了，小妹妹，不要哭，我會打曼哥。」

曼哥聽了哈哈大笑：「媽媽不會打我的。」

羅太太用臉靠着瓏的小臉，搖搖地：「瓏寶寶，曼哥哥哥是小客人。」她接着又回答馬太太：「八個月了。」

定很心痛，走到後園去找平：「老哥，快來，有一個小強盜打我們的瓏，快來保護着。」

平抛了鏟子即刻進來了。吃茶時瓏的頭上又被曼哥拿玩具打了一下，馬太太又道歉：

「曼哥，恐怕你吃了打人的藥了，在家裏也是專打客人。」

宋華先進來，馬先生和羅先生在後面跟着也進來了。曼哥見人多更是興奮，他由火爐旁邊找着一根通火的鐵條，向宋華腿上重重打一下，宋華痛得不禁大叫一聲：「哎呦，哎呦，誰打我？」

馬先生即刻抱住曼哥連着說：「淘氣的孩子，淘氣的孩子，要乖點，要乖點。」他又向妻子說：「珊，我走時交給你抱着他，如何放他下來了。」

馬太太覺得丈夫不體諒她：「你想，他很重的，我兩手都累酸了，抱他不住的。」

馬先生的英文中國鄉音重，看來也許曼哥聽不懂教他，他照原淘氣，羅家似乎翻天覆地了。晚上馬先生馬太太很早帶孩子上樓，讓主人休息一下。

羅太太在鋪平和定的沙發當牀，定很憂慮地說：「媽媽，明日我請假在家保護瓏。」

「不能要你們請假。我會特別小心。明天爸爸和宋叔叔會拼命幫他們找房子，馬伯伯還是要去倫敦辦公的。」羅太太十分為難起來。

平已經換好了睡衣，他睡大沙發，平睡兩個短的對合起來的。平說：「媽媽，這種蠻孩子怎樣可請來？」

「早上接信託我們找房子，下午就來了，我還沒有回信。你們忘了，在中國逃難的親戚朋友都是這樣不要先通知的。」羅太太看見兩男孩都睡好了，她關了燈走出客廳，她聽到定喀喀地笑：「老哥，宋叔叔挨那一下真可憐。」

所有的本地房子經理都接頭了，難的是馬太太要價廉物美，有的他們中意了，而房東聽見有孩子不肯租給他們，有的房東肯犧牲家具租給有孩子的，但馬太太又覺太貴。一週後倫敦轟炸似乎平靜多了，最後兩晚雖有警報，但沒有轟炸，馬太太感覺有點對羅家不安的是平和定天天晚上睡沙發，另一點是白天平和定對曼哥像防守賊似的，這簡直看不起她的兒子，故她決意回倫敦試試。

羅太太十日來提心吊膽，時時注意防備曼哥打瓏。曼哥因打不着瓏，太無聊了，只有馬虎點見人便打，故羅家全家大小每人都嚐過曼哥的味道。他聰明，他拿了任何東西都可做他的武器，他有時見武器則思人，有時見人則思武器。還算羅太太一人最幸運，她只挨過大木刷背敲一下膝蓋，只怪羅太太坐在那裏和他的母親談話。

馬太太說暫時回去等房子消息，羅太太雖是想大家精神休息一下，但她心中又覺倫敦究竟是危險區，她送馬家上車時說：「馬太太，萬一倫敦又嚴重了，隨時再來就是。如有房子有消息，即刻打電話通知你。」

曼哥和淑珊都在羅太太臉上吻了：「再見！Aunt[3] 羅。」

3　英文「伯母」的意思。

第八章

阿媽今日下午特別大掃除了平和定的屋子後，她下樓做茶。羅太太在寫信，因為瓏坐在高椅中不用人守看着。玲、平、定進屋子覺得有點不同，玲開頭問：「媽媽，曼哥呢？是不是同馬伯母去看房子了？」

「馬伯母聽說這幾天倫敦好點，帶孩子暫時回倫敦了。」羅太太一面說一面把信夾收起。

「好了，我們解放了！」定跳起叫。

「我今天要好好吃茶同點心了。」平也接着說。

「今日我們不用圍着瓏做功課了。前日我擋着曼哥用棍子要打瓏，一棍打在我背上，今日還是痛的。」玲的手反在背上摸。

「晚上給我看看，我替你擦擦。這個孩子亂拿東西打人真可怕。父母不設法管制他，將來進了學校他會得點厲害的教訓的，別的孩子不會讓他的呢。」羅太太頗心疼地在玲背上摸。

「媽媽總叫我們讓客人，這是中國的老禮貌。有幾次媽媽和馬伯母都沒有看見，曼哥用什麼打平和我，我們就奪了他手拿的東西打回他，最近幾日才不敢打平和我。」定老實地告訴了母親，羅太太本欲責他們，但覺把曼哥管得不敢再打也是對，但羅太太本不主張打架的，矛盾的心理上也就沒有說定是對還是不對。

平吃飽了茶，站起找書包箱子，他說：「我要寫詩了。」

「是不是寫送曼哥走的詩？」玲幫母親把茶杯撿走。

「不是，是課外作業。」平即刻回答。

羅太太看見平吃飽得走不動的樣子，聽到他說要寫詩，把平的天真神氣和大詩人連起一想，真有一種說不出的意味。羅太太望着平的背影，簡直是羅太太的父親的背影小模型。她想到自己的父親喜歡寫詩，希望平大了也像外祖父，外祖父最疼愛的孫子就是平，故她突然說：

「平，你寫完了給我看看，如果可以譯成中文寄回國給公公看，老人家一定高興地。」

「媽媽，那不成，英文詩只能譯成中文新詩，不能譯成古詩。公公最不喜歡新體詩。」玲即刻反對。

定已站在詩人的背後看了，他看見頭一行，大聲唸出：

「大雪紛紛下如鹽 ——」

玲笑得向母親懷裏滾，羅太太也忍不住笑了，定又替平解釋：

「不要笑，因為我們看過阿媽在廚房刮磚塊鹽，的確很像。」

瓏坐在高椅中也大笑起來。玲聽到瓏大笑，她拿起瓏的小手大吻，玲邊親邊說：「瓏，大哥哥是大詩人！」

羅家過了一個很安靜地週尾。如果不是上週尾過於吵鬧，也就不會特別覺得這個週尾安靜舒服。星期六晚上又恢復照常，玲、平、定可晚點睡，明日可不起早，宋叔叔也可晚點回去，先談學校，再談中國老故事，非要羅太太催幾遍才上樓。有一次玲說：「媽媽，我聽到好幾個同學的媽媽掛記她們早上沒有母親挪她們起來，沒有說掛記沒有人催她們睡的。可見我們也可和大人一樣隨便幾時睡了。」

「如果睡得太晚，早上才要人挪起來，睡夠點早上自然不會那樣不得醒。」羅太太仍不贊成孩子晚睡。

「晚上是不容易睡，早上硬是不容易起來，這是無論如何都沒有辦法的。」玲最後仍是不相信早睡可早起。

十月深秋，雖然白天尚溫和的，但早晚有點寒意了。宋華今天上午沒有來，他來電話說是有點小傷風，休息半日或者下午來。

宋華和孩子們吃茶，沒有看見羅夫婦，他問：「你們的爸爸和媽媽呢？」

「到牧師雅丹太太家喝茶去了。」有一小孩回答。

「等他們回來了，我要告訴他們一件好玩的事。」

定不提還可，一聽到好玩的事，馬上逼着宋叔叔，非聽不可，他再三要求：

「宋叔叔，你先說給我們聽。如果你不願說第二遍，再由我們告訴爸爸媽媽就是。」

「我就怕你們小孩說不清，再造點謠，只夠你們笑了。」宋華說。

「我知道了，一定又是宋叔叔鬧了笑話。」玲一下就聽懂了似的。

「這又不是笑話，你們就先派定是笑話。那我更不講了。」

不但定急，連平也急了，他摸宋叔叔的背：

「好宋叔叔，我們聽了一定不提好不好？永遠不提。如果你願意講給媽媽聽，由你自己講就是。」

宋華看見平很誠懇地要求，他也就軟化了：

「你們聽，昨晚我和你們的爸爸談天談晚了回去，到了我住的大門口一掏口袋沒有鑰匙，換衣服時忘了掏出來。我急了，又不忍心驚醒房東太太大打門，——她不是兇女人，她的身體不好，年紀相當大了。我在大門口來回地走，又想回到這裏睡沙發，但想想，假如我回來打門，一定也要驚醒你們——」

「那昨晚怎樣過的？」定急了插嘴問。

「我忽然想起我天天走過的地方，就在我那條街，有一塊地蓋了房子沒有蓋完，因為開了戰的緣故。所以停了很久的工，只有每間圍牆，上面還沒有屋頂，幸好沒有下雨，我就走去進牆圈子，挨着一角牆站着，準備挨到天亮才進自己的屋子。——」

「你在沒有屋頂的牆角過了一晚嗎？怪不得傷了風，即是你不來這裏，為什麼不想到正是你屋子對過有公共汽車站，有蓬有長椅等車的。」定覺可惜宋叔叔不坐長椅，而吃苦站着。

宋華聽了似乎才提醒了似的。當時他只想到那牆是沒有蓋完的屋子，因為他的麻煩是不能進屋子，故雖然蓋了一年的屋子，究竟是「屋」，這不能不說他的聯想不快，他接着說：

「無論如何，我還是回到我牀上睡了。」

「還是把房東太太叫醒了麼？」平說。

「應該回到我們這裏來還好些。」玲心中頗可憐那位老太太。

「我沒有說完，你們就說上一串。」

「好，我們不再說了。你要快點，中間不斷地話，我們自然不打岔。」定半道歉半催的。

「我只在牆角不過半點鐘，聽到有幾遍很重很慢的腳步聲走來走去，黑漆漆的，我也不知是什麼人。最後有一高個黑衣人用電筒向我照一下，他問：「先生，我看見你老躲在這裏是做什麼？」我把不能進門的緣故說了，他說，你來，指給我看你的住處。他問我是哪個窗戶是我的，他叫我站在他的肩上由窗戶爬進去，然後叫我開門讓他進來看看。他在我屋子裏看看，我不知如何感謝他，我只有大誇他的肩太好了，我從來沒有看過這樣平而結實的肩。」

定還要想問警察還說了什麼，忽然聽到阿媽在開門和馬先生說話的聲音。平嚇得抵住客廳門大叫：「快點，快點，馬家又來了！」

玲和定都跑去圍着瓏了。宋華對平說：

「不要慌，不要慌，等我出去看看。」

平離開門走到瓏的高椅後面，瓏的左手大拇指含在口中吸着，有點像要睡的樣子。宋華打開門時，只馬先生一人進來了，沒有馬太太，沒有曼哥，沒有淑珊，玲、平、定起初有點不相信，仍站着不動，只同聲叫了：

「馬伯伯，你好。」

馬先生回答了孩子仍繼續在和宋華說話：

「我今天接到了一家房子經理的信，說是有一幢整的有家具的，剛才我去看了。好是好，稍貴點，我即刻答應租了。我的太太已邀好洪太太合住，否則無辦法再等一層樓面的。」

孩子聽到只他一人來看房子，才漸漸走開，去樓上做功課了。阿媽進來也把瓏抱上樓去小牀上睡。

馬川和宋華對坐着，一位是外交職員，擔任大使館祕書，一位是書還沒有出版的作家。但這位外交職員尚不能用英語連着說五句順利的句子，這不能藐視他，第一他是擔任中文祕書，第二是家累太重，沒有時間去和外國人交際，也沒有時間練習。因為兒子和女兒飲食冷暖太太一人照顧不來，外國用人只能做粗保姆。雖然請過數週，但對曼哥用蠻法管教，曼哥打多了人時，因保姆教他聽不見，她用針來刺曼哥的手，給馬太太看見過，幾乎吵到警察局去，以後也就不敢再請了。

因為戰時，中國大使館人多事少。馬先生每日可遲到，也可早歸，他很公平，不能讓太太一人受孩子磨折，父親也應分擔。馬太太心想，自己的父親照應孩子，既可省錢找保姆，又更懂兒子心理，中國有古語，「知子莫若父」。馬先生結婚很晚，已過四十才生子，這是他中年時的大願算達到了。雖然他內外兼忙，辛苦點也是愉快地，今日羅夫婦出去赴約，孩子們都不在身邊，兩人很輕鬆地對坐，實可謂可遇而不可求的了。

馬先生大談廣論之間，突然聽到隔壁落了什麼重的聲音，把他驚得立刻站起來。他忘了，他以為是前幾天在羅家，曼哥又在搗亂了。宋華一心一意地和他傾談，馬先生對局勢見解還是頗有獨到之處，宋華起敬意地說：「馬先生，我勸你對家事少管才好，大丈夫眼光要遠點。你的見解的確不錯，還保有當年在國內寫社評的思想。」

「我是完了，只有等曼哥出來。」馬先生很感動地說。

「為什麼？兒子還這麼小，你就冀望在他？我懂得了，你是想犧牲你的精力來看護他，我要告訴你，倫敦中國使館同事很多背後批評你，譏笑你，說你戰時對老婆兒子太好了，英國國王會給你『喬治』獎章的。」宋華頗可惜馬川之大材小用，故想刺激他地直說了。

「那我不在乎，本來我就是愛我的太太和我的兒子，」馬先生嘻嘻笑地的說。他因趕火車，故沒有等羅先生羅太太回來他就回倫敦了。

聖誕節近了。雖然羅家在英國已過了兩個聖誕節，但是他們在中國沒有這種風習，為得應付旅居環境，總是過着點綴似的節，似是似非的。沒有為孩子裝過樹，也沒有為孩子掛過袜子。但是中國新年只為孩子做新衣和買玩具，除夕晚給孩子紅包壓歲錢，羅家也就先新年一週辦了，沒有紅包就用信封。但吃和喝既不能提前也不能錯後，算是照樣的來兩遍，羅家客人也是照樣地的來兩天——聖誕節和新年日。

宋叔叔想為羅家孩子買點玩具，但店子沒有新貨。他由玩具店出來看見一家水果店有圓金黃色的東西，這也是戰時難遇的水果，他飛快地放下腳踏車走進店子，店員一直賣給女人的，而不理會他，他站了幾分鐘，實在不能等，只有問了：

「喂，早安，我可以要點橘子嗎？」

那店員太忙，一點笑容都沒有，他指着那一排女人說：

「先生，你要跟着這一排隊才可買。」

宋華沒有買過吃的，當然也不懂規矩，他即刻聽了店員的指導一直找排隊的尾，把宋華嚇着了，轉了彎還是很長。他站着，後面陸續地還有女人來接着宋華後面站，很久才大家向前一步，不知要等多少步才可臨到他，他急，他想到羅家在等他吃中飯，他走出隊，後面的女人向他十分感謝地一笑。

幾天後，宋華又騎車走那店子門前過，沒有人排隊了，但是也沒有橘子了，突然他看到玻璃窗戶裏掛了香蕉！這更是開戰以來沒有見過的，他即刻停了腳踏車，預備買給羅家孩子吃。一進門，先客氣地說：「早安，我可以要點香蕉嗎？」

那店員就是前日要他排隊的，店員聽不十分懂，這位中國先生聲音總是很低微的，店員瞪大眼又再問：「對不起，先生。」

宋華提高一點聲音再說：「我看見你們窗戶掛了香蕉，我可以買點嗎？」

店員這才聽清楚，他不聲不響地走去打開櫥門站在矮梯上，宋華自然懂得這是取香蕉下來的。店員取下送到宋華面前看，原來是硬紙做的假香蕉，宋華有點不好意思，只有大贊美：「真做得好！我以為是真的，我的眼鏡子要去配過了。」

店員照舊還是板着臉孔掛還原地方，但他很盡職地下了矮梯走到宋先生面前。宋華正在看那竹簍盤中的葡萄，心想碰了兩次水果都沒有買成，但硬想為羅家孩子過節買點吃的。他這下看清楚了，是真葡萄，並用手指輕輕摸了一下，又正好沒有人站隊，宋華高興地說：

「我想要兩磅葡萄。」

店員拿了兩大串放在秤的盤中，他看見秤針走過了兩磅，他用剪子剪下一小枝放回原竹

盤中，他看見秤針對准了在兩磅字上，然後向宋先生說：

「兩鎊同十先令，先生。」

宋華聽了吃一驚，他立刻大抱歉：

「對不起，我的錢不夠，我不知如此貴的價錢。」他只有不好意思地低着頭想走出來，他心想，我再也不上這家店子來了。但是，有一個疑問，他硬着頭皮又問了一聲了：

「世界上有沒有人捨得吃這樣貴的東西，是不是百萬富翁才買？」

店員一面把葡萄通通拿回竹盤中，他一面回答：

「先生，百萬富翁很少吃貴東西，多半是美國兵買給女店員吃。」

第九章

瓏的一歲生日後才長出牙。醫生說過，遲長牙沒有關係，羅太太才放心地等待着。自瓏有白白四枚小牙，笑時特別好看，好像腦子也同時開始作怪，譬如她一人決不甘寂寞坐在花園小車中了。她的言語還不夠達她意，她曾試過哭，果然見效，羅太太在百忙中也會跑過來看她。她只要伸着兩手向羅太太，羅太太自然會俯身抱了她起來，她的臉上兩滴淚珠還沒有乾，即刻在羅太太懷中大笑大跳。她喜歡母親的温暖胸脯，並且母親善能懂她的小手指示，要什麼就什麼，她指屋子，當然是要進屋子，打字機她可一日打幾遍，各色毛線球也可玩幾遍，世界名照片也可看幾遍。但她的小玩具引不起她的興趣，越是大人的東西越喜歡。羅太太依順孩子的性格是再大量不過的，第一她特別愛孩子，無論男孩女孩，第二是她不忍讓孩子哭。瓏知道哭是唯一的代語言的成功，但羅太太總不等瓏出最後的辦法，只要她的手一指即實行了。故家中並沒有聽見孩子哭聲，鄰居們都誇瓏不鬧的可愛的。想不到花了羅太太全部精力，故每日到下午時，羅太太常感覺十分疲倦。玲、平、定放學回家，做完了功課都來輪流的帶瓏，當然算定負責最多，最不幸的，定的興趣已轉變讀小說了。他看見母親過累時，只有暫時犧牲小說，抱了瓏去花園散散步。

暑假時，瓏已開始能說單字了，「出去」，「出去」！有一次定放下小說，抱了她，恨恨地說：「出去，出去，出去不厭的，剛才進來又要出去！」

大概那次定十分生氣，打斷了他讀小說正有味的時候，故說話聲音重了，不覺有吐沫飛在瓏的臉上。外面太陽很大的，瓏說：

「落雨，落雨。」

「那就進去好不好？」定說。

「好。」瓏知道雨會弄濕衣服。

定忍不住笑地告訴了母親，羅太太也笑了，她說：「可憐的瓏，你揩了她的臉沒有？這個時期是最麻煩的時期，大概明年就好多了。」

「媽媽，我小時是不是像瓏主意多？」玲覺得瓏太有趣了。

「你小時一樣的主意多，那時在中國，房子大，用人多，所以我不覺有現在累似的。我寧願花點精神讓孩子活潑點，託兒所的孩子可以說是養動物，到時喂，到時洗，哭也不理，一切機械化，大人是輕快，孩子是太可憐了。」

「像我們的瓏，有時全家都忙她，但有的人家，母親要做一切工作，事實上也真不可能，故有的母親非硬點心不可。」羅先生不主張過於慣孩子。

羅太太聽到對孩子硬點心，立即感覺心痛，她笑笑地說：「只要等瓏多懂我們說話時，一說理就會知道的，你們小時我也沒有打過，我一講理即刻聽從。你們的姑母雖然羨慕你們純善聽話，但她們沒有耐性對孩子，她們覺得打一巴掌比對孩子說十句話容易多了。」

「媽媽對什麼事都主張講理。假如曼哥給媽媽，有沒有辦法講理？我看那個看護用針也是最後的辦法了。」定本來見孩子就喜歡的，但每想到曼哥就無辦法。

宋華本在和羅先生討論書出版問題，忽然聽到他們提曼哥，他插進說：「昨日我去看馬先生，又被曼哥踢我幾腳。」

「宋叔叔，你試一下踢回他。當然不要用你全力，剛剛夠他痛就行，那下次他再也不敢踢你的。」定認真地教宋叔叔。

「他自己的父母不捨得打，我要打了他，馬先生一定要和我絕交的。」宋華不好意思地說。

「宋叔叔要朋友，寧願挨打，真是君子！」平邊笑邊說。

宋華回過頭向羅幹說：「幹，和小孩說話真弄不清的。剛才你說應該回書局信，把條件也提出，但是我的條件只要出版，什麼都不要。」

羅幹沒有把傻字說出，但心平氣和地說：「宋華，書局來信已接收你的稿子，答應出版。現在談條件，你哪能說只要出版，即按普通作家交稿時可先要點預稿費，以及書出版後作家抽百分之幾版稅，也要先談好。還有以後別國翻譯本和書局如何分版稅，一切談好才好訂合同。如果你不懂這類訂合同手續，不妨找經理代你管理也行，不過，他又要抽你百分之十的收入。」

「不必找經理，我想我的稿費也不會頂多。因為我完了稿急了這麼久沒有書局要，所以聽到一家書局要，什麼都不在計較中。」

羅玲聽到宋叔叔的書真的快要出版了，她想到她的先生喜歡讀關於中國的書。她對宋叔叔說：「宋叔叔，我的先生一定會買一本你的書，爸爸和林語堂的書她也有。我記得我初到英國，第二學期上一課什麼，我忘了，先生講到鼠疫是由東方中國開始傳來的。當時我很幼稚，以為有點侮辱我們中國，大聲辯護『No！No！』但我那時英文又不夠和先生辯論。現在先生想到還笑我，問我還記得那時大說『No』否。」

羅幹聽了也笑，他在英國雖住了多年，但仍時時回想中國。他從客觀地方面說：

「從前我們沒有來英國之前，雖然知道英國人喜歡幽默，自我來了以後，更知道他們能接受幽默的本領更大。只要你能說得幽默，哪怕是譏諷辱罵他，他還是可當幽默領會，決不生氣。我們東方人的聰明，只能說出幽默話，決不能接受幽默，這就像自己放火是詩意，人家用火點燈都是危險的。」

羅太太雖然覺得羅幹說對了，但又想到另一方面：「像你這種說話，如果碰到有種族觀念的人又要說你了，誇外國人說自己的人，又是不愛國了。」

「這是談性格，並不是他們的好處，也不是我們的壞處。我真不懂所謂愛國是指什麼，是要做實際有益工作，還是要顧假面子？」羅幹每談到不平的事，則聲音都高起來了。如果羅太太和孩子以及宋華不懂他的脾氣的話，或者以為他是要吵架了。如果誰要再加一句更刺激的，他聽不順耳的話，他的確可能大叫起來，他是生某件事的氣，也就忘了和他談話的人了。

羅太太最耽心[1]的遇着生客人討論問題，一走到認真問題就越糟，如果大家是笑笑談談輕鬆地事，毫不關重要的話，他可以自早笑到晚，大家都認為羅先生是樂天派。

今年聖誕節大不同的，宋華的書已出了版，瓏也會多說點單字和短句子，定最得意地，他教會了瓏知道什麼人是好人，什麼人是壞人。他們表演過幾遍都成功，定常問她：

「瓏，大姐姐是『好人』是『壞人』？」

「壞人。」瓏說。

「大哥哥是『好人』是『壞人』？」定又問。

「壞人。」瓏答。

1 同「擔心」。

「二哥哥是『壞人』是『好人』？」定很公平地也問關於自己。

「好人。」瓏答。

玲一下聽懂了，馬上她也問瓏：

「瓏，二哥哥是『好人』是『壞人』？」

「壞人。」瓏答。

「大姐姐是『壞人』是『好人』？」玲要笑了。

「好人。」瓏答。

他們正笑鬧一團時，宋華進來了，定即刻向宋叔叔說：「宋叔叔，你聽瓏回答我的問題。」他即刻向瓏問：

「瓏，宋叔叔是『好人』是『壞人』？」

「壞人。」瓏答。

宋華聽了不高興，有點生氣，他說：「你們不能教瓏罵我，她本來頂喜歡和我玩的，你們應該教瓏要懂規矩，小孩不能罵大人！」

定咯咯地笑拍宋叔叔的背。羅太太覺得孩子太淘氣，弄得宋華難過，她立刻解釋給他聽：

「宋先生，你不要認真，他們淘氣玩的。你只向瓏也問，記着把你要她說的放在最後，她會跟着後面的回答你，你不信，可試試。」

宋華才轉過笑臉，抱起了瓏在手裏，他向瓏說：

「二哥哥是『好人』是『壞人』？」

「壞人。」瓏答。

「宋叔叔是『壞人』是『好人』？」

「好人。」瓏答。

宋華聽了哈哈大笑了，瓏的小手指着外面：

「宋叔叔，瓏要出去，瓏要出去。」

宋叔叔一手摸着一邊臉，很痛的樣子：「宋叔叔牙又痛了，要二哥哥帶你去。」

羅太太接了瓏在懷中：「寶寶，媽媽講小麻雀給你聽，等一等媽媽用推車帶瓏出去。」

瓏只要羅太太摟着，她的左手大拇指即刻含進口中吸着，小右手則摸着羅太太的手背了，這是瓏休息時和睡前必要的姿勢。不含手指也不能睡，不摸母親的手背也不能睡，缺一都不行。有幾次羅先生輕輕由羅太太背後換了他的手，雖然瓏是閉着眼的，但她的右手知覺會驚醒她，知道不是母親的手了，非要找着母親的手不可。這種習慣越來越弄得羅太太不能離半步似的。過兩歲生日後，羅太太下決心非取消不可，羅太太只有在瓏要睡前，戴了一週的黑手套。瓏怕得哭了，哭了四五次才算是不摸媽媽的手而摟着小熊睡了。

宋華常發牙痛，多少次羅太太勸他找牙醫看看。但宋華怕看牙醫，他曾聽見朋友說牙醫不多說話，他只認得牙齒，不認得人。你只要一張嘴，他最少要拔一個，如順便的話，可連拔幾個。宋華很早又聽到人說有一留美的中國學生，被牙醫拔牙拔死了。雖然宋華是留英，可能留英學生中也有一個會被牙醫拔死的，所以留英中國學生最好能避免，不去看牙醫，恐怕誰的運氣不好遭上了難則太冤了。這是宋華心中想的，沒有向羅太太說出，他只向羅太太說：

「羅太太，我知道我不是牙齒壞了，我是被我的房東太太給我硬牛肉吃傷了牙的。」

「你去看看牙醫更穩當點，老是三日兩日地發痛。這一二年只聽到你牙痛，弄得精神也不舒服。」羅太太最相信的是醫生。

「房東太太說我是受了寒。」宋華又解釋。

羅太太記起他常用花巾包頭出外，有幾次想勸他，總沒有機會好說。這次她說了：「宋先生，你不能老用花巾包着頭出來，只有女人才紮花巾，街上人準以為你是瘋子。」

宋華覺得病為重，外表無所謂。他說：「因為天暖，我不能用毛圍巾，綢巾最合適，可擋風而不熱。再等幾天真的不好的話，我捨命地去看牙醫一次。其實如在中國，有綠色殼鴨蛋吃就會好。」

「這是哪裏的醫生藥方？」羅太太越是不懂了。

「這是我小時在家，聽到帶我的奶媽說的，他們鄉下人不信药，牙痛吃幾個綠色殼鴨蛋就好了。」

「宋，你太沒有膽量了。因怕見牙醫，什麼老方子都相信，要不因為蛋受管制，我會買一打綠色殼鴨蛋給你吃試試，蛋只有益而無損的。」羅太太十分忍不住了。宋華被羅太太勸得不好意思，他連說：

「好，好，我打電話問問牙醫哪天我可以去看看。」他走向電話機前，翻了一下號碼，拿起耳機了。

數日後，宋華看了牙醫，一直回到羅家。羅太太看見宋華的臉色蒼白，一手摸着一邊臉，大為搖頭。羅太太一見有點嚇倒了，心想怕鬼就有鬼。她連說：

「宋，拔了嗎？太痛？不舒服？」

宋華仍是不說的倒在沙發椅中，他放開手果然右邊臉腫起了一點。他輕輕地說：「我的牙根太長，拔了很久才拔出，他叫我下次再去看看。」

「宋，那你不用回房東家，就在定的牀上休息一日，阿媽可以做中國軟面給你吃，讓定下樓睡沙發。」羅太太很是憐他膽小。

宋華大為感動，人到病時更是想家，他的家是舅舅家，目前只有羅家了。

晚餐阿媽為宋先生做了湯面，羅太太打了兩個蛋煮在湯面裏，這本是羅先生和羅太太的配給省下沒有吃，叫定送上樓，羅太太對定說：

「宋叔叔膽小怕拔牙，結果拔的時間太長，他一定又嚇着了。前日他還說綠色殼鴨蛋好，你告訴他，這兩個蛋是特意用雞蛋向店子換來的綠色殼鴨蛋，讓他吃了心理上舒服些。」

「你哪來的本事，在戰時說綠色殼就換到綠色殼。」羅先生大為佩服太太地說。

羅太太等定走上了樓，她對羅幹說：「你簡直一點病人心理都不懂，他說的是殼，並不是要蛋黃是綠色。你連奶油和馬腳鈴[2]的味道都分不出，我想他哪能分出雞蛋鴨蛋之味，你瞧罷。」

第二日，下午宋華才下樓，本來睡了一晚好好的，早晨臉腫即消了似的，為得慎重，下午起牀更穩當點，他的氣色也恢復照常，並滿面笑容：

「羅太太，我真要大謝謝定，他給我端上一碗綠殼鴨蛋湯面，我今天即消腫不痛了。可見鄉下人說的方子真有效。」

羅幹曾帶過平和定去拔牙，似乎一點都不嚴重，想是年齡有關係。他向宋華看看：「宋，你哪個牙壞了？」

宋華回想都有氣似的說：「牙醫檢查不出哪個壞了，但我常發痛你是知道的。結果他檢查後說我的牙美麗極了。他說大概是因為我的牙齒太密，擠得痛，所以他把最裏面的無用的智齒拔出，讓地位鬆點，也許可不痛。」

「真奇怪，難道所有的牙都知道走了一個，都攤攤鬆位置嗎？」羅先生本不信醫，他的身體又強，他只覺得宋華無用，常是頭痛牙痛。然後他又問宋華：「你拔牙時吞煤氣[3]還是打針？」

宋華有點不好意思地說：「我怕煤氣，恐怕永遠睡着不能醒。昨日我是用打針，不久就無效，所以最後我痛得大嚷。」他說說不想再提拔牙了，他恨牙痛。接着說：「去年我為完了稿，找不到書局印，

2　英文 margarine 的音譯，指人造奶油。

3　指吸入性麻醉劑。

倒是急傷了我。去冬出版了，正想開始我的第二本計劃，哪知常被牙痛、頭痛鬧得不痛快。」

羅太太似乎研究過心理學，她聽了即刻說：「你這些小毛病，都是因為你喜歡憂慮地緣故。你的舅舅只催你回去，又不想你在此寫作過一生。而你自己拼命要掙扎，起初說是只要出版一本書，拿着上船回國就甘願了。今日又是第二本計劃了，我看你還有三本、四本計劃，但是你的舅舅要你的表妹等着你，你又不敢向舅舅堅決地斷絕。這種慢性的拖延，也是使你良心痛苦的大原因。」

宋華深深歎了一口氣，由沙發椅中站起，在屋子裏踱來踱去地說：

「我要不因為現在海路上有危險，我也想只有歸去算了，何必為我一人的理想辜負了年老的舅父和年青的表妹。雖然我對表妹不是出於自動的愛，但也無惡感。可惜她不喜歡讀書，來信總是稀而短的，又不喜歡寫情。」

「大概你的表妹是唸科學的，時間不用在浪費上。」羅幹說。

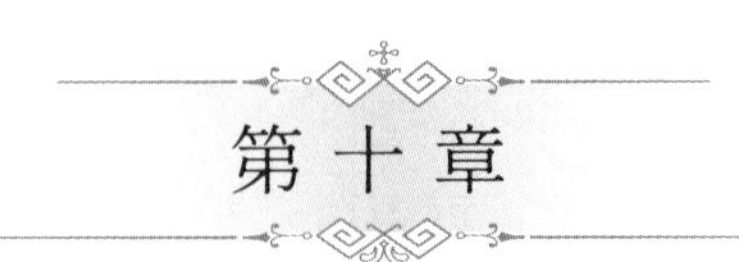

第十章

中國抗日戰爭已是六年了。二次世界大戰快四年了。羅家到英國也就五年半了，瓏已是三歲，定十五歲，平十六歲，玲十七歲了。羅先生和羅太太事先沒有料到玲考中學會考時是在沒有停戰期中。玲的學校準備這個暑假後遷回倫敦原校址。自希特勒進攻莫斯科以來，倫敦將近兩年沒有轟炸了。玲雖然剛剛會考完了，但還要準備入大學考試，但是羅家不欲在未停戰中又帶孩子跟學校回倫敦，同時羅先生很想三個孩子將來進牛津或劍橋。現在羅家的決定看這兩個城，哪個找着房子則搬到哪個城了。

連日早晨羅先生都接到牛津及劍橋房子經理回信，他們都很抱歉沒有合羅家條件的。羅家過了四年房屋擠亂的生活，很想有一適中的屋子。羅太太一急則不能聽吵鬧的聲音，羅先生一急則更不能坐下寫稿，宋華一看見羅夫婦着急，也就跟着沉默不多說話。

七月底的一個早晨，羅先生意外地接到牛津一家經理來信，附了一張關於一幢大房子出租單子。羅先生照單朗誦後，大家都沒有做聲，各個心中在想，是不是太好得不容易租到。瓏自玲考完了，似乎她也天天在忙考，她拿了筆和紙在畫在寫，只聽到她一邊亂畫一邊說：「瓏要考，不要吵！」

「那屋子聽來委實好。六間大寢室，還另有兩間用人房。樓下三間也特別大，地面兩英畝，花園真大，還有果園，正是你喜歡的。不過要訂七年合同。」羅先生拿着單子看看又向着羅太太說。

「此屋不要訂長期合同也住了四年，如果那時我們肯訂三年的合同比這幢好十倍的房子多得很呢。如果等着三個孩子大學畢業也就起碼要四五年了。」羅太太說時頗有懊悔租了此小屋之意。

定聽了那房子講究，很想去看看，租不租倒不在乎。他說：「爸爸和媽媽先去看一下房子好不好？我想同去看看，看了不租又不要緊的。」

羅太太手中拿着房子單子，她心中在想，這是多少房產公司中唯一的只此家有此房出租。自倫敦居民疏散以來，外城的房屋比什麼都難，她想到，失去了此機會不租下來，再也不見得天上會落下一幢給羅家。故她決定要羅幹去接洽。

羅幹本在猶豫中，被太太打氣後他也就決定了。同時他更高興地，聽說倫敦的藝術學院也遷在牛津。他覺得玲有畫才，他和玲的圖畫先生談過，圖畫先生極力鼓勵玲學畫，認為越年輕開始越好。

羅玲的畫雖然每張都被先生選了開會掛，但她不想終生學畫，她喜歡電影，她想編劇，她想做導演，想做堅阿士頓[1]女作家。故她聽了父親的提議並不覺興奮，她說：「也許等我們搬去了牛津，藝術學院像我的中學也遷回倫敦了。我還是那樣決定，家搬到牛津則考牛津大學，家搬到劍橋則考劍橋。媽媽你也是這樣想嗎？」

「當然，我一直也是這樣想，畫當消遣可以，不必要專門去學，女孩子唸文學更相宜，在社會上和在家庭裏都好。我看過我很多同學有學音樂的，結了婚生了孩子，連鋼琴都不摸一下，把琴當桌子擺東

1　英國女作家 Jane Austen，现通常譯為簡・奧斯汀。

西。」羅太太認為她的丈夫寫作成功，心中也感覺孩子中唯有玲是可以繼續她的父親寫作的。因為她看見玲的學校每年出的一冊刊物，每次都有玲的文章，這不是證明將來玲也可出版書麼？

玲沒有等羅太太說完，她即刻說：「媽媽又談女孩結婚，我是不結婚的。像媽媽有了小孩，自己一點自由都沒有。」她故意逗母親，她知道母親關於她的婚姻比她的事業還重要，她又即刻安慰母親：「等着一日我編一大成功的電影，買一幢房子在山上，種很多果子樹，接了媽媽去。」

「媽媽又不是猴子。」定指着玲大叫：「你自私，媽媽也不是你一個人的。」

「這裏討論房子，你們胡鬧什麼？」羅先生聽了玲不學畫，本有點不舒服，再聽到叫叫嚷嚷的有點煩了，他又向平問：「平，你覺牛津房子如何？你一句話都沒有表示。」

「如果爸爸媽媽不想訂長期合同，根本就沒有討論的餘地。」平說話的聲音有點粗粗的。他的身體雖長高了，但大頭圓臉和初來英國時一樣。愛看書，不多說話，喜歡種園地：「剛才媽媽說得對的，我們既要在英國唸大學，總要好幾年了，那就值得搬去。」

羅幹聽到大兒子也贊成搬家，他即刻向太太說：「蓮，我們哪天同去看看房子？」

「我看了單子就有大概了。你帶一個孩子同去看一下就成，我走動一下，瓏又要麻煩了。阿媽的粗心，我仍是不放心。」羅太太來英國，這是第三遷了。她雖然不是學孟母的三遷，但確實也是為孩子教育學校的關係，故對她家庭室內還是次等的問題。

「我帶玲去看看，並到藝術學院打聽一下，即進了牛津，或可在藝院選點課。」羅先生的企望也無法強逼女兒專學畫，故想出兩全的辦法。

阿媽聽到羅太太要搬去牛津大房子，她很不安地向羅太太說：「太太，我真捨不得你們。」

「為什麼？阿媽，你要回國去？」羅太太奇怪地問。

「太太，不是的。因為我常發筋骨痛毛病，恐怕我吃不消大屋子的工作。」阿媽頗歉意地說。

「阿媽，你初來告訴媽媽要做到同我們回國的。我們一直幫着你，即搬了家也是幫着你，不會要你做特別的工作的。」玲急了，仍心平氣和地和阿媽說。

羅太太覺得阿媽是突然變的主意，一定有別的理由，她向阿媽說：「那你想到哪裏去？是不是馬太太想你幫忙？」

阿媽心虛，恐羅太太已早知道了，故她把留在聖城的緣故說出：「太太，當然不是我貪馬家加多點工錢要我，因為我在這個城認識了幾個朋友，換到一個生城，我太寂寞了。」

「阿媽，你怕筋骨痛太累，就不怕曼哥打你太痛？」定半開玩笑半氣地說。

「定，你不要嚇阿媽，曼哥比小時打人好多了，現在他會選人打，不像小時見人便打。」羅太太立刻止住定。

星期日早上，羅家除了瓏和羅太太，通通比平日要晚點起來。因瓏不懂得星期日可晚起，她照常一樣的準時醒，照常一樣地下樓吃早餐，羅太太也照常一樣地同她下樓。其次才羅先生下樓，然後多半是平和定，玲常常是最後一個。但今日不見平下樓，羅太太向定問：「定，是不是平還沒有起牀？」

「我打開眼時就沒有看見老哥在牀上，剛剛我到後面菜園看也沒有，連他的腳踏車也沒有看見。」定也奇怪。

「這孩子要出去也該和家裏人說一聲，阿媽知道不知道？」羅先生有點生氣樣子。

「阿媽我也問過，她說早上一來就沒有看見平。」定看見父親不高興，他也有點怕了。

「也許他同宋叔叔騎車看郊外去了，奇怪他和定從來不離開的。」羅太太仍是懷疑。

宋叔叔來了，也不知平在哪裏，羅太太開始真地急了。玲極力安慰母親說：「媽媽，不用急，他這麼大的孩子還會丟了嗎？一定和同學約到什麼地方去玩了，我知道他有兩個最好的朋友，一個是下棋的，一個是換郵票的，叫定去這兩家看看。」

「那不好，人家會認為平沒有規矩，不告訴家裏跑出來了。所以我耽心的也是這點，他從來不如此的。」羅太太深深懂得兒子的。

忽然電話鈴響了，羅太太即刻說：「幹，等我接，一定是平來的。」

羅先生走得快，他的手挨着耳機還沒有舉起時，他故意急羅太太說：「也許是平騎車錯了規矩，警察局打來的。」他邊說邊向電話耳機說：「哈啰，這是羅家，你哪位？洪太太，你好，要蓮說話，等一等。」

羅太太聽到不是平打來的大為失望，但也不是警察局的又放心。故她很高興地和她的好朋友談話，當她接過電話筒時，定趕快拖了一把椅子給母親坐下，他知道母親和這位朋友說話可有二十分鐘以上，羅太太微微笑的看了定一眼即坐下了。

「——我送兩個母雞給小孩玩的還要謝？——什麼，今天就下了蛋？——啊，不用給它牛奶喝，小心送牛奶的人要告你，它會喝水的。等我們搬到牛津，一定要請你們全家來過假玩玩，——還有兩禮拜就要搬——你讓我撿東西不多談嗎？哈哈，他們在料定我們又要談半點鐘呢，——再見。」

瓏照常晚飯前上小牀。今日晚飯雖然晚了一小時，還不見平的影子，羅太太沉默着，她叫阿媽開了飯。飯後玲開了收音機想把空氣變得愉快點，羅太太立即叫關了。宋華最近看了本 *King Soloman's Mines*[2]，他講給羅太太聽。羅先生很高興地，不是定在此時要講，否則羅太太也會像叫玲似的會叫定閉嘴。羅太太對朋友永遠客氣地，雖然她無心聽，她讓宋華講下去，屋子很靜的，宋華的聲音低而清楚。突然客廳的門開了，平滿頭大汗地走進來，羅太太一見心中雖寬了，但仍裝着認真地樣子。平一進門即走到母親面前，笑嘻嘻地說：「媽媽，不生我的氣好嗎？」

他說時用手在母親的背上摸：「我騎車去牛津看了我們租的房子！因為裏面還住了人，我不好意思進去，只在花園的鐵門外看了一看，有很多的高樹在屋子的外圈，並有一條很長的路徑從鐵欄門通到屋子大門。如果我們有馬車開進去才好看，草地很大，像小公園似的，美極了！」

「來回八十哩，你不怕累？如果你告訴了我，我會給你錢坐火車由倫敦去。」羅太太現出微笑，看到大兒子平安地回了家。

「我就是不要多花錢，我連飯都沒有吃，切了一疊麪包和奶油，我聽到爸爸和媽媽計劃着我們將來讀大學，應該省點。本來我想叫醒弟弟同去，看見他睡得很甜，又怕他太累騎那麼長的路，我可以累點不要緊。」平說時玲和定都圍着他，好像看一位冒險家。

羅太太又是愛又是心痛，她對羅幹微笑笑，然後回向平：「孩子，那是大數目，吃東西和車費都是極小的數。以後記着不可騎長途，像你們的年齡根本不應該，身體很是危險的。」

「媽媽，以後我再不如此不做聲地走了。」平很是不安，知道母親特別擔心。

羅太太叫平休息一會兒才慢慢吃東西。因為羅太太聽過老年人

2　1885 年出版的经典英文小說《所羅王寶藏》。

說，凡是長途過於勞累後，肚子餓時千萬不可趕着吃很多東西，準會出大毛病的。

羅家遷到牛津已一個多月了。天氣已是秋天，園子大草地上落了不少野栗子和樹葉子。平和定換了新校的草帽上學。他們天天騎車穿過城中心向北走，如遇大風時，他們的帽子常常被風吹得落在街上滾，他們要放下車去追帽子。這是英國的所謂公立學校，一年四季孩子戴草帽，在中國只有夏天才戴的。

羅家屋內又只找到每日半日工的女人幫忙，屋外園子太大，雖有一個老園丁湯姆斯，每週只來三天，看來還是相當荒。有一日羅太太帶了客人遊覽園子，發現葡萄架下既無陽光，又是小石子滿滿的，不懂湯姆斯為什麼在那裏種點菜做什麼，原來的菜地還空了不少的。晚飯時，羅太太在飯桌上有點抱怨地說：

「我們的園丁真老糊塗了，空多少地不種菜，偏在葡萄架下陰涼處種東西做什麼，明明不易長的。」

「那是我種的，媽媽。」平即刻解釋：「因為湯姆斯不讓我動一下地，他指定我只能在那裏種。他是英國頑固派，權威很重的，此園好像是他的，我也不好和他爭。」

「叫英國人想你只有十一二歲的小孩子，想不到你會種菜，等哪天讓媽媽好好和他說，讓一塊地給你種。」羅先生很喜歡兒子能做園，女兒能燒飯。

定又喀喀地笑着又說，他如果碰到笑和說同時的話，常令人聽不清：「昨天下午老哥替湯姆斯扶梯子剪牆上的玫瑰枝子，後來老哥進來喝茶換了我去扶，他下梯子向我說：『我聽說你有兩兄弟，但是我只看見你一個，那個在家還是住校去了？』我沒有說什麼，橫直他分不清的，我告訴他我的哥哥在裏面喝茶。」

「你們是兄弟，又只差一歲，英國人不容易分別你們還可以說。」

羅先生想起更荒謬的事，他接着說：「你們想我和摩登學院的那位中國學生差多少？做不得他的父親，也可做他的叔叔吧？我那天去看他，問號房他在不在，號房叫我上他房間看看，結果他不在房裏，我留下了一個條子即刻出來了，走到大門口，那個號房追着我說『剛才有一位中國先生找你。』」

「爸爸你笑了沒有？」玲笑得不得了。

「我沒有笑，我有點氣，中國人會如此難認，那中國文化他們還有本事研究。」

羅家花園自番紅花開放以來，一切向着光明變換，可是自早到晚，天空中的英國飛機週旋演習，蓋過了小鳥的啼鳴。大草地發現有延命菊時，湯姆斯向羅太太提出意見，每週三次工不夠做園子了，羅太太很抱歉地說：

「湯姆斯，你只盡你的力管花園，和菜園。草地有羅先生和兩個男孩可以負責剪草。」

湯姆斯沒有料到羅太太如此省儉，他滿以為羅太太會說，那你來六天可以不可以。但聽到羅太太並沒有過了冬天要加工的計劃，他失望，不妨再試一步：

「夫人，你們這樣大的園子，應該需要兩個園丁，我知道戰時不容易找人，那我做全工好不好？」

羅太太懂得他的意思，三天兩鎊十先令，一週全工當然五鎊一週了。不過，羅太太只圖此園不荒，不求其講究，還有三個大孩子是更重要的問題，所以她說：

「湯姆斯，我希望你還是照原樣做下去，你知道，我們有三個孩子要進大學。」

湯姆斯並不以為進大學是重要問題，他小時唸書時就沒有花過錢，但他家的花園雖小，比羅家整齊多了。一幢房子如無花無草，那人怎樣快活着住下去。他看不慣亂的園，他寧可不幹：

「夫人，那我只做這一個禮拜。」

羅家過了一個很平靜的冬天，有湯姆斯修剪修剪園子。所以羅家並沒有嘗試過園子的工作，「欣賞」和「工作」當然是兩件事。但是平聽到湯姆斯走後大為興奮，他即刻到菜園看看，再不用到葡萄架下去工作了。

數週後，平和定開始忙更重要的，準備考中學會考。羅先生推草後會胸部痛，但野草和家草同時大為放肆發展。羅太太慌了，由報紙上找兼工的人，警察，郵差，換了制服都來幫忙。但是時間不能由羅家，要他們空時才來，也許一連來三週，一連兩週又無人，可是草的長出，不能休息兩週不長。羅先生再去找湯姆斯時，他發起年老人的脾氣不肯再來了，讓年青人得點教訓。

羅家不是富翁，但也有窮的辦法，他們登報。後面由小梯上去有兩間房給園丁住，並供給茶及奶油麪包和糖，羅家對這類配給用不完，他們常用中國材料輔助中國餐。並說明還另外給口袋錢，只要交換週尾及平日空時，做做園。此條件即來了一位單身園丁，他在學院管草地，他做草地比做花園好。自他來後，羅家花園算是四季對付地維持下去了。

第十一章

當羅家花園三大棵野栗樹滿滿的花時，牆壁上的玫瑰也盛開着。花園裏的花繼續地、不斷地現出各種顏色，夏天的下午，羅家常在野栗樹下的草地上放着帆布椅坐着。但羅太太高興地不是花園的花，而是她的寶貝大女兒已考取了牛津大學，暑假後羅玲即是大學生了！她自離中學以來，即換去了學校制服，穿了中國長衫，更顯得身腰細小，高跟鞋和她的長頭髮，風度已是一位大女孩了。羅太太總喜歡兩眼集中玲的說話神氣，羅先生常常叫醒她：「蓮，你簡直像看一朵花似的。有一次我在火車上也看見一位母親就像你，大概她是接女兒放假回家，在火車上一個多鐘點，我就沒有看見她的眼睛離開過女兒，一直笑眯眯地向着女兒。」

「有沒有她的丈夫在一塊？」羅太太問。

「好像沒有。」羅先生不十分記得。

「幸好沒有，否則那丈夫要告你，你為什麼一個多鐘點直看他的太太。」

羅太太報復了，引得三個大孩子大笑。玲說：

「媽媽也淘氣啊！」

玲進大學快一年了，平和定也考取了牛津大學，暑假後羅家就有三個孩子同一個大學了。中國俗語：「喜事重重」，五月七日宣佈德國投降消息，羅家整日未停電話，並不是英國要請羅先生做顧問簽和約，而是羅先生、羅太太和倫敦朋友在電話中興奮大嚷大叫。羅先生接長途電話，因覺路太長，必大聲嚷，今日加上興奮，屋瓦震動。

「爸爸，你叫狠了，那邊人反聽不清你說什麼。」

玲已知管父親了，凡大人物，應該受老婆、女兒管管，羅斯福連任美國總統，完全得了家中三位女人的管教 —— 母親、妻子、女兒。可惜羅幹不幸幼年即無母，而羅太太又不善於管教，故全看玲一人了。

「那邊也是叫，我不大點聲音，更不能聽我說了。」羅先生放了電話，坐進沙發椅中休息。

羅太太沙發椅裏擠了一個小瓏，她今天不去她玩的屋子，跟着大人在客廳了。羅太太腳邊的黑貓「匹可」躺在地毯上，牠是瓏的小伴，今日牠也跟瓏來客廳了。羅太太今日也沒有織毛線，她說：「我坐在這裏都聽到兩頭同時在說，大家都是要搶着說，並不是哪個要聽。全世界都廣播了，還有什麼要聽的。」

「你在電話中的聲音並不比我的小，剛才你接電話瓏都嚇得跑到我身邊來了。」羅先生凡遇人說他時，他總喜歡找對方的錯，頗像律師家的辯護。

羅太太也覺是過於興奮，不免大家都孩子氣可笑，羅先生過火地反攻她，她也不生氣，她帶着微笑說：

「大概大家過了五年多悶生活，一下聽到和平像是解放了。」

「媽媽還說生活悶，三天兩天的客人，英國人的家庭就沒有像我們的熱鬧。」玲的眼中並不覺家中生活是悶。

「我的意思不是寂寞，而是感覺這幾年，吃、穿、玩都受限制，尤其我做主婦，缺乏東西，傷腦子厲害，我看了倫敦那個《無獎牌》戲更深深同情戰時主婦。」羅太太像是現在開始可輕鬆了似的。

「不過，我覺得媽媽比英國人的媽媽更不同，我們的來往客人委實多。又不能比當年國內祖母，祖母家用人多，現在媽媽是操心又勞力，媽媽確實太苦了。」玲聽到家事深深體諒母親。

「這也是我們家在英國住久了。你們想，爸爸的英國朋友和你們的同學，還有我的中國太太朋友。牛津的中國同學喜歡把我們當他們的第二個家。小瓏開始也有小朋友了。再加上過路客，他們由中國來去美國的，或由美國來經過英國回中國的。重重疊疊的關係，你們想哪種朋友是可拒絕的。不比以往住的那個聖城，那時你們年紀小又不是大學城。這次搬家本意是為你們進大學，結果弄得好像我們是社交名流似的，越來越不是我們遷來牛津的本意了。」羅太太喜歡把理由分析，也就認為是自然似的。

「當然第一是我們喜歡朋友，其次戰時請用人不易，買東西不易，現在雖然說停戰了，恐怕還要好幾年才可恢復戰前的市面。限制不但不能取消，恐怕還要更緊點也不定，這次戰爭英國負的債真可怕。」羅先生說話時手喜歡在頭上抓。

「爸爸，這時沒有客人讓你抓頭不要緊，等着有客人時，記着不可這樣沒有樣子。」玲非常寬大，半教半慣父親的。

羅太太本來以為停了戰，一切可恢復到戰前情形，聽到羅先生如此說，心也就跟着冷了。中國有一句俗話「巧婦難為無米之炊」，她為得家，為得朋友，這幾年確實把她累老了。雖然她的頭髮仍是黑黑的，臉上也沒有看見皺紋，但是國內來的老朋友看見她會吃一驚。她來英七年了，永遠沒有感受是安定的，永遠是在等待什麼。

宋華最喜歡羅家的，他覺得羅家是民主家庭，兒子、女兒都敢和父母公然討論意見。他想到他的幼年，他在舅舅家。他不敢向舅舅討論什麼。舅舅說什麼，他只敢回答「是，是，舅舅。」他回憶中沒有父母的慈愛，那時永別時他太小。他在羅家雖然像是打成一片，但他的心情仍常感寂寞，他不是妒忌羅家。但是羅家越熱鬧時，他越感覺他孤單。自搬來牛津後，身體仍是不好，寫作時停。他喜歡羅家的花園及果樹，他喜歡靠梯子坐在樹上，邊吃果子邊作詩，那時他可忘一切。

果樹結果太多，羅太太無法處置。羅太太不敢打斷宋華的作詩靈感，她常叫平和定摘果。但平和定的靈感不是詩，而是電影，他們覺得有幾小時摘水果，還不如看一場電影。定常常向母親說：

「如果媽媽讓我們先看一場電影，回來一定幫媽媽摘很多。」

因此每週看電影次數增加了不少，但看電影後又常感覺累和餓，羅太太會說等明天再摘罷。明日如下雨，或者羅太太又忙，又可忘了。等着大家時間合適時，平和定或者又看見了廣告，莎士比亞戲非看不開。這是對他們功課有幫助，玲也是需要看，羅太太只要對孩子唸書有益，對身體有益，一切都可將就。

羅太太捨不得讓果子自落自爛，一家無論如何吃不完。每到夏季大忙特忙的，她向幾家無果樹的朋友家寄，她沒有汽車，總是自己一盒一盒地提到郵局去。數日後則可接到朋友的回信說果子如何的好，還有市面上買不到的好，再加上寄的人的心如何好，她得了三個好也舒服。但最舒服的是好果子沒有自落自爛，當然還有朋友不知摘果的艱難。有幾棵老高的樹，羅平常常爬得很高，羅太太大嚷不讓他摘太高的。但是平不做則可，既做就勇敢熱心，這是他比定勇猛之處。他在樹上向母親說：

「媽媽，你是要兒子還是要梨？要梨就不能要兒子，要兒子就不能要梨。」

羅太太又笑又叫他下來算了，平越是有勁了：

「媽媽，請你進屋子不要看我好了。」

羅太太不肯進屋子，她也不敢再叫平了。知道越叫他越向上爬，羅太太不敢抬頭看了。心跳着，她低着頭看見滿簍的梨，她拿了一個咬一口說：「平，梨還澀得很，過幾天再摘罷。」

「我知道媽媽怕我跌死。」平笑嘻嘻地爬下來了。

兄弟把梨、紅李、綠李一簍一簍地抬進車庫，因無車就做了堆果子房了。羅太太選了一些軟的留在屋內先吃，她邊撿邊和孩子說：「可惜杜姑姑到了印度幾個月了，一直沒有船位來英國，她看見這許多水果一定也喜歡的。」

「媽媽，你寄過我們的照片給她沒有？也許她不認得我們三個了。」玲幫着母親選梨和李子。

「戰時不可寄照片。自她到印度後，我想等她來了看見你們更有意思，小瓏我在給她信中不知談了多少，她很興奮地要見我們。」

「媽媽，杜姑姑這次來要住多久？是不是也住我們家裏？馬上哥哥和我都要住學院了，正好她來得好。」定站着看母親和姐姐選果子，他最不喜歡摘果子工作，為了幫母親，沒辦法才來果園。

「我想當然我們要請她住在我們這裏，她的名譽是什麼報的特派員。其實住倫敦合宜。不過，她可以常去倫敦。我們這裏總是她的家。」

「她還是要寫文章麼？那好極了。我要帶她看看牛津學院，可寫幾篇好文章寄回國發。」玲已讀完一年，對學院情形更熟。

「媽媽，不要選了，軟的硬的都可以吃，等邊吃邊選好了。進去休息一下，哥哥都做好了茶了。」定挪了母親進屋子。

人間有沒有比一個剛離開了中學，而考取了大學還未開學這段生活更輕鬆愉快地？現在平和定就是在過這段生活！男學院只要住一年或兩年，在校外可住一二年。現在羅太太開始愁的不知學院有人叫他們起來否。他們這個假期鬧鐘沒有用，連父親發脾氣雷聲似的叫也沒有用，只有瓏的小手在他們的頸脖上吱咯着才會含笑地肯打開眼。

羅太太家事忙，自有了小瓏後，她更是少出去。她的朋友多在倫敦，她寧願常邀他們來，而她總難坐火車去倫敦，可以說是一年三次，或者是三年一次的才去一趟。八月八日她不得已才答應倫敦一家朋友吃中飯。早晨她把家事安排好，自己也打扮一下，並帶了一大盒梨和一打雞蛋。羅先生笑她：

「蓮，今日你看來有點像十年前，青年了。可惜你帶這種東西去倫敦有點像鄉下老表了。」

「我們家養雞，蛋有多，他們都是光靠配給。聽說倫敦水果也不易買，這都是本園出產，順便帶點給朋友，什麼鄉下老表不老表我不在乎。」

羅太太、羅先生的汽車開向火車站。四個孩子進到屋子，玲、平、定三人同瓏進她玩的屋子，她太興奮。看見哥哥姐姐同時在她房中，她談，她笑，她發問。雖然玲、平、定想看點書都無法集中注意力，定突然慷慨做好人，提議上午歸他和平負責，下午則歸玲看瓏。如此最少每人有半日可看點書。

下午玲當班時，定很抱歉地說：「對不起，整上午我的精神太疲勞了，非看看電影不可。老哥，你去不去？」

「我怕玲一人吃不消。如果你看了覺得片子特別好，那我晚上去。」

瓏即刻牽住玲，她怕玲也要出去，玲笑嘻嘻地抱了瓏坐在膝上說：

「男孩野，我們女孩在家等媽媽回來，瓏你好好坐着，我替你畫一像好不好？」

瓏高興得即刻坐進一大椅中，玲則準備畫具，平看見玲開始要畫，他站起走到她的畫架邊說：「姐姐，這次你用顏色好不好？我有一位同學過生日，他說想要一張瓏的畫像，並要你畫的。」

玲剛用鉛筆畫部位線，她說：「你買，他買？」

「哈！哈！你說多少？」

電話鈴響了，玲放下畫板對瓏說：

「瓏快來，或者是媽媽打來的，快來和媽媽說話。」

瓏隨着玲跑出她的房間，走到電話機前玲先拿了耳機說：

「哈啰，什麼？飛機場？這是羅家，喂，杜姑姑，你到了英國？——我是玲不是媽媽。——電報嗎？——沒有收到，——爸爸媽媽都在倫敦，——我不知道他們的電話。大概已坐火車回牛津路上了。好，好，我會要平馬上去倫敦接你，杜姑姑，你在車站等着他就是。」

玲放下電話，大為興奮，對平說：「杜姑姑來了！她要人去倫敦車站接，她說六點到倫敦車站，你趕快去，我要帶瓏不能去。」

「我沒有火車票錢，你有沒有？」

「糟了，我也沒有，最少要多少？我看只要你的來回票就行，杜姑姑決不要你買的。趕快到我的房間拿我的皮包下來看看。」

平找到玲的皮包交給玲，玲打開把所有的都倒在桌上，她說：「這是兩個六……這是三個六便士，還有三枚銅板，啊，差得遠。你有多少，看看湊在一塊就夠了。」

平由兩邊口袋中掏出一堆破紙，電影票，戲票，戲單子，連一枚銅板都沒有，玲有點冒火：

「你為什麼連一銅板都沒有？常看電影看戲是哪裏的錢？」

「女人看錢那樣要緊。我每次都是同定去看的，他買票。今日我是好意，看你一人在家照應瓏怪可憐的。」

「那怎麼辦？你不要學宋叔叔老說『女人』『女人』的。媽媽吃飯的那人家我們又不知道電話。媽媽很少去倫敦，獨獨就碰到今天。否則媽媽的皮包永遠在家的。」玲也急了。

「有沒有辦法查一下電話薄打電話找媽媽。」平說。

「現在沒有時間了，銀行也關了門，你非趕車不可，也許媽媽這時已上了火車，她說吃完飯就回來。」玲急了，又打開皮包看看：「平，你可以買半票就夠了。」

「我是不買半票的。你不要看見賣汽車票的女人常給我半票，但我總是補還她。」平不可做虛心的事，他的臉會紅的。

玲又看看皮包，雖然有支票冊子，銀行每日關門太早。她忽然想到：「平，有了，你趕快去我們後面熟店子兌一支票現錢，我看媽媽爸爸常換過。」

「我去找宋叔叔同去。」平即刻接了支票向外走。

羅太太是快七點鐘才到家，進門看見瓏還沒有睡，即刻抱了瓏在懷裏，像間了一年沒有見，她說：「寶寶，還沒有上牀睡呀！」

「瓏要等媽媽。」瓏說。

「瓏告訴媽媽，大哥哥到哪裏去了，」玲故意不忙地說。

「大哥哥到倫敦去了，」瓏說。

「為什麼？」羅太太驚奇地問。

「杜姑姑改乘飛機來了。她在飛機場來了一電話，我們又不知媽媽在哪裏，定才回來不久，只有平邀宋叔叔同去倫敦車站接，大概他們十點前就可到牛津。」

羅太太聽了大為興奮，把瓏放下，她在屋子裏打轉，不知做什麼先：「可惜，可惜，我們走時太匆忙，忘了告訴你們電話，否則我和爸爸去接多好，她沒有看見爸爸和我去接，一定要失望的。定，快點，我們來替杜姑姑弄好牀，你馬上要去學院的，把你的那間讓給杜姑姑，你搬到爸爸書房裏面一間去。」

「爸爸為什麼不同媽媽回來？」定問。

「有朋友見我們去了倫敦，一定又要邀我們去吃晚飯，爸爸只好去了。我因為惦記着瓏，辭了先回來了。」

兩個鐘點之內，羅太太送了瓏睡了，房間收拾得好好。定在家，羅太太同了玲去牛津車站接杜女士。羅太太和玲分好兩個出口守着，九點三刻火車進了站，羅太太看見人羣中有一位穿灰色大衣的小身材的女人直向人縫中擠出，她一手提着皮包，一手拿着一卷晚報，羅太太即刻衝過去擁抱着她：「芳，你也到了！你一點都沒有老，可見中國打仗沒有英國生活苦。」

平和宋華在照應行李，玲已雇好了汽車，看見杜姑姑同媽媽走來，她走過去和杜姑姑握手。杜姑姑向玲說：「玲，你還記得小時你淘氣麼？」三個女人進了車，等平和宋叔叔。杜芳又向羅太太說：「我的電報真奇怪，也許也被原子彈炸了。羅幹的架子那麼大，他為什麼不同你來接？」

「只怪我們疏忽忘記告訴孩子電話，剛才我回到家才知道。幹要很晚才回來，他去一人家吃晚飯，真是不巧，平日我很少去倫敦。」

回到家，羅太太第一件要帶杜女士看的，輕輕上了樓，輕輕打開了羅太太的睡房，開了屋角五支小電燈，杜女士走近小牀輕輕地說：

「這就是你的小寶貝了。真好看好甜的樣子，我一定要了做乾女好不好？」

「當然樂意的，只要你不帶走她。」

他們輕輕出了房門，杜芳說：「你的寢室這樣大，三面這樣大的窗戶，冬天冷不冷？」

「你看那窗簾又厚又大，都是戰前材料，我們向原住此屋的人買下的，故冬天很擋風的。」

然後她帶杜芳到給她的寢室，杜芳說：「你們為什麼住這樣堂皇的屋子？」

羅太太一邊關燈，一邊又開別房的燈，她說：「哪是我們故意選的，我們要搬家，只此一幢的希望，你不要則沒有。」

杜芳看見羅幹的大書房，中西書滿滿的三週壁書架，有一面因兩個大窗戶及火爐佔據了，壁爐上面是一張玲初到英國時的大畫像。羅太太說：「白天由此兩窗戶望出去，園景美極了。」

「有這樣的書房，怪不得他的作品受人歡迎。」杜芳說着在書房繞了一週，然後又說：「等我慢慢來到這裏找書看。」

他們走進客廳，橄欖色的牆，五面高而長大的灰紅色窗簾，兩個立地大罩燈也是和窗簾色一樣。牆壁掛了五張中國古畫，火爐橫屏上有埃及女王羅馬大理石像。杜芳和羅太太坐在相對大沙發椅中，孩子們和宋華圍繞着，杜芳抽着紙煙：

「好，想不到我們還有今日又在英國重聚，除了孩子長高了，宋華一點都沒有變，不知幹老了沒有？可是玲居然就用口紅了，穿上中國旗袍儼然一位高貴的小姐風度了。定也像一位翩翩公子神氣，唯有平高也沒有高多少，臉還是小孩臉。」

羅太太笑笑說：「你只說他們一堆，不說我？我自己知道，但是，芳，你還是像從前一樣年青啊！」

第十二章

第二天早晨，杜芳被飛機聲突然驚醒了。全房黑暗暗的，才知睡在牀上，不是坐在飛機上了。窗簾縫裏射進微微的魚白色光，她打開燈看了一下几上的小鐘，才四點廿分。她立即關了燈想再睡睡，眼雖然閉上，但是腦子清醒的，她想到這是羅家，回國後一直想重來再聚的羅家。她回想到七年前在倫敦和羅家同住時，她每次從外面回來進門時像是自己的家。但是，昨晚像是到朋友的家了。羅太太陪着她，叫孩子伺候着她，遞這樣拿那樣的，她像做客了。羅太太去廚房做夠當晚飯時，不讓她進廚房，要孩子陪杜姑姑，杜姑姑下飛機怪累的。但是，杜芳感覺人雖然到了羅家，心理上像是還差一點點什麼沒有完全到羅家。房子比倫敦的講究，孩子都大了，都不挨着她，遠遠地一問一答的。羅幹回來得很晚，雖然也表示歡迎，並沒有說他自己的切實的事給她聽，好像姓杜的和姓羅的隔了一層厚紗了。

羅太太很早帶了瓏下了樓，她心想，我現在會做英國早餐，又會完全做中國飯了，要做得好好的讓杜芳驚奇，讓杜芳享受。一則羅太太自學會了做飯，也就成了她自然地責任心了；二則羅太太今早特別記得當年她帶着孩子初到英國時，杜芳對他們的熱心幫忙，這次羅太太想盡力來照應她，以報答老朋友。

吃早餐時，羅太太為杜芳做了兩個雞蛋，其餘的人有一個的，有的連一個都沒有。但是杜芳說：

「我最恨雞蛋，在國內吃多了，我寧願吃奶油和烤麪包。我在重慶時，常常想英國茶和烤麪包時，就上西餐館喝咖啡和吃烤麪包，吃一次的錢可以買兩打雞蛋。」

「物稀為貴，中國食物不受限制，咖啡奶油麪包外國貨比較不容易，所以你在國內當上品吃。這裏缺乏的是蛋和肉，這是我們家養了雞，外面配給每人每週有一枚就算好。有時一月一個也不定。你不吃蛋倒和你無關。」羅先生最喜歡蛋，本認為不吃蛋的人是傻子，但杜芳如此聰明，又是久違多年不見的朋友，故羅先生並沒有罵她傻。

杜芳聽到養了雞，本想把剛才說的話扭轉點，宣佈她的真意，她一路聽到英國食物限制嚴，蛋和肉最不易得。故她不忍一到就把羅家的配給吃了，尤其看見她一人兩個，她一急就說得厲害點，她恨蛋，讓羅夫婦不知她是客氣。但羅太太則十分失望，心中正在打算下次做什麼給杜芳。平和定聽到杜姑姑恨蛋，問了母親可以不可以分了杜姑姑不吃的蛋。杜芳即刻遞給平和定兩人分了，杜芳說：「你們為什麼男的吃蛋，女的不吃？」

羅太太手中拿了一杯牛奶等瓏喝，她說：「哪裏還有省了玲瓏的，這兩個女孩子口味太嬌，早上沒有口味，不肯吃這類東西。」瓏把牛奶喝完了，向着杜姑姑說：「瓏年青時也吃蛋，現在像杜姑姑吃膩了。」

杜芳維持信用表示喜歡麪包，連吃了幾片，並連喝了幾杯咖啡，忽然聽到瓏大人似的口氣使她要笑，她向瓏說：「瓏幾歲？」

「瓏五歲。」瓏說時頗顯得很大似的。但是羅太太十分不過意，她對杜芳說：「只要你在英國稍耽耽，凡缺乏的東西就會特別喜歡的。」

「明日我可要蛋了。」杜芳看見平和定各人兩枚蛋都下了肚子：「剛才是我故意說的，我以為是你們兩位小姐省給我吃的。」

「要打平和定，吃得那麼快，媽媽，我去替杜姑姑再做過蛋。」玲大笑，即刻站起。

「麪包咖啡已吃飽了，今天真的不要了。」杜芳也大笑。

羅先生在一堆信中看見一小黃色信封是電報，他打開了遞給杜芳看：「這是你給我們的電報，可惜要昨天早上收到多好。」

杜芳把電報放得遠遠地看，羅先生趕快借他的老花眼鏡子給她：「你用我的眼鏡子試試。」

羅幹還沒有說完，被羅太太在桌子底下用腳輕輕碰他一下，羅幹馬上問：「蓮，你踢我做什麼？」

「蓮怕我傷心，也要用老花眼鏡了，是不是？」杜芳即刻說了。

「這有什麼關係，年齡越大，思想經驗就可表示豐富。」羅幹把自己心理說了。

宋華有機會插話了：「我就不喜歡羅幹特別喜歡裝老。才四十三歲，就配上兩付老花眼鏡子，他怕打掉了一付。可惜他的滿頭黑髮，既不白又不光頂。有一天我在他頭上發現一根白髮，被我替他搞下來，他大生我的氣，他要留着等多點白的。」

「我覺滿頭黑髮是蠢像，白髮和光頂才是大思想家。」羅幹解釋給大家聽。然後看到他的太太在笑。

「憑此點談外表，就像十七歲的孩子思想了。不過，杜芳還沒有到四十，眼力如何就不好了？大概是看多了書的緣故。」羅太太和杜芳雖然是多年老朋友，但一直不知她的真年齡[1]。杜芳愛年青，愛美，

1 有關杜芳人物原型陸晶清女士的年齡，一直以來也存在多種說法。雖然陸晶清的出生年寫為 1907 年，但好友趙清閣曾在紀念文章中提到，陸本人告訴過她，「這個生年不確切。」（《陸晶清逝世週年誄》）另外有自媒體文章聲稱，陸晶清曾對上海社科院文學研究所的潘頌德先生公佈，她上女師大時，把年齡改小了 6 歲，實則是 1901 年出生。（《逸廬夜畫元年集》民國卷）

最好不要拿年歲來量她。十多年前她記得杜芳不肯過三十歲，故她想今年杜芳最多是三十九了。

「我本來從小就是遠視，今年十二月三十一日我也就三十八了。」杜芳又向平和定說：「小孩，你們哪個替我上樓在我桌上把我的眼鏡子拿下來。」

平站起來，慢慢地走，沒有笑容，輕輕地唸着：「永遠是小孩。」羅太太笑了。杜芳極靈機，也笑了。平拿了眼鏡子進飯廳交給杜姑姑，杜姑姑接了眼鏡子向平說：

「謝謝平兄，平兄今天要出去麼？」她又遞了另一份報紙給平，「平兄要看報嗎？」

全桌人大笑了，只有瓏不懂，杜芳又說：「我初看見你們時都是在牀上爬的小孩，也不過十來年光景。等大學開了學，我要去你們的學院大叫羅小孩。」

定似乎真怕杜姑姑當他的同學面前叫小孩，他知道杜姑姑有時說什麼就做什麼的，但他裝着不在乎地說：「我們會請杜姑姑去喝茶，帶杜姑姑看幾個有名的學院，杜姑姑可寫幾篇好文章寄回中國。」

杜芳看見定認真地說話，也就不開玩笑了。她問：「牛津有多少中國學生？」

玲是牛津中國學生會祕書，她報告給杜芳聽：「這一年的中國學生只四名。還要組織牛津中國學生分會，因為有總會，很多事要接頭。說來真滑稽，一個擔任會長之職，一個擔任祕書，一個擔任會計，一個擔任幹事。只有職務，沒有會員。」

「下年就多了。」定用兩手搓搓的。

杜芳拿出煙，定即刻幫她擦了洋火，杜芳說：「憑這點懂禮貌，再不叫你做小孩了。」她抽了一口，再又說：「下年即加你們兩兄弟也算不得多。」

「聽說下年庚款會[2]和B.C.[3]在中國報考了不少來英留學的，光來牛津的就有十八名。加上原來的以及平和定也就算多了，恐怕要打破牛津中國學生的紀錄。」羅幹對消息頗靈通，如果杜芳多住住也是一樣的。但是宋華除了由羅家說的，似乎他就聽不到這一類英國報紙不載的。

「凡由中國考出洋的，都是大學畢了業，做了兩年以上的事才可考出來，可見玲、平、定硬是中國學生中最年青的。」杜芳趁機把「小孩」兩字換了「年青」，想必是剛才定替她擦了洋火的報答。

「這也是他們的機會，假如今日在中國未出來，他們現在也在中國進大學，起碼要五六年後才可考出洋。這不過一先一後，他們在此畢業，也要渡洋返國看看和開始他們永久事業。無論如何，我們不想他們在外國找職業的。」羅太太順便談了孩子的前程。

「我看羅幹和宋華是不想回國的神氣，恐怕等我第三次來英國時，你們還在此。」杜芳想到什麼就說什麼。

羅幹在看報，不知他聽見沒有。但宋華聽了沒有做聲，他沒有表示杜芳說的對還是不對，他有時受委屈時反而不做聲了，他心中自己有數。等着哪一日買了船票帶了自己出版的一疊書回去時，頭一封信寫給杜芳。杜芳雖然也算他敬仰朋友中之一，但是她貧嘴，喜歡教訓他，他聽了似乎對又似乎不舒服。

羅太太看見宋華不做聲，怕杜芳再講演，她站起來抱了瓏下椅子，對杜芳和宋華說：

「我們同去看果園。芳才會相信我信上不是形容過火的。」然後羅太太又對羅先生說：「幹，你是要看報，還是同我們到園子去走走？」

2　中英庚款董事會，Board of the British Boxer Indemnity。

3　英國文化協會，British Council。

羅幹放下眼鏡子，把報合上，他說：「你們去罷，我要上樓回幾封信。」

玲把糖罐、果醬、奶油等等放進櫥櫃裏。平和定撿杯盤刀叉放在托盤上，三人同到洗碗池間，玲洗，平和定各人拿了布在擦。

「你們看媽媽對朋友還是那樣熱忱，可見有人批評結了婚的女人會沒有朋友不盡然的。」玲說得快，洗得快，數分鐘即洗完了。

「我看杜姑姑更喜歡和爸爸和宋叔叔說話，她似乎近男性點，老哥，你覺得對麼？」定無論說什麼總喜歡問平。

「你們不懂女人心理，我比你們懂得多。」平端了托盤的杯刀叉進去，邊走邊說的。

玲解了圍裙，追在他後面問：

「哈啰，老大哥，你憑什麼經驗懂得女人？」

「我由『堅阿士頓』懂得的。」平說時並沒有回過頭。

玲大笑，定也笑了。玲說：

「太吃價了！我一定要告訴媽媽。」

羅家為杜女士到來，全家興奮，杜芳到的第三日又是日本投降的消息，除了沒有點火燒羅家房子，但是連日簡直像兵荒馬亂，電話、門鈴不停地響。杜芳就怕不熱鬧，她天天領頭帶宋華和平定去倫敦趕熱鬧，她買了火車週票，還替宋華買了一張週票，她的鎊票當先令用了。她的興奮，她的快樂，像瘋狂！她罵羅太太：

「蓮，人生幾何？你還是如此不想動？這次大戰苦傷了我，我現在是有機會快樂就快樂。寡人一個，我願一剎那之間傾家蕩產，再苦一輩子都不惜。這是我的哲學，不像你可憐老為兒女打算。」

羅太太聽了啼笑不得，本想勸勸她不要發瘋，但又不忍潑冷水。如果認真地和她談人生，也不是此時。羅太太微笑地望着她打扮，心想，可憐杜芳怕自己老啊。

平和定同杜姑姑去了倫敦一天就再也不肯去了。宋華好說話，杜芳要他帶路，他每日早上同杜芳坐火車去倫敦，晚飯前趕回牛津。連着三日宋華委實不想動了，他又怕杜芳罵他，他說他的確不舒服，杜芳說：「我看你真的有毛病。本來我想問你，又不便問，最好你去看看醫生。」

羅太太聽到杜芳看出宋華有病，她怔住了，她向羅幹說：「幹，最好再同宋找過別的醫生看看。」

羅幹除非病倒睡牀上才看醫生，如果只要能起牀，他就不相信醫生了。所以他毫不在乎的樣子說：

「上次我同他去過，醫生聽聽他的肺和心臟，都說很好。」他說說又向杜芳問：「芳，你覺得他哪裏不對？我們總覺他心理病重。」

「宋華同着我在倫敦走，不到一個鐘點，總叫我等等他去洗手。頭一天我倒不覺得奇怪，前日和昨日我突然有點奇怪起來。」杜芳坐在沙發椅中抽煙，她是羅家唯一的抽煙的，她接着又說：「今日我也要休息一日不去倫敦了。在倫敦大街擠了一晚，又看了兩天朋友，相當累了。」

「宋，你真要換一醫生再仔細檢查看看。」羅先生聽了認真地說。

「醫生已通知了醫院，等醫院有空牀位，就會通知我去住幾天醫院仔細檢查。」宋華頗憂愁的樣子。

羅太太正想談點別的讓宋華忘記愁，看見玲、平、定三人洗了早餐碗也進客廳來坐。她說：

「玲、平、定，杜姑姑今天也不去倫敦了。」

玲挨着父親坐在大沙發椅中，羅幹摟着她仍像小 baby，羅玲回答母親：「媽媽，我早說沒有意思，杜姑姑不聽我勸。」

「可惜兩張週票。」定常記得小事，他站在書架前預備找一本書翻翻，平已低頭坐在靠窗椅子裏看報，不知他聽到了沒有。

「只要用了三次就值得，也許明後天我還要去一趟。」杜女士表示不懊悔。

杜芳第三天去就是為了有週票之故。她本想寫日本投降，英國的情形。她跑了三天，除了興奮，簡直不知從何寫起。她有點怪羅家，為什麼住在牛津，如果像當年在倫敦，各方面消息靈通得多。她不想寫像晚報似的消息，她想寫杜芳女士見某某記。這位某某最好是政治上第一等人物，假如是二等人物，那她就要考慮一下。像這三天雖然在倫敦轉，看的聽的還不如倫敦晚報，所以她想暫時不寫。雖然是報館特派員之名，但沒有預約多少篇稿，館長也是老友，這次讓她出來，有意要她休息。如果願意寫時不妨寫寫，否則千萬不要為報館受限制。

有人說，「女人」究是「女人」，這句話似乎有點看不起女人，好在並不是格言，偶爾有女人麻煩時，才隨便如此說說。杜芳眼高，但她的手並不低，她寫過詩集，她編過報和文藝欄，她教過書。按她的能力確實與男人可比，但她比男人懂得更多，她懂得女人裝飾和女人廚房的技能。她決定暫時不寫文章後，她又同羅太太進廚房，同羅太太上街，先買了多年不見的英國呢料，再去市場買菜。她覺得羅太太沒有住倫敦時大方，明明店子擺好的火腿臘肉連看都不看一下，杜芳的客氣可以維持五分鐘，等快買完要回家時，她還是問羅太太了：

「蓮，你為什麼不買一塊大臘肉回去給孩子吃，你兩個兒子那樣喜歡吃肉的，放水煮煮也就和新鮮肉差不多。」

「這臘肉也是受限制的。」羅太太笑笑地說。

「我只聽奶油和蛋及新鮮肉難得，連醎肉也限定起來，真怪，送我都不吃的。」杜芳似信非信的。

那天羅太太和杜姑姑一回到家就忙上廚房，雖然杜芳主意多，幸好羅太太總是遷就她。但是，如遇大請客，杜芳出的主意，羅太太儘可能接受，但羅太太也想保持一二羅家本風，那時玲也會多半贊成母親一點。如果杜芳依了母女的話，不會不做聲的，她一定要再說上兩句，羅太太和玲也就笑了，所以她們永遠心中不會有什麼。

羅先生常走進廚房看看，有時幫幫弄熱水煤爐。他那天看見廚房滿桌的菜，毫無興趣，不做聲地又走了。吃飯時，他仍不多說話，杜芳這次算忍了十分鐘，最後她還是問了：

「幹，有什麼心事？是不是怪我來了吵了你沒有寫稿？」

羅幹聽了苦笑地馬上回答：「哪有的事，你還是和年青時一樣喜歡冤枉人。宋上醫院五天等醫生檢查，今早他來了一電話，說他的腰子有癆，等幾天就要送到海邊醫院養病，醫生告訴他三個月或六個月。我放下電話向醫生私下打聽了，他說相當嚴重。可惜他在那個城住時沒有好醫生叫他早去檢查。我又打電話問了一位中國學生在此研究醫的，他說起碼要兩年，也許永遠拖，沒有希望好清，因為除了眼睛，最麻煩的部分就要算腰子。」

全桌人聽了都非常地難過。羅太太說：「最好不要他自己知道如此嚴重才好，我看他特別容易憂愁。要是在肺部倒好，聽到咳嗽，我們一定早催他去細檢查。外面看得他好好的，大家還說他是心理病，可憐的宋！」

「幹，下午我同你去看看他。孩子暫時不要去。」杜芳向羅先生說。

「瓏要去看宋叔叔。」瓏說。

「宋叔叔的腰子有蟲，你不能去，等宋叔叔好了會來的。」羅太太說。

「媽媽，瓏怕蟲，宋叔叔不怕蟲，瓏看見過宋叔叔吃一個有蟲的蘋果，宋叔叔把蟲連蘋果同吃了。所以蟲走到宋叔叔腰子裏去了。」瓏仰頭向着母親說。

玲、平、定聽到宋叔叔病重非常地難過，所以瓏雖說話如此天真，全屋的人沒有一個人笑的。

宋華近年不知看過多少醫生，聽了肺，聽了心，都說好好的沒有一點毛病。牙痛拔了牙，頭痛醫生叫配過眼鏡子，腸胃不好，醫生叫吃葷不要吃青菜，宋華極力禁止素。凡水果之類都不敢吃，然後滿身發紅疹，醫生又說皮膚乾，應該吃青菜、水果，宋華又改變以水果當飯，幸好羅家果園大。但是，無論宋華如何忠實，聽醫生之指示，沒有一個醫生說出他是什麼病。這次他聽到醫生驗出是腰子麻煩，他不但不憂愁，反覺痛快了。數年來無名之病，令他長年不舒服，故有了此答案，像是解決了他心中的難題似的。他相信醫生說短時可好，他可靜心等待。他愛海邊，數年前他在挪威時，常在海邊觀看永遠不落山的日橫行，是他最美的回憶。自開戰後，英國海邊禁止遊客，這次借治病的機會也是愉快地。初冬的一個早晨，他躺在厚毯包着的帆布牀上，兩個粗壯的醫院工人，抬他上病車，另有兩個白衣白帽看護送他，陪他到常穿過的倫敦中心七十哩的海邊，離牛津則一百四十哩了。羅先生把他的書籍零件收藏起來時，心中黯然，默禱上帝保佑宋華重來牛津。

第十三章

羅平和羅定搬進學院已六週了，還有兩週就要放寒假，定記起欠了杜姑姑的茶沒有請。有一日回家問母親要了奶油和白糖等等帶去學院，請杜姑姑和母親第二日去喝茶，因為他們學院每週配給分給他們的，同學們互相請茶早已吃光了。這次為得初請杜姑姑，要特別敬意做好點，所以他不敢用馬腳鈴來代替奶油，他自己則不在乎用什麼搽麪包。

第二日羅家吃過午飯，皮士太太也可多做下午半日，看護着瓏。然後羅太太同了杜芳高高興興地去赴定的茶會，羅太太對杜芳說：「芳，下午我們可稍早點出去，順便到平的學院也看看。再去定的學院喝茶。」

「凡是你兒子的、女兒的學院通通帶我去就是，橫直我今天不能做事的。我的毛病只要說今天要出去，早晚都算完了，如果說明天要坐火車，連今日一天也都完了，一心就在動上，我也不知是幾時起的毛病。我很佩服有人寫稿，送走了客人，就可提筆。像我這種心散的也是怪，只要針眼大的事，就老記掛着，真正的事反不能入腦，恐怕我也要像宋華找專門醫生檢查一下。」杜芳這次是認真地說。

「像你抽煙，我親耳不知聽過多少遍你說要戒煙，但至今還是在抽。你說要寫稿，但不下決心，又喜歡熱鬧，那就把你鎖在房裏，心還是可出來的。」羅太太熟知杜芳的性格，因為是老朋友，也就帶笑地說了。

「蓮，你不要料死我，好，從明天起，我不下樓試試。當然不要你們送飯進屋子，我又不是坐牢，飯前我還要幫幫你，我的意思一吃完飯就上樓，再不坐客廳聊天。也不玩過橋牌，那只怪幹挪我們，以後我不但要為報館寫文章，還有中國婦女雜誌也催我的稿。其實我應該去倫敦住宿舍，吃點苦也許對我好些，或者可逼出一點東西。」杜芳到英國已三個多月，半篇稿都沒有寫，她自己覺得一生對時間不會安排，過後老是懊悔。

「你剛才說的要為報館寫東西，當然倫敦環境對你適宜，但是寄宿舍的飯你是受不了的，每個週尾仍回來休息兩日的話，我才讓你去。」

她們先到平的學院，在門房敲了一下門，走出一個號房問：

「夫人，是要看羅先生嗎？」

兩位女人略怔住了一下，羅太太馬上說：

「羅先生的房間在哪裏？」

杜女士聽到一聲一聲的羅先生實在忍不住笑，她用中文向羅太太說：

「糟了，真要稱平做羅先生了，連他的爸爸我都沒有向人說過羅先生，總是說羅幹，我本來說好要來大叫羅小孩的。」

羅太太杜女士跟着門房走到大院中，他向左指着說：

「從中道上樓，再向右邊長過道向左，第一間房就是。」

杜芳走走又向羅太太說：「這簡直是中國的古廟似的，哪像大學？」

羅太太的孩子未進大學以前，她曾隨過朋友參觀不少次，她聽過嚮導的講述，她今日是杜芳的嚮導了。

「牛津、劍橋，所以著名的不僅是學院建築古老，第一是他們上課制度，也不是近代式的大講堂坐滿了學生上課的，他們很像我們中國清朝時代書院制度，一個先生一個學生地個別上課。每週課雖不多，但導師指定每週看多少書，然後寫一篇文，由自己唸給導師聽，先生聽後再批評。這篇文就可看出學生究竟讀了多少，得了多少，如果不是自己寫的，一唸出來即知道。還有每天的教授講師講課時，可聽可不聽的，不像我們中國大學有注冊課點名。他們注重的自修和導師討論，雖然一學期只八個星期，但用功的學生真讀不少的東西，即假期導師也是給書單要讀。」

她們說說已走到平的房門口，敲了沒有人應，羅太太打開了門，兩人同進去了，桌上椅上地上都是滿滿的書。留聲機盒子打開的，地上茶杯茶壺，爐子煤火快完了，羅太太用鋏子挾了幾塊煤放進爐子，杜芳說：

「我們馬上就要走的，你加煤做什麼？」

「我想天氣怪冷的，等平進來暖和點。」

羅太太放下鋏子，用手帕擦擦手，然後把地板上的茶杯撿起想找地方放。

杜女士把椅子裹的書向桌上堆，她剛想坐下，抽一支煙，她看見羅太太兩手拿着杯子，她說：

「我看你手裏的杯子放到哪裏去，桌上沒有一塊空地方，我生平沒有看過這樣亂的房間，在家就是你慣得，總不教他們收拾收拾好。」

「好杜芳，你幫我一下，我們把屋子撿一撿，讓他回來驚奇又慚愧，他一定猜到我們來過了。」羅太太笑笑地說。

「我看你的面子，否則我看見他要大罵了。」杜芳從椅中站起，她說是說，動作最快，她接了羅太太手中的茶杯，向裏面一間走：「蓮，通通把茶杯、茶壺拿來，原來寢室有洗臉盆，旁邊還有一大罐水，可憐的平，花這樣多費住學院，洗臉具還是百年前的笨東西。」

兩位女人在數分鐘之內，地上椅上的書通通放在書架上了，桌上的書和稿子也整理在一邊，火也上來了，兩位女人站在房門口欣賞了一下就走了。

由平的學院走到定的學院約十分鐘，他們進到定的房間，爐火很旺的。定已把點心擺在中間桌上，靠窗戶有一書桌，書架、書桌都很整齊，書桌上還有一張母親十年前的照片，很多同學誤認為是定的女朋友的。杜女士挨近火爐椅坐下，她向定說：

「定，你是不是因為我們來把屋子特別收拾一下？剛才去看了你哥哥的屋子，簡直亂得插不進腳。」

「學院的聽差天天會修拾屋子的，連皮鞋都是他擦，平不肯讓聽差撿書，他說雖然放得亂，他自己有數，知道放在哪裏，如果聽差一拿動，他反不好找了。所以他只讓工人替他鋪牀提水提煤擦皮鞋，桌子椅子不讓動一下。」定拿了煙斗在嘴中吹，他不敢抽，有一次他抽得臉發青，大吐像病了似的。自那次後，他只敢吹，他覺得拿了煙斗顯大點，今日為得杜姑姑來，更是不敢放下煙斗，他左手托着煙斗，右手扶着左手肘彎，十足神氣的站在那裏回答杜姑姑問的話。

杜女士經驗豐富，抽紙煙決不白糟蹋，每口都是吸，她向爐中彈彈煙灰，回過頭又向定說：「做屋子當然女人心細點，大概你哥哥屋子是男工人心粗，他怕了也不定。」

定把水壺放在電爐上後，坐在母親的椅把上，笑嘻嘻地說：

「最近我我聽到一位老同學告訴我，百年前，本來學院都用女用人做屋子的，有一次某學院有一很漂亮的女用人有孩子生了，找不出父親，學生賴是先生的，先生又說是學生的。自那件事後，規定再不准用女工人，除非老而醜的才用。」

杜女士、羅太太聽了大笑，杜女士說：「我不相信，一定是你那位同學說笑話的。」

「當初我也不相信，他說可查老規則。」定聽到有人敲門，邊說邊走去開門。

玲手中抱了一疊書，身穿黑短袍，瀟灑地走進來，後面是兩位中國學生，玲先向母親介紹：

「媽媽，這兩位同學是從中國來的，這是趙先生，這是胡先生，這是我母親，這是杜姑姑。」她介紹完了，把書放在書桌上，又向母親說：「趙先生和胡先生本想同我回家看媽媽和爸爸，我記得媽媽同杜姑姑來了這裏，又不知爸爸在不在家。」

「哪是你想到媽媽在這裏，是你想來喝我做的茶，回家要你做茶了。」定一邊泡茶一邊說的。

「媽媽，你看定做了大學生還是欺侮我。」玲大笑。

「你倆位是同船來的嗎？在國內是什麼大學？預備來此研究什麼課？」羅太太用國語向兩位學生說。

「羅太太對不起，我不會講國語。我們都是香港大學畢業的，胡是讀法律，我是讀醫學的。我們在香港大學時就看過羅先生的書，所以久仰得很，很想見見羅先生。」趙先生用廣東話回答羅太太。

「這個星期日我預備請今年由國內來的新同學和老同學在我們家吃中飯，明日我會發信，請你倆位把學院名寫給我。」羅太太打開皮包拿出一個小冊子交給趙先生。

玲倒茶，定送茶遞點心，定說：「那些新同學多是由重慶考來的，本來每學期開學時和放假時，牛津中國同學會都開一次會的，不過這個星期日在我們家只是吃便飯。」

趙先生寫完名字住址，他接着說：「我已碰到一位中國同學，他說羅家就是我們海外的家似的。他說羅先生和羅太太永遠是和藹地對待學生。」

「哪裏，我們家在英國住得稍久點，情形比較熟，尤其羅先生喜歡和青年討論問題。」羅太太真的像做客人，坐在火爐旁喝茶。

定做主人拿茶拿點心的，杜姑姑一直抽煙不響的。她覺得這兩位青年勢利驕傲，一句話都沒有和她談，甚至連玲和定也有說有笑地忘了杜姑姑。

羅太太忽然看見杜芳不愉快地樣子，即刻向定說：「喝完茶，你帶我們看看你的學院禮拜堂和飯廳，雖然每個學院都差不多，既來了總要看看。可惜你的學院沒有開除的大名人，像『大學學院』當年雪萊被開除，死後學院替他做很大的大理石像，永遠紀念他了。今天怕晚了，下次同杜姑姑去看看 University 學院[1]。」

玲突然微笑地說：「提到『大學學院』，有一次美國人來牛津參觀，看了幾個學院，他心想還沒有看到牛津大學，等着嚮導的帶他到『大學學院』時，他才大高興地說：『這才是我要看的牛津大學！』他又問嚮導的：『你們每個學院的草地都如此好，是如何弄的？』那嚮導的覺得他既不懂『大學學院』也是大學的學院之一，所有三十多個學院合並才稱為牛津大學。嚮導沒有向他解釋，覺得這位參觀的歷史常識不夠，所以想教訓他說：『先生，你問草地？這很容易地，剪了後又滾，滾了後又剪，剪了又滾，滾了又剪，三四百年後就如此了。』」

大家聽了都笑了，唯有杜芳仍在抽煙沒有笑。玲又說：「英國和美國，都彼此找幽默笑話，無論多諷刺，只要是幽默的，彼此都不在乎，他們自己聽了也是笑。」

趙、胡兩位先生站起要先走，他們初到還有很多事，胡先生向大

1 University College, 大學學院，牛津大學的眾多學院之一。

家說：「羅太太和各位再見，星期日我們一定來拜訪羅先生。」

「凡新來的同學都這樣拘謹不多說話。」玲是二年級學生了，她看見趙胡走後說的。

「我看他們眼中除了姓羅的就看不見別人了。」杜芳不愉快地說。

「只怪玲介紹時沒有說清楚，應該把杜姑姑的名字說出，或者他們以為是我們一位怕羞的親戚。」羅太太即刻解釋。

「我教過的學生比他們還大的都有，如此狂的青年我是看不起的。」杜芳還是一肚子不高興。

「對不起，杜姑姑，只怪我，其實他們很老實地，哪裏說得上狂。」玲覺得自己疏忽，特別的抱歉。

「什麼？他們才來，你就幫着他們，同學就比杜姑姑好？我知道你們青年人，對前一輩人討厭，這是受了外國教育關係。電影、無線電、戲劇等等，都是諷刺年長的人，當然都是青年人描寫出來的。我們是中國人，不能忘記我們的禮數，見長者是如何的尊敬！玲，你不要以為你能說英文就神氣了，你的爸爸和媽媽把你太慣養了，對中國人說英文我最恨的事！」杜芳把滿肚牢騷說出後倒舒服了，她把半支煙向火爐裏一拋。

玲臉上有點發白，羅太太向她看了一眼，她知道叫她不要回嘴，但有一句非說不可的：

「這兩位學生不會說國語，我又不會說廣東話，只有英文比較不麻煩，哪是故意要用英文？杜姑姑總看過我和由北京來的同學說國語，杜姑姑想得太過於了。現在我不懂杜姑姑是生我的氣，還是生剛才那兩個學生的氣？」

「沒有什麼，生你們小孩的氣真不值，我心中有什麼，非說不可。好罷，不說了。我在國內常想你們，來了，你們不是那時的你們了。」杜芳徹底說了，也就沒有剛才那樣氣得利害。

「誰叫你跑回國一趟？如果一天一天看見他們長大，看見他們功課忙，看見他們有同輩的朋友，看見他們快活，我們不妨站遠一點觀看。芳，你看了《小鹿（Bambi）》電影沒有？所有的畫片電影，此片我最喜歡。」羅太太說說站起預備走。

「我不能像你，人沒有老，就先做老人，我還年青，最少我心中還覺得我沒有過卅歲的。」杜芳也站起，定替她穿大衣。

「好，我們溜一下學院就回去，皮士太太在等我們回去了她才能回去，不知她和瓏搞得來不。」羅太太戴上手套，她問玲幾點鐘回家，玲說：

「我要先走了，因今晚我要到中華協會開會，免得回去又要出來，有同學約我吃了晚飯同去開會。橫直我是騎車，不能同媽媽坐公共汽車的。」

雖然定照原帶母親和杜姑姑走了一圈學院，大家都不十分自然，羅太太極力時時找點不關緊要的事問問，然後杜芳向定半開玩笑地說：「謝謝羅先生的茶，再見。」

兩個女人在公共汽車上沒有說話，一個在想自己的女兒受了委屈，一個在想為什麼不忍住氣，雖然說出了自己的悶氣圖一時痛快，但似乎對羅夫婦不起，等數日借旁的理由真要去倫敦住住。上午雖然提了，此刻才真的決定了。

兩個女人各想各的，不覺汽車到了站，匆匆忙忙地兩人走下來了。賣票人剛按鈴汽車要開動時，羅太太忽然大叫：「停止，停住！我的買東西袋子！」

汽車停了，賣票人向車子裏找了一下，說是沒有，羅太太突然清楚了，向賣票人說：「對不起，沒有關係。」她帶着微笑拉着杜芳趕快走，汽車也開了，她說：「剛才我被你鬧糊塗了，我以為是同你上街買東西回來呢，根本今天沒有帶袋子。」

第十四章

羅太太回到家，她沒有向羅幹提什麼。杜芳吃過晚飯說是寫信先上樓去了，羅先生今晚看到人不夠玩過橋，也上他自己的書房去了。羅太太一人在「白日小孩房」火爐旁織毛衣，她在等待玲回家，她時時看手錶，她留神聽院子腳踏車聲，黑貓「匹可」躺在爐前伴着女主人。羅太太回想在定屋子吃茶的事，杜芳為什麼生那麼大的氣，羅家自杜芳重來，全家待她如一家人。今日杜芳如此，她奇怪，她對朋友的熱忱等於被潑了冷水。她不懂，她正在推究緣因，玲輕輕地走進來了，羅太太又驚又喜地說：「我一直在聽你的腳踏車聲音，沒有聽見你就進來了。」

玲取下手套伸出兩手給母親：「媽媽，你摸，外面好冷啊。媽媽，你難過嗎？其實我一點都不在乎。」

羅太太看見玲快活，也就放了心的樣子：「我實在研究不出是什麼緣故，我們一家如此喜歡杜姑姑，今日她那樣發脾氣。」

「剛才中華會，平和定也去了。我們也討論了杜姑姑為什麼罵我。」玲的兩手白而細嫩的伸在火爐前烤着，站在母親身邊傾談。

「我當然也看得出一點原由，我的心對老朋友總肯原諒。我想到她沒有小孩，心情寂寞，所以喜歡和青年人打成一片，但是又要青年人把她當前輩人尊敬，真是一種矛盾的心理。」羅太太拖了一把椅子靠近，她要玲坐着。

「杜姑姑回來向爸爸說了什麼沒有？」

「她沒有提，我也沒有提，爸爸不像我，可以承着氣。他只要聽了不平的事，馬上就要叫嚷嚷的。我怕他為了自己的孩子得罪朋友，最好暫時不要說。」

「媽媽，你總是體諒別人，可惜別人不懂。」玲接着說：「人直爽不要緊，最怕的由她心中猜的事而可大罵人，冤枉了人，毫無歉意。我覺一個人無意得罪了人，那可原諒，但她有點殘忍地有意的傷人似的。」

羅太太雖然傷心老朋友如此不了解他們，但另一方面很愉快，覺得玲懂事了，懂得看人。

第二天早晨，羅先生同四個女的早餐。過了一夜後，有意氣的也消了，忘了，無意氣的，當然更是心平氣和，像羅先生和瓏照常笑笑鬧鬧的。宋華又寄了一張畫片給瓏，瓏已和宋叔叔寄過幾次信，她的字不夠，她常以畫圖表意，羅太太常加註解。宋華來信說，接瓏的信是他最愉快地補藥，他觀海浪的奔濤，他想念瓏，他想念羅家。

「我準備新年前後去看看他，芳，你去不去？」羅先生對杜芳說。

「那時我不知在哪裏，到那時再看罷。」杜芳隨便地答，她一直在看報紙。

「什麼？你想到哪裏去？」羅幹驚奇地問。

「昨日我就和蓮說過，我因為在此做不成事，想搬到倫敦住住，也許可逼出幾篇稿，你知道不知道倫敦什麼地方宿舍安靜點？」杜芳向羅幹問。

「蓮，真的她同你說過嗎？你告訴她沒有？我從前也在外面租過房間寫稿，結果也不見寫了，就是這個心靜不下來。什麼地方都沒有關係。」羅先生先看看太太，然後又談到自己租房寫稿情形。

「那是你，我是我，你們瞧罷，姓杜的再不寫東西就不是人。我不但要寫東西，我還要努力補習英文呢，我的英文不好，是我一生的恨事！」

杜芳如此決斷，羅太太和羅玲懂得。羅太太記起昨日和她約好，要她週尾回來，所以羅太太再申明一下：「不過，你答應了週尾回來休息休息的。」

「當然的我會回來，我又不是和羅家絕交，除非我死了不來！」杜芳認真地說。

「胡說！中國迷信早晨不准發誓的。」羅太太聽了難受。

「我明日先到倫敦崔小姐那裏看看，如果她的房東可以讓一間房給我，就住她那裏先做兩週事試試。」杜芳一直向羅幹說話，真有點氣羅家的婦兒們。

「你可以不可以等這個星期日請過了牛津中國學生的飯，下星期開始你的計劃好不好？」羅太太仍是帶着笑容地說。

「我所以要明日走，就是要躲過這個請飯。我真不想見這批人。」杜芳提到學生又似乎有點氣似的。

「你為什麼討厭學生？你也是做過學生的，也教過學生的。我就最喜歡學生，覺得他們可愛。因為我多年沒有回國，看見這批國內來的學生，就像我回到國內大學一趟似的。」羅幹不明白地說了一串。

「你當然不同，你有三個寶貝進了大學，尤其你的女兒如此出風頭，還不心滿意足嗎？我是要打我自己的出路。」杜芳說了想站起，把報紙疊上。

「你又作什麼怪？誰得罪了你？你不用亂找房子，等我問問朋友再告訴你。」羅幹只知熱心，決不懷疑。

羅太太沒有做聲地坐在那裏，玲坐在母親的對過，她要瓏到她身邊來，但瓏挨着母親不肯過去。玲拿起一份報說：

「這上面有『彼得潘』在飛啊。」

瓏聽了趕快走過去，玲抱着瓏大笑，瓏在報紙上找不到「彼得潘」，她知道是姐姐騙她過來的。瓏即刻又回到母親身邊，也拿了一本書裝着看：「這上面好多炒麪呢。」

「我要吃，我要吃。」玲大笑地走過去。

瓏得意地笑了，她心想也騙得姐姐來了。

羅先生看到瓏有趣，也走過去親她，三父女玩在一團，杜芳溜溜地上樓去了。

羅太太在週尾忙了兩天買菜，準備三十人吃中飯。羅太太知道學院學生飯簡單，準備這餐讓青年吃個痛快，她開了一菜單，給羅幹商量：

1. 蒸雞蛋切片和雞湯
2. 烤火雞
3. 白切雞
4. 紅燒牛肉
5. 蝦米燒白菜加粉絲
6. 炒麪
7. 飯
8. 啤酒兩打、白蘭地及白酒各兩瓶

羅先生看後帶笑地說：

「蓮，你請客越來越講究了。我們家客人多，應該隨便點。」

「倫敦來的朋友都有家的，他們又有外交的優待，倒不完全感覺缺乏多少材料。像學生們學院飯太苦，才是真的可欣賞我做的。」羅太太自玲、平、定進大學後，更是對學生親熱。

「那倒不錯，外交職員有外交優待，幸好我們老百姓有老百姓優待，這些店子都知道我們，所以這些材料都可市價買到，據說倫敦有黑市可怕。那我們也請不起客了。」

星期日羅家把飯廳的大桌搬在大客廳，因為房間面積寬大，可以加上桌面另外四片大板。雖然大家站着，比較輕鬆點。女工人例外地肯星期日來半日幫忙，羅太太把杯盤剛剛調度好，有一位新學生先來了，他向羅太太說：

「羅老太太好，我是金山，在某某學院，讀政治哲學博士學位。」

羅太太不覺一驚，她雖然已是四十歲，但這是她生平第一次有人稱她做老太太，一則離國近八年，一時忘了中國舊禮節，二則有點悲觀自己果然老了。平日雖然自己承認老了，相信還沒有到老邁地步。她想到中國舊禮，凡兒女輩的朋友，都以老先生老太太被尊稱，更深交的朋友則以伯父伯母被稱，比較新式的才普通稱某先生某太太，羅太太一剎那清楚後即無所謂的，仍是笑嘻嘻地向金先生說：

「很好，金先生請坐，金先生是庚款，還是 B.C. 的？」

「羅老太太，我是庚款，據說庚款比 B.C. 難考點，我選的這門又是庚款中最難的一門。」金先生頗得意地說。

「金先生真難得，可見金先生學問高深，將來得了牛津博士又是世界上最高學位。」羅太太剛說完，羅先生進了客廳，她即刻向丈夫說：「幹，你來陪陪金先生，我要上廚房了。金先生又是一位中國來的狀元。」

羅太太進了廚房，玲也跟着進廚房，母女大笑。平和定也進來了，羅太太把剛才一幕說給兒子聽，定大笑：

「我看這位同學年齡快四十了，恐怕要算中國同學中年齡最老的。」定邊說邊找東西吃。

「都說他做了十年官，所以俗氣燻天，一點學生氣都沒有。」平也跟着弟弟打開鍋找吃的。

「等一等，這裏有茶葉蛋，」羅太太打開冰箱，拿出一盤茶葉蛋，接着說：「慢點，等我再煮熱吃。上星期日你們回家幫收拾飯桌子，不知誰把一盒洋火也放進冰箱裏。」

「那一定是老哥。」定即刻說。

「我沒有看見和不記得的事，永遠不爭辯。」平很大量地說，接着又說：「媽媽有一天到了我屋子是不是？我學院工人對我說，他一進門以為走錯了房間。」

「以後你真要撿一撿，太不成樣子，杜姑姑說我太慣你們了。」羅太太笑了。

「杜姑姑回來再談什麼沒有？」定記起杜姑姑。

「從那天後，雖然沒有再提什麼，可是每句話中總要帶刺的。前天她去了倫敦，她說過兩週要回來看看。」羅太太一邊說一邊忙着準備菜。玲也幫着把切好了的雞擺在大盤中，她用藝術技巧，擺得非常美觀。

「真不懂，她又恨我們，又親我們。要好就不要多心，不要好就不來往算了。」玲十分為母親的朋友不懂了。

「中國有句話，『不打不成交』，好朋友也會吵架的。只要吵過了不要留在心中。我總是記她的好地方，她的脾氣是沒有辦法的。」

羅家的鍋特別大而多，是羅先生買家具時由拍賣行買來的。學生們通通來廚房幫忙，拿東西進客廳，唱中國戲的，唱意大利歌劇的，都很活潑，都很快活。吃完中飯不久，羅先生、羅太太要到一位英國朋友家喝酒，羅太太對客人說：「諸位，今日下午如無約會的，通通都在這裏，玲會做湯麪當晚飯，你們都可幫着，大家玩一天整的。牛津從來沒有過如此多的中國學生。」

「好呀！爸爸媽媽走了，我們可以拆屋了！」定大叫。

平提了兩大籃本園的又紅又大的蘋果進來，羅太太向玲說：

「玲，到六點時記得送瓏上牀，今天可不替她洗澡。把門通通關好，她就聽不到聲音，你們就可隨便玩了。」

「請羅太太放心，我會管這些孩子！」有一學生站起說。

「羅太太，他沒有資格，他自己還是小孩，我可以管他們——」另一學生站起說。

羅先生羅太太帶着微笑說再見就離開了客廳。

今年新由中國來的學生中只有兩位唸數學，兩位唸醫，三位唸英文，其餘的多是關於政治經濟哲學的。有一位學生向玲說：

「你們家真民主。」

「何以見得？」玲是女主人了。

「空氣裏就可看見，不是某一件事為證。」

學生們有的坐沙發，有的坐椅子，有的坐地毯，兩個敞開的大火爐，只見蘋果心接連的向火裏拋。有一位學生坐在地毯上吃蘋果，他聽到「民主」兩字，引起他的牢騷，他向着火說：

「家庭民主有何用？一個那麼大的中國還是一團糟的。」

接着有一位深色皮膚，身材高高的學生，西方人認為是長得好看的男孩，他認真地說：

「中國應該在最短期內完成現代化，人民生活水準要提高，財富分配也要均匀，還要確定國家安全的保障，這才有希望轉變中國。」

有一唸醫的學生坐在他對過，他聽了剛才理論，他忍不住不發表他的意見，他接着也說了：

「站在老百姓的立場上，我認為在未談計劃之前，必須拿現在的情形，目前的病症，分別清楚，不論誰執政，不論采取何種計劃，都不免為今日的局面所影響。我們是一個病人，醫生開方子，必須看病人的病源而定。我贊成民主，我擁護社會主義的經濟計劃，單唱提高生活水準的高調是空話的。談現代化，毫無標準可言，英國的工廠搬到中國，可說是極現代化了，但是搬到美國，便是不免為人說落後。我們的急迫問題，乃是病人如果在我們手中，我們應如何醫治他——」

方才那位學生又接過話來說道：「我也覺得在談政治的時候，要加入想象、情感和人性，不可玩抽象的名詞，譬如問一問：『是要老百姓先有飯飽呢，還是先看到幾個都市百貨商店櫥窗貨色應有盡有呢？是要百萬兵士不凍死餓死呢，還是先以百鎊一月的待遇送武官出國呢？』所以，『民主政治』存在，要顯於在其他實際行動中的體現。因為我覺得經濟在決定社會機構上，有很大的力量，所以社會主義計劃經濟口號，是保證最基本形式的民主政治的體現。」他雖然唸英文文學，對近代經濟頗有研究。他的口齒靈利，說話時非常從容不迫。

「是不是到了實行社會主義的時候，就不要民主了？」另一學生向他問，故他又接着說：

「不是的，實行社會主義就是為了保障民主。今天看得太清楚了，沒有社會主義，民主是絕對不能健全鞏固的。」

「天下最難的為『dilemma』[1]，」一位唸數學的學生也說了：「A 亦不是，B 亦不是，A 亦是，B 亦是，有 A 則失 B，有 B 則失 A。現在世界充滿了『dilemma』，最好用辯證法，非 A 亦非 B，是 A 亦是 B，抽出二者之一部，合成新元素。根據辯證法，『否定之否定』結果為『肯定』。這事最難，抽出既難，合成更難，此亦不足怪。連分析一簡單有機化合物均需數十年，天下事更難了。但是，無論多難的

1　英文「困境」「難題」的意思。

事，總要試驗，原子彈之成也是試驗，理想政治之成當然需要實驗。我不恨獨裁，只恨他們不讓我們實驗。」

玲聽了忍不住笑，趕快走出客廳，站在外一人笑。她平日對政治毫無興趣，今日她在客廳是主人，她聽每人的意見，最後這位數學家的論調，真像看了幽默劇。她鎮定了一下走進門：

「同學們，願意同我上廚房的請來同我做茶！」

第十五章

六月是英國最好的氣候，也是花園最美的時節。羅家花園大草地已成了夏天的私人茶場，只要沒有雨，沒有大風，羅太太喜歡在園子喝茶，臨時無論來多少朋友都不擠。瓏喜歡草地，落了餅屑鳥兒可吃，地毯上落了餅屑爸爸會罵。野栗樹中間有一木做的鳥屋，瓏天天盼望有鳥飛進鳥屋住，但一直空着，她不懂好好屋子鳥兒為什麼不喜歡，鳥兒喜歡在樹上。那天下雨，瓏在玻璃窗內直看有沒有鳥飛進鳥屋子，她很失望，她問母親：

「媽媽，下這樣大的雨都沒有雀雀進那屋子啊！」

「寶寶，你不用愁，他們喜歡自然地樹上自己蓋的鳥巢，這個鳥屋是人做的，只能買鴿子養才可以，媽媽爸爸實在沒有工夫。」羅太太和瓏站在樓上走廊窗戶內看外面下大雨。

「媽媽，我們可以不可以教樹上的雀雀進那屋？」瓏仰着頭向母親問。

「雀雀不懂，大哥哥放過吃的東西在鳥屋走板上，簡直沒有鳥兒挨過。大哥哥自己也像雀雀，你看大哥哥這個假也到處飛，剛剛去海邊看了宋叔叔，又同一怪朋友到一極怪的地方去了。」羅太太告訴了瓏，心中還是惦記着平。

瓏突然指着天上一角大叫：

「媽媽，虹出來了，好美呀！大哥哥那裏也有虹看嗎？」

「不一定。」羅太太陪着瓏站在窗前，看見虹漸漸消逝了。牽了瓏下樓，邊走邊唸的：「草地濕了，今天我們在裏面喝茶。」

「媽媽，瓏先打琴吃茶好不好？」瓏放了手向前走。

「瓏，不要打琴，大姐姐接楊小姐快來了。你去看杜姑姑，告訴杜姑姑巴黎的楊小姐就要到了。」

一個很大很長形的客廳中，每個角，及桌子、茶几上都是花，羅先生覺得園子的花不花錢，故不妨多買了許多好花瓶，以及古玩店的古瓶。如果生人進來粗心的話，一定要認為是花房了。羅先生站在一大瓶花下接電話：

「是，你是玲，——什麼？你去遲了五分鐘，我想是她誤了車，無論如何，她到了的話，會在車站等的——」門鈴響了，羅先生突然大叫：「——玲，等一等，有人按門鈴，我去看是不是楊小姐。」

羅先生沒有掛上電話，他把耳機放在几上跑去開門。

羅太太和瓏由樓上走下來，接着杜女士都進了客廳，羅先生帶了楊小姐進來。雖然年紀比羅家孩子小兩三歲，但是很濃的口紅，胸部高高的，豔綠的裙褂，提了一個大紅皮包，大紅皮鞋，身材略圓肥，尚未脫中學生氣，羅太太即刻和她握手：

「大寶，你是不記得我了。我在北京看見你時，大概和瓏現在差不多大，十年不見就是大人了！」

「她連羅伯伯都不記得，當然羅伯母也不記得了，那時我差不多常和她的爸爸碰頭。這是杜姑姑，見過沒有？她是我們中國的女作家，杜芳女士，你讀過她的作品沒有？」羅先生介紹得到家。

「杜姑姑，你好！我在初中一的時候，國文選文就讀過杜姑姑的文。」楊小姐向杜女士握手。

「我不好叫你做大寶，你的學名叫什麼？現在是初中幾年級？」杜芳微微笑地說。

「我叫楊冰，母親說我脾氣不好，要用冰冰我的意思。去年初中三唸完，這一年同父母旅行耽誤了。」

羅先生突然記起大叫：「可憐的玲，她在電話箱等我呢。」羅先生跑去拿了電話：「哈啰，玲，對不起，—— 箱子外的人向你瞪眼？哈哈！楊冰來了，你即刻就回來。」

羅太太坐下倒茶，她對客人說：「其實我也不該再叫你小名了，說你有很多弟弟，現在是第幾個寶了，我老記不住。」

「我最小的弟弟叫五寶。我一共四個弟弟，沒有妹妹。」

杜女士手上托了煙灰盤，在撿花瓶下落的花瓣，她的背向着楊冰，有意無意地說：「那你是家中独女兒，更不知多慣了。這羅家的一頭一尾兩女兒也是慣得不成話。」

「你不是覺得蓮慣兩個兒子嗎？兩兄弟輪流地去過假，我們大人還沒有去呢。你看定一早出去划船，還不見影子回來。」羅先生不承認光是慣女兒。

「我的爸爸說羅家姐弟都進了大學。但是我的英文差，不知可以插牛津的附中不？」楊冰很急地要進一學校。

「英國大學恐怕沒有附中，凡中學都是独立的。這個假暫在我們家，另外找先生替你補英文和法文，其餘的功課正好接上這裏的五年級。女校也替你報了名，開了學就可住校。如果你趕得快，明年就可考『中學會考』。」羅先生把替她安排的說給她聽。

「那好極了，就是太麻煩羅伯伯、羅伯母了。我的母親聽了也就放心了。」

羅太太倒茶，瓏遞點心，杜芳談話：「你們家到巴黎多久？你喜歡巴黎還是英國？」

楊冰的兩眼有點視線不平常，想事時喜歡向上，弄得白眼球顯得特別多。她有點不知如何回答：

「我們到巴黎才三個月，一點法文都不懂。英文雖然壞，在中學還唸了一點點，昨晚在倫敦只一晚，所以還不知道英國情形，但是我爸爸說英國唸書好。」

玲走進客廳，楊冰怔住了。羅先生即刻牽了玲向冰介紹：「這是瓏的大姐姐玲，剛才去車站沒有接到你。」

「真對不起，我遲到了一點，我的手錶老是走慢。」玲和冰握手。

楊冰感覺玲是大學生，覺得自己太渺小似的，剛才和大人說話都很膽大，突然膽怯起來了。玲挪着冰同坐在大沙發椅中，玲穿的白綢短褂，白底大黑花大裙，她微微笑向冰說：

「楊小姐，昨日我母親電話裏說了我會去接你的，你這麼生，一個人旅行真勇敢。」

「你不要叫我楊小姐，叫我名字冰好了。哪裏是我勇敢，我一到車站沒有看見中國人，我記起我昨日電話裏客氣不要人接，心想也許你真的不去了。我看見一批一批的人走空了有點急，地名又在大箱子裏。一個車夫走來向我說要車嗎，我說朋友沒有來，我又不知地名。他說：『我知道，是那中國家庭嗎？』我高興極了，十分鐘就到了。我看見是中國人開門，真的沒有錯。」

杜芳聽到大笑：「車站的汽車開客人來都開熟到如此，恐怕以後見了東方人即不上這兒來的車夫都要開來了。」

玲談話時則問問楊冰在國內進學校情形，冰即刻由皮包中拿出一堆信給玲看，都是最近接到的，她說：

「這封是拜盟的哥哥的，這封是拜盟的弟弟，你讀，就知道更清楚國內情形了。」

玲不好意思說不讀，又看見都大篇細字，她說：「過天再看好了，你又不是馬上走。你自己已有好多弟弟，為什麼還結拜許多兄弟？」

「讓我唸給你聽好不好？」冰覺得這麼熱情的情書不讀可惜。

玲正在為難不知如何回答，定同了兩個英國同學進來了，彼得和保羅這假不知為什麼沒有回家。他們也喜歡羅家，常來看玲、平、定。

「玲，我們等你好久，定說你或者會帶客人來。」彼得對玲說。

「對不起，我看天氣不好，還要去車站接楊小姐，讓我來介紹，這是楊冰小姐，新從中國來到巴黎，預備插牛津中學準備考大學，不久也是我們的同學了。這是彼得，唸東方日文語言，和定一個學院，這是保羅，同平一個學院唸醫的。這是我的二弟弟定。」

定拿起點心大吃，彼得和保羅在小姐面前，很有禮貌的。楊冰英文說話不熟，尤其在一堆大學生中，她不敢開口。羅玲即刻替三位男孩倒茶，一邊倒一邊說：

「你們趕快吃茶，請楊小姐唱唱中國最新的歌給我們聽。」

楊冰初到本不敢放肆，但僵着不能用英文談話倒不如唱唱歌，免得独坐着太窘。她立刻站起，向着大家笑了一笑：

「我唱一個國內最流行的。」

唱完大家鼓掌，保羅說：

「我雖然不懂中國文詞，但聽了楊小姐的嗓子和表情，實在唱得好！」

「再唱一個！你有這樣好的嗓子真應該在巴黎學唱歌。」杜女士也興奮地說。

「我的母親說我學唱歌當消遣可以，專門去學不能，很難學到家。我媽媽想我學語言。」楊冰尚不知究竟學什麼，她準備等以後再看。

「天下的母親都是一樣，玲，你聽，楊伯母也是希望女兒走文學方面！」羅先生說。

杜芳想到她自己搞文學多年，靠筆養活自己，雖未窮死，但亦不見寬裕，但她一生喜歡痛快的生活，她說：「假使我死了可重生的話，我要學航空，飛全球，萬一出事的話，願意在半空中火燒了，讓灰舞落在大海中不要給任何人看見。」

「假使飛機不燒，落在平地上，運氣好，汽油沒有爆炸，只斷了你一只手或一只腿，你還活不活？」羅先生對杜芳說。

「爸爸和杜姑姑不許說如此殘忍的事！」玲大叫。

「媽媽，瓏呢？」定向母親問。

「大概她吃完了茶去她房間填畫顏色去了，下大雨的時候你們在哪裏？」

「我們都穿了游泳衣划船，媽媽，你猜我今天游了多長？」

「我不喜歡你游得太長，英國河水又不夠暖的。」羅太太站起拿了水罐向廚房走去倒熱水，定跟在母親後走着說：「媽媽，讓我去拿。」母子走到廚房，定向母親說：

「這個女孩唱歌不壞，可是長得不算高明。」

「你們兩兄弟只覺姐姐妹妹好看，看什麼女孩都被你倆兄弟挑眼，在別人面前不許瞎批評。」羅太太笑笑地說。

「媽媽喜歡禮貌，這廚房又沒有別人，我和媽媽還不可說真話嗎？無論如何，玲、瓏起碼比這個肉球似的女孩好看十倍。我去找瓏玩了。」

定剛要走，羅太太忍不住笑地叫住：「你再不能教瓏逗人玩，前天倫敦錢太太帶一小女孩來玩，兩小女孩玩得很好。我們聽到瓏問那小女孩：『Amy[1]，你是好人嗎？』那小女孩回答：『No！我是 Amy！』把錢太太笑得不得了。」

1　艾米，女孩名。

定邊走邊說：「瓏吃價！瓏吃價！」

羅太太走進客廳時，羅先生告訴羅太太：「蓮，剛才接倫敦電話，朱教授也來英國了。他這個週末來看我們。」

「是不是又是 B.C. 請來的？」羅太太把水倒進茶壺。

「當然啊！這趟大戰，我們中國的教授都窮極了，只是一批商人和大官發了國難財。英國常請東方和東歐國家的教授們和學者們來觀光真不錯。」羅先生很高興地，因此機會很多老朋友來了英國並都來訪羅家。

「英國很像我們羅家，雖窮，客人還是要請的。不過，英國比我們還不如的，我們的客還是真朋友，他們請的客，常是來了還要罵英國，我奇怪，要罵就不要來不好嗎？」羅太太曾聽過不少的 B.C. 請的客人發牢騷，頗覺奇怪。

「不但來了罵，罵了還不肯走，還要求延期，英國總是做好人不討好。像俄國就是你自己花錢還不讓隨便進去，反引得很多人佩服他。」羅先生也是隨便地說說，那堆青年在那頭又說又笑的，沒有聽三個大人說什麼。

「你們是不是暗示說我來了又要罵人？」杜芳又似認真地樣子。

「杜芳，你再多心的話，我要打官司了！我們哪時哪刻把你當過外人？」羅太太真急了。

「要我去年初到時聽了也許真要生氣，我說老實話，你們不可拿英國比你們，你們是無目的喜歡朋友，他們是有意宣傳他們的文化。」

羅先生聽了很高興，笑嘻嘻地走去參加那堆青年談話去了。

星期六的上午，羅太太在吩咐日工女人皮士太太，請她在樓上羅先生的書房和樓下瓏玩的房間鋪兩個牀，朱教授和何教授要來過週末，羅太太又向瓏說：

「寶寶，趕快去找二哥哥來幫忙，我要出去一趟，玲中午去威爾士瑪格麗家過假，連禮物都沒有預備好。」

羅先生聽到要買禮物，把報紙放下，眼鏡子也取下：

「蓮，不用去買，從家裏找點什麼中國東西。你買的英國禮物哪有中國東西好，他們更欣賞，說來是東方朋友送的，可做永久的紀念。」

「老爺！你替我找好了，聖誕節和孩子的朋友們生日等等，什麼都剮空了。只要你找得出，我還不樂意？」羅太太似乎有點急了。

羅先生回進自己的書房打了一個轉，又走進羅太太的寢室打開櫥櫃看看，他又去敲敲杜芳的門：

「你還有什麼中國帶來的東西？給玲送朋友。」

杜芳拿了一只擺在矮櫃上的仿古瓷花瓶，立即把花向洗臉池倒了：「給玲帶去好了。這只瓶坐了船又坐了飛機，總算好沒有打破。」

「可惜，太好了，有沒有別的？」

「拿去算了，你到客廳給我隨便拿一瓶上來就是。横直我回國也不會帶它走的，當時報館同事們一定要合股買這個大瓶子給我出國紀念。」

杜芳把羅幹推走了，羅幹帶了花瓶走進玲的屋子，羅太太正在幫玲撿箱子，楊冰也在玲的房裏，羅太太看見瓶子說：「幹，你怎麼連杜芳的瓶子也找來？這瓷瓶顏色和畫太細致了，玲又是不仔細的孩子，路上跌破了就可惜。」

「路上我不打開箱子。到了我請瑪格麗的母親替我拿出來，我不挨總沒有危險。」玲幫着用軟衣包瓶子。

杜芳進玲房間瞧瞧，看見羅太太撿箱子，她十分看不慣地說：

「什麼？馬上大學畢業，每次出門都是母親撿東西。上次去捷克路遠又要耽得久點，母親幫你還可以，這一點路才去兩週，還要母親忙什麼。」

「我又沒有請媽媽來幫，冰，你的媽媽也是這樣的嗎？」玲很高興地，看看房間四週，有沒有什麼忘了帶的。

「幹，你去訂一汽車，我們早點吃中飯，免得每次出門總是趕忙似的，希望這次不要去了什麼沒有帶才好。朱教授、何教授是不是十二點到車？那我要先去準備中飯了。」羅太太把箱子蓋上，同杜芳說說笑笑地下樓去了。

一個鐘點之後，羅家飯桌上又是滿滿的菜，因為兩位教授同由倫敦來此過週末。楊冰在飯桌上向朱教授說：

「朱教授，羅伯母和杜姑姑有妙術，幾分鐘就變出滿桌的菜，剛才我們都在玲的屋子裏呢。」

「小姐，當年我在倫敦常吃這兩位的能手，不知你那時由北京到重慶沒有？唉，日子真快，玲已是青年的小姐了。你記得不記得小時常對我淘氣？我還記得平的大頭小胖子，喜歡讀故事，定特別喜歡笑，那時還沒有瓏，瓏幾歲？進了學校嗎？」朱教授說說向着瓏說。

「六歲半，我的學校近公園。」瓏有點羞，初用「我」字。

「何教授，這是第一次來英國？」杜芳向何先生問。

何教授已做了二十年數學教授，他除了生長的中國，沒有到過任何的國家。但是世界上凡有名的數學出版的，他必設法收集。他的用功可驚人，他解答難題和寫文章時，不知日夜，他看不起很多出洋而不用功的唬人的教授們。他是羅先生大學的同學，因他至誠，羅家特別尊敬他。何教授人瘦，頭細，但手長，領圈大得相當奇怪。他說話時，尤其想事情時，有一腳抖動得厲害。瓏特別喜歡挨近何教授看腳抖。

「杜女士，羅幹知道我更清楚，要不是這次抗戰沒有新書進去，我還是要堅持不出來呢。現在既來了，我不但要大買數學書，還要羅幹帶我定做幾套英國衣服，連襯衣都要定做才好。你們總在奇怪我的襯衣領吧？我只能穿小孩的領子，但袖子又太短，這件顧了袖子長，故領口太大。」他說時把五個手指都插進領子裏去了，把三個女孩笑得不得了。

羅先生的嗜好喜歡買書，又喜歡做衣服，正好來了同伴了，他即刻說：「下星期我就帶你上倫敦一家老店子訂衣服。你的特別做衣券領了沒有？可惜你坐船來的，如果坐飛機來可領雙倍買衣券。後天先同你去牛津『葡拉克威』書店看書，是英國最大書局之一。你是中國教育部送出來的，比 B.C. 的經費要多一倍多，大可買書了。」

談話比吃飯有味，不知時間如何飛的。門鈴響了，羅先生說：「大概是玲的車子來了，箱子拿了下來沒有？」

羅太太、瓏、杜女士、冰、定還有三位先生通通都跟着玲出來，玲向樓上跑：「杜姑姑，你可以不可以給車夫兩支煙？我洗一下臉就下來。」

「定，你去幫姐姐拿箱子下來，要不要帶一把傘？」羅太太同着大家都站在門廳裏等玲，玲下來了，又跑上去：

「我的皮包在牀上忘了拿下來。」

「快點，為什麼早點不拿下來？」羅先生直催。

玲喀喀地笑，跑上跑下，向大家說了再見，走下台階，汽車夫開着車門等，手在帽子邊上舉了一下，瓏在人堆中站在最前搖着手：

「再見，姐姐。」

大家都回到客廳，定泡了一壺中國茶進來，定向母親說：

「剛才我和皮士太太聊了幾句天，玲叫我記着這兩禮拜每天要和皮士太太談幾句，否則她要和以前的女人一樣不幹走了。」

「玲這孩子不但長得可愛，對任何人談話都有趣的，這位皮士太太也向我誇了她不少。她不在此我才說，不像你們老當她面誇。」杜芳聽到定說後，她向着羅幹說。

羅太太倒完了茶，剛剛自己端了一杯龍井茶向沙發椅坐下想休息時，舉頭看見兩個長頭髮髒髒的青年走進來，大家都怔住了一下，平先開口：「媽媽！我邀來堅姆同我來休息一晚，他回家太累了，還要六個鐘點火車。」

「當然可以，你們是逃兵？還是難民？先上樓洗了澡換了衣服，再下來見見客人。」羅太太笑了。

兩人聽了趕快地溜出來了，定也跟着出來了，朱教授驚奇地問：「羅先生，為什麼？他們做了什麼來？」

杜芳看見羅幹不高興地樣子，趕快半開玩笑地說：「朱教授，你家有沒有十八九歲的兒子？」

何教授在抽煙，一只腳又抖得厲害，連聲地說：「好！好！我喜歡英國學生比美國學生多了，與其穿紅穿綠的放牛孩子衣服，還不如英國的破衣孩子。」

「你們想哪至於穿破衣，平自進了大學，和這個作怪的學生常在一塊，一下就變了。不讀正書，專談畢加索的畫，專聽音樂。這次又是去一個什麼兄弟會，當然也是作怪，什麼叫自耕自食，看來連洗澡水有沒有都不一定。你們看像人不像人！」羅先生說時沒有笑，似乎有點傷心。

何教授回想到他青年時代，他站起在長客廳踱來踱去，像是他有一腳稍短半寸，故走路有點一腳高一腳低的，他接着羅先生說：「我記得我十九歲那年，我們鄉村有一座大山，被鄰村佔了，正碰到我放假在家，我領頭帶了四十個農民拿了鋤頭和鐮刀去別那個村莊打架，現在想起來都不相信那時的勁了。你們看我今日的樣子也不相信吧？」

「對不起，我去替你們做點吃的。」羅太太站起走出客廳。

羅先生聽到何先生提到小時，也自己略回想了一下，臉上的氣也漸漸平靜下來了。不久樓上下來兩個青年，一高一矮，羅先生笑嘻嘻地介紹過了，他又說：「平，你們去的地方連洗澡水都沒有？」

「媽媽不在此，姐姐也不在此，堅姆，你談給大家聽聽。」平想着要笑了。

堅姆拿了煙斗在抽，有點不好意思地樣子：「等一等，我要和羅太太道歉，平是我邀去的，我又是受了一位朋友的宣傳。平和我初進去時，把他們都嚇到了。他們多半是中年以上的人，對社會，對家庭，灰了心，悲觀者，他們集一團體，自種自食，不和外面來往，自天亮做到天黑。沒有澡盆，要洗澡只能用一盆水向身上淋，但一到晚上太倦了，倒在牀上動也不能動。他們也沒有時間表，平的手錶是唯一的時刻，他們常問平的時間。本來我們走時，平要把錶送給他們，他們不肯要。連梳子都沒有，幾把木條板上釘些釘子當梳子，吃的最壞。不停地苦做，音樂、報紙都沒有。」

「如果有音樂的話，也許你們兩人不回來了。」羅先生說。

第十六章

九月中，楊冰整理箱子，預備搬進學校，她捨不得離開羅家。她奇怪，她離開父母時並沒有這種惆悵的感覺，她讓箱子撒開的，拿了日記又坐在地毯上讀。讀完又蓋上日記本發癡，然後又趕快把日記本放進箱子裏，她站起，桌面上都撿得光光的，她又打開箱子，把信紙信封拿出來預備寫一封長信。她平日嗜好喜歡寫信接信，每提筆則不能停止，可是今日寫完了一頁時又撕了。她由窗子裏向花園一看，大野栗樹下有幾把帆布椅，只定一人坐了一把椅子在低頭看書。她立刻把信紙信封放進箱子裏，拿出剛才讀的日記本向樓下花園跑，定站起，替她拖了一把椅子挨着他：「請坐坐，你撿東西完了沒有？這是你第一次進英國學校，是不是興奮？」

「我一點都不興奮，我有點難過，你們都是大學生，而我還是中學生，要穿怪難看的制服。」冰似乎有病的樣子。

「女學校的制服都不壞，你怎麼不喜歡？大學生的黑短袍飄兩根帶子，有點莫名其妙，好像預備讓警察當狗鏈子拉似的。」定故意安慰她。

這次冰沒有笑，她交一本日記給定，她打開了指着那頁說：「定，你肯不肯讀我初到這裏的那天和最後那一頁日記？中間的當然也可看。」

「當然我很想拜讀好文章，不知你的字草不草？我認中文草字本領不佳。」

定有點奇怪，為得禮貌當然表示很願意讀日記。冰低着頭在拔草玩，她不敢看定，她等着定已開始看了，她溜了定幾眼，定有點不好意思地樣子，他說：「謝謝你，你第一天對我的印象那樣好，恐怕你過於誇我了。」

「你寫不寫日記的？」冰微微笑地問。

「我小時唸中文時，老師要我寫過。進英國學校就沒有寫過了。」

「你可以不可以告訴我你第一天對我的印象？」

「我不十分記得，我記得你很大方，要你唱歌馬上就唱了。」

「以後呢？」

「一天比一天覺得你好玩，我的哥哥也說你好玩。」

「還有沒有？是不是我太鬧了點？不知你的母親討厭我不？」

「我的母親對朋友總是寬大的，她是以幫助朋友的方便是她的興趣，看見你補課，看見你進學校，也同看見我們進學校一樣快活。」

「假如你將來有一個愛人，你聽愛人的話，還是聽母親的話？」

「這簡直是傻子問話。」

「不說了，你再看下去，如果有人來，請你替我關起，我去看一下玲。」

冰進到玲的房間，玲也在看書，玲趕快站起說：「你就要走了？不是說好吃完茶才去？」

冰又笑了，她向玲的牀上半躺着說：「我幾時說現在就走？我來和你說一句話，你看了我學校章程沒有？羅伯伯說週末可以出來，但是要家長或保護人去信才可出來。我怕羅伯母事多忘了，你千萬記着要提一句打電話都行。如果週末我不出來，會逼死我的。」

「當然，恐怕我不記得還是我母親記得的。你看每個週尾我們家裏離過學生沒有？」

玲安慰了冰，想繼續看她的書，因為這個假出去了兩趟，加上家中客人亂哄哄，一直沒有靜下打開書。現在臨開學近，故玲、平、定開始翻翻書了。冰兩眼盯着玲，不做聲的，玲說：

「你這種樣子看人好無禮貌啊！」

冰笑了，翻身站起：「我太喜歡你們姊弟了！」

「那好，你的相片堆裏又多了三張好朋友的照片呀！」

「我現在懂得這麼多學生為什麼喜歡來看你們，但我不懂你為什麼一點都不為男朋友動搖，我看你更喜歡英國孩子？」

冰認真地樣子，玲走到牀邊挪她起來：

「冰，你瘋了麼？胡說些什麼？我同你去花園走走。」

玲拉着冰向樓下走，由側過道通花園側門，門一開，定即刻把日記本合起，夾在他的書底下，玲說：

「你老先生也開始用用功不錯，平呢？」

三人的眼睛都向樓上窗子看一下，定用兩手合着嘴，仿「泰山」[1]叫相向平的窗戶長聲叫：

「老哥——」

平站在窗戶裏向下看他們，冰搖手要他下來。平含了煙斗，也夾了一本書，擺擺地走進花園，他的聲音總是粗粗的：

「冰，你還沒有走？」

「什麼？我走會不做聲地走？」冰認真地說。

1　三四十年代好萊塢泰山（Tarzan）電影系列中的主人公。

但平接着又說：「女孩子就喜歡拉拉扯扯地走，如果你不向我說再見，我一點都不在乎。住一個城，只是你搬去那頭，還要舉行話別嗎？哈！哈！」

「平，你越來越無禮貌了！」玲向平瞪了一眼。

平歎一口氣，仍含着煙斗，打開他的書本低着頭讀書。鳥兒在樹上吱吱地叫，樹葉散散地落在草地上。唐人詩句裏有「山僧不解數甲子，一葉落知天下秋。」四個青春的孩子沒有感覺秋葉在地上的悲哀，但今天定也不喀喀地笑了。他不做聲，時時溜看冰的顏色，冰在說：「玲，你們可以不可以和我寫英文信？我和你們寫中文信，如此我等於練習讀英文，你們也當温習中文。」

「當然是好辦法，我母親誇你的中文信寫得好，不像中學生寫的。」

「真的嗎？羅伯母說了嗎？我只希望我有一日我的英文像你們的英文就好了。」

冰太高興地樣子，定接着說：「有你的聰明，不久就要打通文字這關的。」

「我性急，凡我想的，我說的，喜歡痛快流利，只有中文才能完全發表我的思想。用英文我則不能發表出來，所以我不願為英文隔住我。」

「無論如何，你的父母要你來進英國學校，總要打通隔膜才行。你不能老想痛快，就不去多練習。現在先學文字，不是你發表思想，你的哲學等着你做教授時發表不遲呀！」

玲做講師了，但冰仍不以為然，她說：「你不懂，譬如一個人的腦子滿了思想，不發表出來，別的裝不進的。」

「天呀！你多少年紀？你的思想那樣豐滿？不要胡說了。」玲不願再說些孩子事，她說：「你們在這裏等茶，我去幫媽媽做茶。」

第三天早餐飯桌上，除了瓏，每人都在看信，羅太太說：

「冰這孩子寫信真快，前日下午進學校，昨日就發六封信給我們三個大人三個大孩子，叫普通孩子最多寫兩封，一封給我們，一封給你們。如果碰到我們家孩子，恐怕連一封都沒有如此快就寫了。」

「奇怪，既如此周到，小瓏也應該給一頁。冰究竟是小孩，你們看那些大男學生，對瓏聯絡得多好。」杜芳看完她的信向小瓏說的。

小瓏不在乎，她說：「冰姐姐在這裏就看不見我，有一次很多人在一塊，我和她連着並排坐在大沙發椅裏，很久很久，總有半點鐘，她忽然說：『瓏！你坐在這裏？』我說：『我叫了你沒有聽見』，她那樣看不起我的。」

大家都笑了，平也聽到瓏說得清清楚楚，走過去摟着瓏：「大哥哥永遠看得瓏起！天下人就只喜歡瓏！」

玲又拿了一封信在笑，她邊說邊笑：「你們聽啊，有一位同學請我吃茶，在信上大灑英文，還帶兩段詩，這是我生平第一次看見請茶信還帶詩的。」

「恐怕這位學生讀了中國古書不少，中國老文人約朋友或者約情人喝酒，都喜歡寫點詩在信上。他來過這裏沒有？我看過他沒有？」杜芳連着問。

「來是來過，不常來，形容不出他的樣子。」

玲又拆別封信，羅先生也拿出一封信給大家看：「這封是宋華寫的，你們都看看，醫院院長說他即刻可以搬回牛津醫院住。說他好多了，已過了危險期，再養養就可好。那邊對他太寂寞，這邊朋友多，可幫助他的精神。」

瓏聽了大叫：「宋叔叔可以回來了！好呀！好呀！我要去告訴皮士太太。」她即刻走去找皮士太太了。

平也很興奮地問：「爸爸，宋叔叔大約幾時可搬來？」

「就是這個月底。他想這邊醫院另外替他弄一單人房，不想住大房間好多人共的。他在海邊醫院是大房間，同房間人喜歡聽收音機，鬧得他不能看書。」

「他搬回來牛津再好沒有，我們去看他容易，送吃的也方便。」羅太太看了信又遞給杜芳看。

「不知醫生說他幾時可回國？」杜芳問。

「現在還談回國，只要他能下牀和好人一樣行動就好了。」羅幹聽到醫生說脫了危險也是高興得很。

杜芳看了宋華的信，她向羅幹說：「宋華的中文信別有風格，不知他肯不肯寫幾篇他在海邊醫院養病記寄回中國去，一定受歡迎，讓國內多知道點英國病院情形，他寫來定有詩意的。我真佩服他躺牀耐性好，整整一年了，假如我有一月像他躺牀上不許起來的話，我不瘋也會活活逼死的。」

「我去看他時很快活，臉上的顏色比我們好人還紅。」羅先生立即拿了一疊信向樓上走說：「我馬上和此地醫院寫信商量單人房間，去年看他上車真擔憂，沒有想到今日的轉機。可見我們中國人抵抗力比較強。」

定看見父親母親和杜姑姑都走出了飯廳，他問玲：「姐姐，你接了信究竟回不回？」

「那看我的高興，或者記憶力不好，一放下就忘了。」玲把幾封信疊在一塊，接着又說：「剛才那封請茶信我相當冒失，我以為那個書呆子灑文，據杜姑姑說也許是有用意的。我的懶不回信，或者根本不會惹事，但我決不宣揚某人寫信向我求愛啊，我覺這種笑人是殘忍的，不同意是你的意志，如故意表現是幼稚淺薄。」

「好人！好人！但是我覺你一概不理，似乎也有點過了吧？朋友總該要。」平鼓掌後說的。

「誰說我不要朋友，男朋友很難，只能到一界限時即刻要止住，否則他要更進一步的話就麻煩了。」玲相當有把握似的。

「你的穩重我贊成，但如此一來你似乎為理智壓制你的感情似的。當然我也不懂女孩心理，這些朋友你和媽媽談過沒有？像彼得媽媽總留飯留茶，如果對你太窘，你為什麼不告訴媽媽。媽媽完全以學生看待，因為媽媽腦子裏根本不想到英國孩子也對你表示過。」定認真地說。

「無論英國孩子多好，媽媽根本不贊成和外國人結婚，她覺得下一代的孩子可憐。英國人不認他們是純英國人，中國人也不承認他們是中國人。」平雖然引了母親的意見，並非暗示玲，但玲有點誤會了：

「根本我沒有想戀愛的玩意兒，還沒有去考慮是哪國人的關係，我決意等畢了業，做了三年事再談。」

皮士太太走進來撿桌子，三個青年趕快幫她收拾好，玲說：「皮士太太，現在我們三人同時在家，在我們開學之前，我母親說你可選日子過一週的假。」

「那太好了，因為我看見羅太太總是忙，我說不出口。但是找一個禮拜的替工又找不着，不要緊麼？」皮士太太笑嘻嘻地說。

「不要緊，皮士太太，你看我兩個弟弟四只衣袖就可抹灰。」玲邊說邊幫她撿杯子碟子刀叉到托盤裏。

定今天因為心情大搖動，故特別為姐姐關心。他看見皮士太太走出飯廳，三人仍坐下，定對玲說：「你簡直是機械化腦子，好像一做好朋友非結婚不可似的。否則一提到愛，寧犧牲友誼不惜。我真不懂，剛才請你吃茶的那位同學你回信去不去？」

「當然不去，但見面也不給他難堪。我這兩年為應酬糟蹋多少時間，最後一年再不唸點東西，也就不用大考了。對付朋友真傷腦子，所以有幾位可憐的仁兄，非對他們硬心腸不可。」

「我想這種種麻煩都是你采取普通敷衍的關係。如果你早表示願意喜歡一個人做好朋友，其餘的人也就明白了，大家都覺你在選擇中，為什麼不試追追你呢。」平頗有哲學家態度教訓玲。

「無論如何，現在我實在沒有時間。沒有事做的人才談愛。」玲表示不願說廢話了。

「這可見你實在沒有『心』，有幾次人家請我們三人看戲，你臨時說聲不去就不去了，弄得平和我坐在那裏看卻看不安的。人家為什麼請我們兩個男孩，平日又不是我們的朋友，他的目的本想使你不覺得有意的。」定也有點冒火責玲了。

「他們越是這種用心的人，我越是不喜歡。其實多少次也有同學單独請我看戲看電影，連請我跳舞都去了。大大方方，無目的的，我自然也快活，用手段的人我最討厭。」

平歎一口氣，他同意姐姐的意見，也同情書呆青年，他說：「有幾次那位同學，既不冒失請你，怕碰你的釘子，但每次來這裏，你為什麼總溜走。害得媽媽爸爸陪半天，有一次杜姑姑也陪他半天，我也有一次陪他半天。我覺他太難過，還陪他散散步，他還有一英國朋友做禱告時常常替他禱告愛的女孩成功。」

玲大笑了：「上帝要忙死！這種人應該進瘋人院住一住才好，我總不能因為人家愛我至誠，我就感化了接受他的愛。你們想這種愛是公道嗎？同時這種癡愛最危險，他連叫我名字都不敢，長篇信裏羅小姐，羅小姐，寫文章似的信。」

「我不相信情書寫得不好，這些都是國內獎學金生。我相信你根本不肯上舞台表演，老以看戲態度來觀人，等着你一日自己也上了舞台，你不會挑眼了。」定今日特別顯示得大人似的。

「哈！哈！今天你們兩位是哥哥，我是妹妹了，謝謝你們的訓話！大概定快登台罷？冰給你的信可以不可以拿出來？有沒有嫌疑？」

「我最近就很喜歡她，她一走了就更想她似的，大概這就是真的進入愛了，我也有點奇怪。」定有點不好意思地樣子。

平對弟弟非常友愛，要是聽到別的男孩如此，他準要大笑了。他沒有做聲，他裝着一半聽了一半沒有十分聽似的。他不覺冰是理想的女孩，尤其配他的親愛的弟弟，似乎更不是理想了。他一直沉默着，定溜了他一眼，也沒有問哥哥的意見。他知道哥哥，如果不贊成的話，也許用的句子非常重，平不叫「好」，定也就可猜出一點了。定自己也沒有十分把握，心想等着瞧罷，可是玲說了：「我不相信會認真地，你兩人都太年青啊！」

「我並沒有想得很遠，只覺得她做朋友很有趣的。」定看見哥哥姐姐不十分滿意的樣子。

秋意越來越深了，大學開學時已是有火了，羅家客廳的火也燃燒着。黑貓整日躺在爐前小毯上，牠喜歡温暖，牠不注意人們的進出，牠恨粗心的青年的皮鞋，常常在牠的尾巴上踏着，有的向牠說聲「對不起，小貓」，有的連牠的痛叫「喵」都沒有聽見。

又不知過了幾個週尾了。冰坐在火爐前向羅太太說：

「羅伯母，學校的飯太壞，幸好我可星期日來此補充一下。」

「我看你來了也是吃不下多少。你初到牛津時口味還好好的，近來你的口味如何突然壞了？你看很多中國同學真的欣賞大吃的。」

「是嗎？我覺比在學校好多了，我喜歡這裏的空氣，我來了羅伯母家就快活。」

「不過，你媽媽來信要你用功啊！她說有一位朋友的孩子在美國的，貪玩得厲害，考試不及格呢，她非常地擔心你。要我督導你多用功。」

「羅伯母請放心，我會用功。我要和平、定借幾本書，他們呢？」

「他們在他們房間看書吧？等一下會下來的。」羅太太不想冰上樓。

「我上去找他們，借了書就下來，玲是不是也在用功？」冰邊說邊上樓。

羅太太近來似乎擔心得利害，覺得冰這個孩子不像玲，也不像普通的學生。她每次來就要找平、定唱歌，笑鬧得利害。羅太太有幾次想不接她出來，讓她用用功，但她來電話要求，羅太太心軟，又無主意如何能使冰不想玩。羅太太擔心玩得太多，還沒有想到嚴重的問題，羅太太有一次和杜芳說：「芳，你覺冰是不是太貪玩？大概國內抗戰期間教育把青年的心弄散漫了。」

「蓮，你沒有覺得她和你的兒子定講愛？」

「什麼？你說玩話？還是真話？」

「我以為你知道也同意呢。」

「糟了！現在的孩子真變了！打開口還有奶氣呢，就談戀愛，簡直是笑話！我想定不至於那樣糊塗吧？他並不喜歡冰，我知道。」羅太太又似乎放心。

玲看見母親不相信，她也引證了：「定已告訴我他喜歡冰，他們已大通情書。」玲說到這裏不覺笑起來：「媽媽，你說這種情書滑稽不滑稽，定大灑英文，冰也不十分明白，冰也大灑中文，定也不十分明白。都拿來給我看，定的英文情書寫得太好了，真有點可惜，冰的中文也不錯。」

羅太太聽了啼笑不得似的，但越想越可怕：「玲，你真糊塗，為什麼不早告訴我一聲。」

「我本來勸過定不要忙，他也說不會認真，但是自通信後越來越認真地樣子。媽媽，你看我平日不寫信多好。」

「每週尾要來玩，還要通信，信寄到哪裏？」

「當然寄到學院，媽媽，你看以後只有少叫她出來好點。她纏我也纏得利害，她的心事非說不可，我實在沒有興趣和沒有時間去聽。我也勸過她，她不聽，我也沒有辦法。」

羅太太心想此問題越來越麻煩了，她想到即不接冰出來，但通信無法停止。她寫信請楊太太來玩，她不提，讓楊太太自己觀光，母親管教女兒比朋友更切實。為得將來，為得目前，簡直不能再讓他們發展。羅太太發了信後又叫平來問：「平，你想有什麼辦法叫冰和定不天天寫信？如此一來都不能唸書了。」

「媽媽，我看只有讓他們去算了。越是我們不讓他們寫，他們越是以為家庭壓迫他們，反要起反感的。」

「什麼，弟弟喜歡玩、游泳、溜冰，你說算了，當然我可以讓他去，這也是玩的事？這是他一生大事，弄不好連畢業都不能了。這種年齡也是最難的時期，說小孩吧，又要講戀愛，說成人吧，又和小孩一樣玩得利害。從哪方面說，總不能自早到晚專談愛而不唸書，你看像不像學生？」

「只要定喜歡，媽媽不喜歡她沒有關係。」平半開玩笑地說。

羅太太認真地說：「平，你不要開玩笑！你想一想，冰會對定可好到多久？往後還不知要鬧多少笑話呢。」

「當然會不久拋開定的。但定非自己吃了虧不肯相信的，不妨讓他跌了跤自己爬起來好點。」

平雖然心平氣和的態度。但母親真急了：「近代青年喜歡唱高調，但他們都沒有過二十歲，父母有責任要管，十幾歲唸書時即鬧戀愛的孩子，前途就沒有希望。定既和哥哥姐姐提了，你們為什麼當時不說他，是你們不對。」

「媽媽慣定太利害了，他錯了還要怪哥哥姐姐，剛才我是勸媽媽想開不要生氣。」平大笑地站起又說：「媽媽，今天有什麼帶給宋叔叔吃的？下午我要去醫院看他。」

「今天我沒有做好什麼，你帶六個新鮮雞蛋去。」羅太太一心在想定的問題。

第十七章

羅先生的早晨最快活的，是信和報紙，並且他是頭一個享受。羅太太要忙瓏吃早餐上學，有幾次羅太太先看了信，瓏就遲到了。所以羅太太下決心再要緊的信都不先看，非瓏出了大門才開信。有時羅先生等不得，會替她拆開，唸給她聽，她一邊忙，一邊聽着。今日羅先生又在念一封由巴黎來的，瓏聽了驚奇地問：「冰姐姐的媽媽要來？」

「是的，因冰姐姐不想回巴黎過春假，楊伯母要來看她了。寶寶，快點喝完牛奶。」羅太太頗現喜悅。

「那真奇怪！假如我大了住校的話，我是要回家過假的。」瓏向着母親說。

「那麼遠來看女兒，真是大寶了。」杜芳似贊又似譏諷：「哪天來？上次她來信不是說離不開嗎？」

「她信上說找到了看護看小的孩子，她一人來，走動方便多了。」羅先生把信交給羅太太。

「我倒想看看她老了沒有，當年在北京也是名媛出風頭之一。」杜芳又接着說：「她寫過短篇故事，她開過畫展。聽說她在巴黎還想進巴黎大學唸博士學位，又想寫長篇小說，等她來了，我倒要勸她不要唸學位，還是寫長篇小說好。」

「她的筆調很清雅倒像法國文人作品，我記得她的態度很温柔的，如何生這樣野的女孩。」羅先生不過隨便地說，他尚不知這半年羅太太和三個大孩子的憂心。

「什麼？你們把孩子教得斯文，國內的學生多半像冰活潑，我小時就像她。」杜芳似乎袒護冰，抱不平地說。

平和定忙着吃早餐要出去，羅太太看了平和定一眼，她向着兩個兒子說：「你們幾時放假？這是最後一週課吧？」

「星期六見一見院長聽報告，就放春假了。有同學邀我去過假，但這個假我不想動。」定吃完站起，帶了瓏要去趕公共汽車。

玲起得遲，總是她最後進飯廳，羅太太即刻幫她倒了一杯咖啡，羅先生聽到兒子不過假，很是高興。他說：

「要說你們每個假都玩夠了，也應該用用功，玲是最後一學期了，就要大考。」

「爸爸，我已經不想吃早餐，提到大考我更不想吃了。」

「我從來就沒有看過你的早餐吃過什麼，還賴爸爸。」杜芳看見的，想到的，猜到的，都會即刻由口中說出。

復活節假，對羅家特別現象的，不是旅行，而是花園的樹枝上發嫩綠葉，花園中的金香花和水仙花正鮮豔。太陽放出時，草地上又是成羣的人兒移動，但羅太太則多淹沒於廚房的忙碌。復活節的星期六，杜芳也幫着羅太太準備晚飯歡迎楊太太，何教授已來牛津居住，離羅家不遠。羅先生打電話約他來見楊太太，還有兩位學生臨時來看羅先生的，羅太太也順便留了吃晚飯。楊冰去車站接了母親同到羅家，故滿滿一桌，談笑風生。

楊太太的身體已到發展時期，但修飾又似繁華，又似不入時，全備首飾戴上，耳環是紅寶石，扣針是綠玉，項鏈是白珍珠，戒指是藍寶石鑲金剛鑽邊。衣服是黑緞底有金色大花紋，想因眼睛近視，戴了金絲邊眼鏡。因身材略重，或因旅行方便，故將就穿的是平底鞋。

羅家大客廳，羅家大沙發，羅家西湖龍井綠茶，是朋友們飯後最欣賞的。尤其人到中年，喜歡閒談，窗簾關後，燈光開了。楊太太善談國內文人外史，她每談到某人某事常感良心不安，又恐人家說她喜歡空談，她常笑嘻嘻地說：

「我們不妨當小說談談好，否則我是不應該說的——」

楊冰這學期週尾很少來羅家，因為楊太太來信想她特別努力用功，故羅太太也就沒有常接她出來。楊太太這次看見女兒知道用功，非常快慰似的。她看見冰在熱鬧場中，還拿了一本莎士比亞劇本在讀。平和定泡了茶即上樓用功去了。但玲陪着客人們談笑，她也看到冰在看書，她問楊冰：「冰，你看哪個劇？」

「羅密歐與朱麗葉。」冰說得聲音很清楚。

楊冰挨着楊太太坐，然後是羅太太，楊太太只溜了冰手上的書一眼繼續在說什麼。但羅太太心中明白，她曾向孩子們反對太年輕講戀愛。她懂得冰為什麼在她面前讀此劇本，但她有把握，近代青年更聰明，決不會像劇本會自殺，故引不起羅太太覺悟，楊冰用心似乎對牛彈琴了。大人們繼續談笑，也沒有下文和冰討論什麼。故冰也無興趣繼續讀了，她把書放進書架上去，她溜溜走出客廳。

何教授和羅先生在談什麼，他有時也聽聽女人們談話，忽然他向太太們說：「你們文人談話資料真多，看了一個電影也可談上半天。像我們弄數學的，就不能把自己研究的談給你們聽，即你們聽了也無味的。」他坐在那裏抽煙，一只腳大抖着，忽然又向羅先生說：

「羅幹，你猜我昨晚是幾點鐘睡的？我開了一百支電燈在解答一個問題，旅館的聽差敲門叫我下樓吃早餐，才知道忘了睡覺。我吃完早餐叫他們不要叫我吃午飯，一直睡到下午你去電話才把我叫醒。」他說說忽然想起昨夜的數學文章，大談給羅幹聽。羅先生直點頭，噢噢的，像在雲裏霧中。他不好意思打斷何先生的興趣，他想到剛才何先生還提不能把數學談話，但開了頭有非談完不可之勢，否則太可惜。他忘了人家聽不懂，他覺得非常透晰，他講入神了。杜芳看見羅先生非常窘，她走去搭救羅幹。她拿出一支煙向何教授，何教授雖然替杜女士點了火，坐下又接着想說，杜芳即打岔問他：

「何教授，你喜歡玩過橋牌嗎？」

「過橋牌是摩登玩意兒，我還不曾學，我喜歡下中國圍棋。說來怪有趣的，我的圍棋是在中學時，一個暑假中發迷學的。因為我有一位叔叔的棋是著名的好，還有我一位堂老哥也是非常好的棋。他們都住在我們家的東頭，每日吃過早飯，就看見他兩人有說有笑地走我們家過，去西頭祠堂的學屋下棋，但每日傍晚晚飯前就聽到兩人怨怨罵罵地吵架走我們家門前過回家，沒有一天不是那樣。他們讓我旁觀，以後我也就發迷了，在大學裏我居然是圍棋選手出去比賽。只要提到下棋就會使我回想到當年中國太平時期逍遙愉快現象，往後再沒有那種清閒生活了。」他說說又對羅先生說：「不過，你們現在的生活夠清閒的，你們三個大孩子畢了業一定要讓他們回國看看。」

「本來我們也準備讓他們回國做事，現在還早，等到那時再看。」羅幹聽了數學的講演，這才開口說話。

「那好極了，我怕你兩位捨不得孩子回去。」何教授興奮地站起，比剛才講數學更有精神：「既是肯讓他們回去，要早點準備，我明日去信我的大學，要他們下聘書來，回去教英國文學是太妙了。」

「不忙，不忙，慢慢再商量，也許我們全家通通回去。」羅太太立刻說。

「全家同回去恐怕一時不容易，先讓三個回去做定了事業，再看好了，我倆老帶一小瓏走動就方便多了。」羅先生心中大概的計劃，見老朋友如此熱心也就說了。

「在國內的人就想出來看看，你們耽久了點又想回去。」楊太太才出來不久，還談不到回國的日子。

「楊太太不要相信，」杜芳即刻地說：「上次我在英國，蓮就想回國，恐怕等我第三次來，他們還在此的。」

「一個大家庭，全部動當然不容易。」羅太太惆悵地說：「那時沒有停戰，三個大孩子又在進學校，現在他們快有段落了，也是該回國了。離國久了，聽你們由國內來談什麼都像談故事似的。」

三日後，楊太太一人私下和羅太太談心，她說：

「羅太太，我本打算住兩週回巴黎的，昨晚我突然決定還是帶冰回巴黎過假，一則我掛念着家中孩子；二則我覺得冰有點變了，想是入戀愛之迷。恐怕被牛津哪位大學生引誘了她，她這麼小，如果受大學生的引誘是不公道的。我這次出國，把產業變賣一部分作旅費及來法之用，靠楊先生的薪水是不夠的，目的想冰換換環境好好唸書。她在國內中學，那些男學生也不好好用功，把她帶得貪玩。」

羅太太聽到楊太太口口聲聲說大學生帶壞了她的女兒，雖未指名道姓，但羅太太心中明白。她不能為兒子辯護，她也裝着不十分清楚：「冰這孩子的確聰明活潑。我覺她離家太早，應該和父母接近好點。這些牛津中國學生也年青，我還以為和兄弟姊妹一樣的，你怎樣覺出她是鬧戀愛？」

楊太太本不欲再說，她既做客人，好來好去的，決不表示有什麼煩惱，她說：「寒假冰在家，一點都不快活。她喜歡玩喜歡吃的，也不想玩也不吃什麼，只是說牛津好，一天到晚寫信，假還沒完就吵要早回英國。這次假又不肯回去，所以我才來看看她，其實我的家哪離得身？」

羅太太心中輕鬆了似的，知道楊太太會設法解決，她不用太操心了。她高興，她說：「我也是家事太忙，平日學生們在一塊玩，我完全看成家中子姪輩一樣。玲比冰大幾歲，又懶寫信，倒是一點麻煩沒有，平和定根本還是小孩糊糊塗塗的。」

楊太太聽了羅太太的話亦懂其中有刺，她說：「這些學生中要算冰最小，年大的要負完全的責任。這次回去，我要和她爸爸商量，或者就在巴黎補習，將來進巴黎大學也是一樣。」

羅太太心中十分高興，不過她沒有把笑容表現出來，她說：「這個辦法也好，免得兩頭牽掛，前天何教授提到要他們回去做事，我也是不放心。」

「假如我的冰大學畢了業，那我也就不那樣焦急，現在我憂慮地，怕她玩得不能進大學。」楊太太說時十分憂慮地樣子。

「那是你的過於憂慮。」羅太太客氣了：「冰那樣聰明，父母的教育又如此的好，環境又如此的好，三方面說來進大學還有問題嗎？」

羅太太雖如此說，但心想如果孩子專談戀愛過日子，當然沒有希望進大學。羅太太並不希望冰將來不出她所料，她希望冰有一日覺悟，才知兩個母親為他們前途，並非羅密歐與朱麗葉兩家世仇和成見。

第二天，杜芳聽到楊太太掛記家要帶冰回巴黎過假，大為奇怪，她對楊太太說：「我還以為蓮是少有的母親專為兒女犧牲，不肯離家寸步，沒有想到你也是如此，還是寡人一個真自由！」

楊冰剛剛和她母親辯論過後氣還未消，繼續地在抗議：「我不想回去，你要回去你一人回去好了。」

楊太太看見有朋友，不便變臉色罵，仍是忍着氣輕輕說：「大寶，爸爸說了，如果我要回家，一定要把冰帶回來，爸爸想着你呢。」

「爸爸想我，他為什麼不來？」冰仍是生氣的樣子。

「他有事，沒有工夫來。」

「我知道，你們要把我逼死就甘心。」

杜芳雖然喜歡說話，但看見母女衝突，她不便加入意見，又不好突然走出。她拿出一支煙抽。楊太太拉着冰的手，臉上雖帶着笑容的，杜芳可以看到她的手緊緊地握着冰，她的意思叫冰不要再強辯，在人前難為情的。冰沒有叫痛，她懂得母親，她說：「好，讓我去撿東西。」

楊太太放了手，冰不做聲地走出了客廳。楊太太仍笑笑向杜芳說：「這女孩就是她的爸爸慣壞了。永遠只想玩和熱鬧，不會看看大人的臉色的。」

杜芳心中覺得冰真似乎過於了一點，但杜芳對楊太太客氣一下：「小孩有的懂事早，有的孩子氣重，我小時也是貪玩不唸書，不過，我的母親脾氣沒有你的好，我的母親常常打得我半死。有一次委實打狠了我，我問我父親究竟我是不是母親生的。我記得有一次她打傷了我的心，我在她小腳上踩了一下兇的就逃跑了，還是我父親說了很多好話由親戚家接我回來。」

「老派教育主張體罰，你看紅樓夢中的賈寶玉被父親打得多慘，結果見了父親不過是怕。他本性要和女孩子玩不用功讀書，哪打改了他？個性是無法打改的，除非自己覺悟，自己下決心，所以我從來不打孩子，我不想孩子見了我就怕。」

「你如此對孩子，倒是和羅太太一樣，我從來沒有見過她打過瓏，可是他們的孩子也比較安靜。」

楊太太聽了有點不高興。杜芳覺出自己失言，趕快補充：「冰近來也安靜，不多鬧了。」杜芳本不完全以安靜是對的，一時想補說一句什麼，但腦子想的沒有嘴說得快。

楊太太覺得羅家的朋友杜芳也是一樣的偏見，她沒有再談下去，她站起：「我想今日去冰的學校看看她的校長，明日我同冰去倫敦，後日就回巴黎了。我沒有看見羅太太，請你告訴一聲，晚上我會回來。幾時你去巴黎時，一定請到我們家小住住。」

「如果我再去巴黎一定要拜訪你和楊先生。去年我去了一趟，可惜你還沒有到，戰後生活大不同戰前了，回想我戰前在巴黎住過一陣，生活費用不像現在高得可怕。」

一個月後，羅先生接到巴黎楊博士給他的信，楊博士再三道謝羅夫婦照應了他的女兒。他又說因為冰每次放假來回麻煩，還是準備在巴黎進大學對於一切方便。羅先生放下信，笑嘻嘻地說：「我想巴黎會給冰更快活點！」

羅太太沒有做聲，三個大孩子也沒有做聲，但杜芳說：「我看楊太太總覺天下如沒有男孩，她的女兒是會用功的。你們看，楊太太不久又要怪巴黎的中國學生了。」

羅太太暗暗看見定低頭吃東西很窘，她即刻把空氣換換：「年齡太輕暫時不離家是對的。我也是家事弄不清，精神上很多事照顧不過來，你們看，宋華回牛津醫院算我去看他最少，幸好有你們輪流去看。」

「雖然我們輪流地去看，但做吃的給他是你一人啊！」杜芳很公平地說。

「媽媽，我忘了說！」平突然記起大事似的，「醫生告訴宋叔叔，下午可以在附近散散步，間或也可到朋友家喝茶，這個星期日我去接他來。」

「好呀，也有今日！」大家都叫。

「讓爸爸去接。」羅太太即刻說：「我們預備一個最好的茶歡迎他，回想前年他去海邊，真是大家不相信他有希望可回牛津。」

「有一次他告訴我，他和何教授商量好了，他也想回北京教書。他說我教歐洲史，他仍教中國史，也想同我們一道回去。」定似乎也決意回國做事了。

「定，你去大學教書，趕快把胡子長長點，配一副眼鏡子戴上，否則學生要趕你出教室的。」杜芳說時想到定初到英國的樣子，又看看平，再看看玲：「無論如何，我不相信媽媽會讓你們走。你們看玲天天不停地叫媽媽媽媽，哪像大學講師？」

「你記得不？」羅太太向着杜芳說：「那一次何先生在此不過隨便提一下，他非常地認真。第二天他就發了航空信回去，原來大學裏已託他要在英國找幾位講師，不過一個月的工夫，連回信都來了，大學裏說馬上會寄聘書請他們。好像這三個被他那綁票似的，我還不十分決定，所以我沒有和你提。」

「媽媽，有我們三人在一塊，又有何教授領導我們，還要掛記什麼？我們也想回國看看是真的。」玲安慰母親，但她自己又興奮，雖然是祖國，因離國時年幼，好像又要到另一新世界似的。

「你們不知道，何先生不知道逼了我多少次，要我讓他們回去。」羅先生聽到大家既提此問題，故他順便說了。他自己也沒有主意，也明知太太不肯的：「我說要等和蓮商量好了再說，他一定要玲今年暑假畢了業先回去，平和定等明年一畢業就回去。有一次他真急了對我說：『你的太太用棉花包孩子是不對的。她自己生為小姐，長為夫人，如何可以不讓孩子出門獨立創事業？是不對的。』」

羅太太沉默着，她看見丈夫，兒女，朋友都以她為此問題的中心，她心想，她愛兒女，她愛兒女的快活，她愛兒女的前途。她決不自私為自己而打斷他們的前程，所以她說：

「何教授真是誠懇老學者，我們國內朋友也不少，如果玲、平、定心裏想回國，我決不擋阻，即是玲今年先回去我也不反對，讓她先看看，明年兩弟弟回國去有姊姊先佈置了也好。」

「媽媽！」玲驚奇地叫。

「蓮，你真是勇敢的母親！」杜芳也驚奇。

第十八章

八月中的一個下午六點鐘，羅家客廳又是人頭滿滿的，羅先生的一位印度老朋友也來了。他是印度哲學家，羅太太特別牽了瓏到他身前介紹，他和藹地彎下腰和瓏的小手握握，瓏答了幾句問話即刻溜到窗戶下，向着光線處，把剛才握過的小手兩面翻着細看，她看有沒有印度的黑印在她的小手上，羅太太的眼溜到了她，她回過頭看見母親向她，她微微笑地走近母親。羅太太即刻牽她到房門口說：「瓏寶寶，你現在可回你的屋子去。」

玲被三位醫生圍着，並不是她有毛病，是她送酒時特別介紹中國醫生與英國醫生的。玲的長髮黑而帶亮，她穿着中國綢長衫，飄灑自然。趙醫生、劉醫生是在牛津再做研究讀博士學位，另一位史蒂芬醫生是羅家自來牛津的家庭醫生，剛剛替玲打了上船的最後的一針預防針。玲向他說：「史蒂芬醫生，你可以不可以開一最新的药給我可不暈船的？回想我小時來英國坐意大利船暈得可怕。」

「去年你們去了捷克，過海峽如何？如果你現在不怕海峽，那就走什麼洋都不要怕。」劉醫生說。

「那不同，那才不到一個鐘點，我睡了一會就過了。這要一個月啊。」玲說。

「回頭我會給你一些暈船丸子，你不要怕。」史蒂芬醫生說。

「玲，你這麼年青，真走了不少地方，歐洲一共玩了幾處？我準備回國時，一定也先遊幾個國家才回去。」趙醫生說時把酒喝乾了。

「那次我和弟弟是與同學會在一塊，回來時都分開各遊各的。我和平定去過瑞士、比國[1]、法國，每處都遊玩一下，定因為唸歷史，他又去羅馬和希臘多遊了兩處。」玲正在說，她父親笑嘻嘻地走過來，替趙醫生添了酒，然後對三位醫生說：「是不是玲又在問你們要暈船的药？」

三位醫生哈哈地笑了，趙醫生說：「羅小姐，我覺你不必擔心暈船，但船上的『羅曼絲』恐怕比風浪更利害，哈！哈！」

玲跟着也笑了，她說：「我還是怕風浪！」

何教授才喝三杯酒，臉就紅得利害，他已坐在一角落裏不敢站在人堆裏。杜芳拿了酒杯向他說：「何教授，你雖然說會喝酒，但每次都臉紅。你看，我今天喝了半瓶白蘭地都不變色。」

「究竟女將利害！你們上了船有的是酒喝了。」何教授似乎有點不好意思如此容易酒上臉。他站起，由口袋中掏出煙盒，先遞給杜女士面前。

杜女士拿了一支煙，她向何教授說：「謝謝，船上的煙也便宜。我又要說了，你該謝謝我，要不因為我接到報館的電報催我回去，恐怕玲還不知拖到哪日動身的，這次羅太太因有了我的伴才真的放心她同我走。我看你明年走時也非等平和定同走不可，否則羅太太也是找理由拖的。」

「那要看我的經費可維持多久。」何教授笑了：「大概我也要到暑假時才能走。你這次回去是不是報館要你做國大會的女記者代表？我

1　指比利時（Belgium）。

不相信中國政治會弄好，你高高興興地回去，我不該潑冷水。希望你有一日也到我們大學來教中國文學，只要你隨時來隨時歡迎你。」

羅太太近一個月來為玲準備行裝。她要玲快活，她掙持着，一點都沒有表示難捨的樣子。她心想要玲動身時不難過，快快活活地上船。雞尾酒會的第二天早晨，八點鐘，羅太太照原忙着，說着，羅先生和定準備送玲和杜姑姑到海岸上船，平帶瓏則準備送到牛津火車站。羅太太不想看火車開，她一直掙持着不敢看玲，玲也不敢看母親。兩部汽車開進羅家，大家忙亂搬行李，玲低頭流眼淚地上車，羅太太不敢抱她，親她，羅太太在演戲似的，她要做勇敢到底。

汽車開走了，她一人進到客廳。她要發暈，她懊悔沒有多看玲一眼。她走去拿電話筒，手發抖，眼淚湧出，她又把電話機放上，她想到再叫汽車來也趕不上看火車，她跑上樓，她跑下樓，她衝出花園。她趕上公共汽車，她在高道街[2]換車，她趕到火車站，她看見火車已在開動，她大叫：「玲！玲！玲！」她沒有看到玲，平和瓏跑過來，平抱住她。她摟着平哭泣，瓏說：「媽媽，你剛才為什麼不同來啊？」

平叫了汽車同了母親回家，羅太太到家即上樓去了，瓏坐在客廳大哭，平的心頭緊說不出話，他牽着瓏去花園走走。

羅家自玲回了國，平和定照常上學院，瓏照原上學，羅太太照原做家事，照原招待朋友，但客廳中沒有玲的說笑，空氣失了生動，沉悶的。生客人不知道，老朋友有感覺，尤其羅太太常常追想往事，她也常想着未來，她想將來這個家會全部移到中國去。

玲的信是羅家的至寶，羅太太自己再三地讀不夠，朋友來還要唸給朋友聽，有的朋友曾聽過了一遍，但不忍打斷她不再唸。新年前不

2　指高街（High Street），當地常稱「The High」，是英國牛津的一條街道，東西走向，西到卡爾法克斯（Carfax），東到莫德林橋（Magdalen Bridge）。

久，玲信上要母親記着替瓏照常裝聖誕樹，她在英國時，裝樹和小瓏牀上掛襪子，年年都是她為瓏做得好好的。她覺得小妹妹生在英國，小朋友都是英國孩子，平日玩耍當然同一樣興趣，恐怕父親母親只想到中國過年，故她在遙遙萬裏外，仍想到小妹妹的快樂。羅太太即刻告訴瓏大姐姐信上說的。

瓏對母親說：「媽媽，我只要樹不要襪子。」

羅太太奇怪地問：「為什麼？」

「去年我就知道了不是聖誕老人給的襪子。」瓏說：「去年聖誕節日我醒了，聽到爸爸對媽媽說：『玲為什麼花十先令買這樣一只襪子，裏面的東西只是值幾便士的東西！』」

「瓏，我的寶寶！」羅太太覺得太有趣，她說：「你給大姐姐寫信時把這個故事告訴她。」然後羅太太又接着說：「寶寶，姐姐信上還說她的學生要給姐姐裝一棵樹過聖誕節，怕她想家，她說會拍了照片寄來。」

「媽媽，姐姐的學生有多大？」瓏好奇的問。

「有的比姐姐小，有的比姐姐還大，因為中國抗戰很久啊。」羅太太又重看看信。

「姐姐還說什麼？媽媽。」瓏向着媽媽拿着數頁長信。

「姐姐說碰到很多爸爸媽媽的朋友，都請她吃飯，都叫她問爸爸媽媽的好。但是，姐姐說伯父伯母太多了，她記不住他們的姓名，等以後慢慢搞熟了會告訴我們。」

何教授和朱教授同由巴黎回來，已是新年過了。他們同來看羅家，他們知道玲在國內教書很快活，朱教授突然向何教授說：「何先生，我要和你商量，羅家三個青年，不能通通讓你拉去，這兩兄弟一定要讓一位到我的大學去。」

「什麼？你來了英國兩趟，這次你比我先到，為什麼你不先請他們？等我的大學請定了，你又要請了？」何教授半開玩笑地說。

「只怪我初看到他們時那麼小，一直還以為他們是小孩似的，可見我的眼光不如老兄。」朱教授因懊悔而恭維何教授。

「朱先生，其實幹和我也想他們三姊弟都在北京。我們喜歡北京是文化城。」羅太太沒有等何先生再說，她先插嘴解釋。她接着又說：「同時幹和我的大學也都是在北京，現在玲已在父親的大學教書，即是幹自己沒有回去，心理上非常痛快的。」

「朱教授，我想你如何也捨不得離開南京的，你有大房子租美國人收美金，教授們中哪有你的運氣好？」何教授想到抗戰期間大學裏先生們的清苦，他又說：「我一家八口，專靠我的薪水維持孩子唸書。這幾年抗戰，法幣[3]的低落得差不多像從前的馬克[4]，每日我的太太買菜都要帶一大包廢紙似的票子出去——」

「老兄，你不能一概而論，兄弟的房子不是我一人的，是我的太太做了幾年校長積蓄和我編字典的稿費湊在一塊蓋的。因為建築師設計得比較完備，美國駐中國大使館的職員爭着要租。我也是為兒女，我的大女兒和大兒子拼命地要去美國的要去法國的。我和太太的收入不是國難財，這點老兄要知道。」

大家停了一會，沒有做聲，羅先生覺得剛才朱教授好意欲邀他的兒子去南京教書，反引得兩位朋友發牢騷，羅先生有點不過意，想挽回僵局，他說：

「朱先生自己很節省的，還是 B.C. 供給費用。雖然美金房租，完全給了兩個兒女去美國，自己並沒有花。並且朱先生很同情國內一班青年，生活那樣苦。他常對牛津中國學生鼓勵要他們回國服務。朱先

3 國民政府 1935–1948 年間發行的法定流通貨幣。

4 當時的德國貨幣。

生如此愛國家，也是這次大戰後受的刺激太深之故。」

「幹和我雖然多年沒有回去，把三個孩子教養成人，送回國家去服務，完全是幹的一支筆的心血，並沒有用國家一點外匯。」羅太太似乎很安慰，但她又想到國家的浪費：「可惜國家常派大批的軍人出來花外匯，打牌，夜總會，買金剛鑽的回去，不知幫國家做了什麼。」

「蓮，晚上何先生朱先生都在這裏吃晚飯，今早我還約了一位李先生來和何先生下中國圍棋。」羅先生最不喜歡談認真地問題。他說：「最好以後不要談國事，越談越傷心。」

「我明日即離開牛津，去倫敦住住。」朱教授也越想越不痛快，他又說：「如 B.C. 不給我延期，我回國算了。」

何教授剛才本無意地說說，並不是有意指朱教授，他是想到國內有一批人，所以他毫不介意地說：「你要走的話約幾時走？可以不可以等到暑假我們一道回去？」

「現在我自己都不知道， B.C. 費本已完了，我請求延期六個月，他們只准三個月，如下月三個月滿了，不可再延期的話，下月底就要先走了。」

羅太太看見朱教授相當認真地樣子，她立刻站起，預備進廚房，她說：「我去叫園丁殺一雞，晚飯作為替朱先生送行，幹，你打一電話請吳夫婦來作陪，或者你們玩玩橋牌。」

朱先生即刻轉笑臉：「有牌玩我可忘一切，我喜歡橋牌，只算分數，不像中國麻雀牌輸錢可怕。」

「我也是喜歡橋牌，自玲和杜芳走後，一直不夠人數。蓮和杜芳的橋牌永遠打不好，太不用心。」羅先生說說即刻去打電話了。

羅先生寫作外的興趣很多，不僅是橋牌，也不僅是喜歡收集書。他還喜歡買不頂貴的古玩。他玩橋牌時會興奮得有時很高的聲音，他喜歡研究牌，因研究他總覺得對過合作的人打錯了。他會急得面紅耳赤地教導人家，他不管是生人、熟人、男朋友、女朋友，像教小學生似的熱心教。如果是女的，或是很生的朋友，羅太太會用腳在桌子底下踏在他的腳上，暗示他客氣點。羅先生也就會即刻轉苦笑臉，聲音也低點地說：「你應該猜到我只一張呀，你為什麼不再出一張？那我就可用王牌呀！」特別是如果碰到他只一張王牌沒有利用到而又被叫牌的人叫去了，非怪羅先生傷心。有時羅太太會幫客人說：「幹，你沒有看見她的牌，也許她也只一張沒有了，拿不出呀！」羅先生會肯定地說：「有的，有的，因為我短，不見得兩家都短。」牌已經發下第二遍了，三家等他說話，他仍感覺不服氣，失了機會沒有用到王牌，並且因此給人做到了，實在懊悔。如果對過又忘記了他叫過什麼牌，開始放了一張錯的，那他又要生氣，連羅太太的腳在他腳上踏得緊緊的他也不管，他很熱心一一講理由給那朋友聽，有時他感覺自己的腳被踏得痛時，他會向羅太太大聲說：「你不要管我，我打牌喜歡研究，才有進步，不像你老打不好，太不用心。」但羅太太擔心客人受多了羅先生的研究，失去大家玩牌的樂趣，故羅太太自己常常做羅先生合作的人，她有忍耐，她可以硬着頭皮讓羅先生教她。如果夠四人時，她則寧願溜開到廚房替他們做點心泡茶，她不見不聞也就算了。今日看來夠四人，所以她可添添茶和看看瓏了。

數月後，羅家花園又是滿牆的玫瑰，草坪剛剪過，白雛菊還沒有出來。瓏同着小朋友在玩藏躲，大人們同着宋華坐在帆布椅中閒談着，茶杯、茶盤，散散落落地在草地上，羅先生向宋華說：「既是醫生不讓你今夏回國，等以後再看好了。橫直蓮和我還有幾年在此，平和定硬想回國看看，只有讓他們同何先生下月走。」

「我對病倒無所謂，我失去了平和定同伴太可惜。」宋華苦笑地說。

「我聽朋友說，你常常走到城中心上圖書館，我覺看護太不小心了，應該禁止你的。」羅太太感覺既住院療養病就應該好好休息的。

「你們不知道，我恨收音機，光躺着看書也膩了。我上圖書館並沒有太用功，不過抄點不能借出的書。」宋華的聲音仍低低的。

「媽媽，我看醫生如用心理學的話，不會反對宋叔叔上圖書館的。」平的自然主義感覺以心情舒適為快。

「我們現在考完了，以後平和我可以常划船到宋叔叔醫院的後面河沿，接宋叔叔躺在船上，我們撐，空氣又好。」定拿了煙斗真的在抽。

「這是好辦法。」羅先生接着說：「近日我稍忙，兩兄弟又忙大考，大家都沒有時間多去看你，非怪你感覺寂寞。」

平和定臨動身的頭一天，帶了一大冊梵高的畫又去看宋叔叔，他們是辭行話別，宋華這幾天有點不舒服，他沒有到醫院客廳去坐，他坐在牀上休息。他接着畫，嘻嘻笑地說：「其實你們不該送給我，應該帶回國好。」他一面翻着一面說，突然又想起指着他靠牀的牆上一張鉛筆畫像說：「這是去年你們姐姐走時來辭行十分鐘畫我的像。」

平看見宋華勉強地笑，他說：「宋叔叔，你是不是因為我們要回國使你感傷？媽媽爸爸會等你好了同回國的。」

宋華微微笑，他叫兩個青年靠近牀前，他用手在每個人的頭上摸摸：「你們還記得不記得我們同來在船上，那時定真淘氣，現在就回去做講師了，真神氣！」

「其實我們真太年青了一點，」定不好意思地說：「何教授極力鼓勵我們回去，等你同爸爸媽媽回去時，船上也有瓏呀！過幾年她也就和玲來時一樣大了。」

「你們也是八月動身，也是玲坐的那只廣東號？日子真快，玲已教書一年了！」宋華和平、定握過手。

平和定走出宋叔叔的屋子，由鐵紗窗外看見宋叔叔搖手，可是宋叔叔眼中含的淚，他們沒有看見。

羅先生這次只送兒子到倫敦，沒有送上船。何教授已先一日在倫敦等他們。朱教授數月前就回到了中國。羅太太這次送兒子到牛津車站，含淚說不出話。她摸摸平的衣服，又摸摸定的領帶，她含淚地苦笑，因為她要忍着，不要弄得平和定太難過。她看見工人搖旗吹哨，她看見火車漸漸動，她想着那頭祖國，玲面帶笑容等着兩弟弟，她揩着眼淚望着火車漸漸駛遠，最後只見火車留下的淡淡的煙，她凝視着。平和定的幾位送車的朋友，輕輕向她說：

「羅太太，我開車送你和瓏回家。」

第十九章

宋華這次躺牀時好時壞，好時仍可起來走走，不舒服又躺幾天。羅夫婦和中國學生都特別去醫院多看他，他雖是單人房，但非常狹小，每次只能進去兩人。他的房前有一棵大死樹樁，園丁雖然在他房前種了一點花，想因菜園工作忙，分不出時間多照顧。宋華雖愛花，但不曾研究如何培植。他每見枯枝敗葉，特別容易感傷，他覺得花草的細弱，不如死樹可永遠地死，不倒下。他用小麻繩掛了一小罐在枯樹樁上，看護每次送給他早餐、午餐、茶，他常常吃不完，分點麪包在小罐中給小鳥吃。有一小鳥已知時間，每次必飛來，它有時還會飛在宋華的窗邊向裏觀望。

這次宋華又躺牀了，他有一次向看護很溫和地笑着要求，請她分半塊小麪包在小罐中。第三天看護不肯放了，她說：

「前天、昨天我放的都沒有吃，剛才我走過時特意又看了一下。」

「啊！啊！因為我每次都是站在那裏等它來，把麪包弄碎塊塊。」宋華不便叫看護照樣做，只是說說他如何喂鳥的。

「你知道我有多少病人要侍候？那只有等你起牀時再喂好了。」她一面說一面把試溫度針放進宋華嘴中。

宋華失了鳥伴頗寂寞，他等看護走後，自己起牀，走出房門，站在枯樹下，果然發現小罐中的小塊麪包未動，他伸手去弄弄碎點，再舉頭四週看看，不見鳥影兒。站了數分鐘，突然打一寒顫，他忘披晨衣。他無精打采地仍回進房中。

羅先生去蘇格蘭講演快一週了，家中只有羅太太和瓏。有一早晨，羅太太接醫院電話，說宋華近日更不舒服，問羅先生回來了沒有。羅太太放了電話即刻去醫院看他，她進醫院門在前院中就碰到一位熟看護，羅太太站着問她：

「宋先生是不是病重？」

「只要停止了吐，恢復了原來的情狀就不要緊。」

「我記得去年秋涼時他也是受了寒要吐，過幾日又好了，我希望和去年一樣好得快。」

「當然可以的。」

羅太太帶去的葡萄，宋華一面說話一面吃得很香的樣子，他說：

「今日我已是好過了，前兩日簡直像坐海船在大風浪中似的。如果像今日如此停止了吐，可以吃點東西下去就舒服了。本來我不想叫看護打電話，弄得你們受急，但我很想幹來談談。他還沒有回來？」

「他有一位 B.B.C.[1] 的朋友在那裏，想他廣播點什麼，大概早完了，只是留他多玩幾天。我可以去信催他早歸，說你想看他。」

「那不必，不要令他受驚，我知道我每年由夏轉秋涼時總要發點小毛病，我雖然有此老病根，但我相信可以活到六十多歲的。」

「那當然，中國俗語，長年的小病可以活到老，可以看到很多強壯的人意外地不幸。你想躺在醫院這幾年，聽了多少國內朋友的死亡？」

---

1 British Broadcasting Corporation, 英國廣播公司。

談談說說，羅太太也放了心，所以她又故意談點瓏的淘氣故事和別的笑話，引他笑笑。

瓏傷風在家，羅太太又隔了一天沒有去看宋華，第三天一早去看時，宋華的精神不好，聲音很細微，羅太太帶的雞汁稀飯，他也不想吃，他輕輕地說：

「恐怕我這次真要死了。昨晚我真難過，我按鈴叫看護，好久都沒有人來。」

「是不是電鈴壞了？」

「哪裏？今早按鈴又來了，大概夜班看護太疲倦了。」

宋華還在輕輕地慢慢地說，兩看護領了一位醫生來了。羅太太退出了房間，對他說下午再來。

羅太太回家趕着發了一封信給羅先生，下午又同了一位中國學生去看他。宋華仍是微笑，聲音簡直沒有了。那位學生用耳挨近他才聽到說：「舒沖，我真會死了！」

「不會的，不會的，好好休息一下又會好的。」

宋華微微笑，又繼續說什麼，舒沖又靠近才聽到。

「舒沖，你到前面那間房去叫醒那病人，他要我在三點鐘叫醒他，他約了女朋友看電影。」

舒沖即刻去叫那間房的病人。羅太太看見宋華臉色不好，聲音又沒有，本大驚一下。然後看見他腦子清清楚楚，照原談笑，還記得替同院病人看時間去叫那人赴約看電影，羅太太似乎放心了，她說：「如何病人可以出去看電影？醫生知道嗎？」

宋華搖搖頭微笑的。

第二天早晨，醫院又來電話，問羅太太可以不可以即刻拍電報要羅先生回來？恐怕宋先生相當危險。羅太太好像聽到劈雷，她不相信宋華這次不會好。他常是病，常是好的，她說：

「希望不至於那樣壞，我即刻拍電報叫羅先生回來。」

羅太太放了電話，即刻再由電話中拍了電報。然後她又打了幾個電話給在牛津的中國朋友，她又即刻去醫院。宋華已搬進大屋子去了，昏迷睡着的。羅太太和幾位中國學生站在牀前等了很久，看護說剛剛打過針，也許要到晚上才會醒的。羅太太記掛着瓏，只有帶着愁容回了家。

瓏每次由學校回到家，第一句向母親問的：「媽媽，宋叔叔今天好點沒有？」

「好點，寶寶。」羅太太趕快把臉向別處。

當日晚上羅先生一到牛津車站即給羅太太電話，他說直接先到醫院看了宋華再回家。羅太太說：「幹，你先到茶店喝一杯茶或咖啡，增加一點抵抗力，全大房中都是痨病人，可憐宋，如他是平日決不肯進大病房的。」

但是，羅先生很晚還沒有回家，看護對羅先生說：「羅先生，你只有暫回家休息一下，等他一醒，我們就打電話給你。」

第二日很早羅先生就去了醫院，宋華雖然醒過來，但已不能多說話，微微笑地看着羅先生說：「你坐，你坐。」

羅先生心酸，也說不出什麼，他想到離開牛津的前一日和宋華暢談，今日他看出宋華腦子還是清楚的而不能說話，羅先生非常心痛，他去問過醫生，醫生說盡了醫生的能力，只是不幸。羅先生兩眼直看着宋華，問他：「是不是有什麼想對我說？」

宋華搖搖頭，羅先生從牀前茶几上拿了一水壺喂他喝水，他只喝一點點又搖頭，吞時頗痛苦之狀，羅先生牽了他的手摸摸，他伸出一個大拇指微微笑地向羅幹說：「你是好人！」

說完又閉眼昏迷地睡去，羅先生一直等到中午回家一趟又再去，下午他醒來又說：「腿有重東西壓了，開窗！」

羅先生知道他耽心大房空氣不好，即刻把窗戶大打開，又用兩手替他輕輕按摩腿部，接着他又昏迷地睡去，羅先生又是很晚回到家。

第二天早晨，羅先生還沒有出大門前，電話鈴響了，羅先生心跳地拿起電話機，果然是醫院看護說話，報告宋華先生已於昨晚即今晨二時長眠了！

瓏在早餐桌上聽了大哭，羅太太牽了她上樓，羅先生很懊悔昨晚不該回來，他不做聲地去醫院了。

宋華下葬在牛津公墓地上，凡他在英的朋友和在牛津的中國學生都趕着來送葬，墓碑刻有中英兩國文字。願以後凡留學牛津的中國學生，永遠掃墓，和他的著作永不亡！

羅家自玲、平、定決定回國後，即向房產公司找房子，因為羅太太覺得房子太空，想找一幢適中的。每日房產公司寄來的關於房子單子，瓏特別有興趣，她每張都要看看，數月來不知看了多少，而瓏因此也就知道房產市價了。羅先生常常當着客人，故意唸出一所房子廣告，問小瓏可值多少，每次小瓏回答的價值總是和廣告上一模一樣，父親驕傲小女兒了不起，可做房產經理。但客人疏忽的，或對房產無興趣的，並不覺這是奇才。不過，有父女研究的經驗，明知不合適的則不白花時間去看，居然他們選中意了一幢，離城不遠的古屋！瓏同着爸爸媽媽由一山坡下走上去時，遠遠地即看到隱隱的一幢屋在很多高大的松樹裏。先進鐵欄門，由路徑上去登一數步石階，石階的兩旁有石炮一對，不知當年做何用的，羅太太告訴瓏在中國的古屋門外常有一對大石獅子。由此上去則是正大門正向着一棵很大很青的松樹，正門兩邊牆上滿滿的玉蘭花樹，再右牆上則滿滿的紅葉，下午的太陽光照着很美的，羅先生說這是一百多年的建築。

後園的草有人高，已看不見路徑了，約有五六棵果樹。馬房是空的，但馬夫房尚掛有馬夫之衣及馬鞍，灰塵頗厚。由後園通玫瑰花架是一片不大不小的草地，已是高低不平了，高高的四棵松樹下，有點野花。瓏看見野草太高，她有點怕，她怕由草叢裏走出一個怪人，她覺得這個景像電影中那個有墳墓的教堂似的。雖然此地沒有墳，但左右無鄰居，又沒有煙火，孤寂寂的，所以她牽着母親的手緊緊地。

羅先生由地下室的窗戶進去後開了大門，叫羅太太和瓏由大門進去。進門的過道很高很高的，一直通到樓上的天花板，並看見樓上的走廊一段，有木欄杆，可向下觀看，頗像古劇院似的。左邊是客廳，右邊是飯廳，再有一小書房（以後做了瓏的琴房），這三間房合起來可當羅家的一個大長客廳大。轉彎則一長走道直可上樓的，走道的左邊有側門，可通過數步石階，下去則一很高很大的四方廚房，面積可做為四間普通的大房間，南牆上有一排拉鈴，想當年無電，只可用拉鈴叫用人。另有兩間儲藏室，再一間有打水機，要由井中打水進水箱的，羅太太驚奇地說：「有點不懂英國人為什麼要如此守舊。此屋離城市中心不遠，不過四哩半，並非偏僻深山區。」羅先生拿了打水機手柄連打了幾下：「我喜歡，我喜歡。」此間上面有一小樓梯上去乃一間小房子，瓏即刻想到又可給園丁住了。

再由前面樓梯上去，一連有三間中號寢室，一間小號的，再上樓有兩間堆東西的，正好羅家堆多年的書報。每間房的糊裱紙都脫落不堪，看來不光是一年沒有住人，即以前就多年沒有修理了。羅先生勇敢，他即刻向房產公司接洽好了，並且即刻找工人粉刷。一個月後，室內煥然一新改了面目似的。

一九四八年的十一月，搬家的工人穿了白制服在羅家樓上樓下，叮咚的聲音，先下了窗簾，摺地毯，運到新屋去佈置，準備第三天搬家具。有幾位中國學生來幫羅夫婦清理東西，羅太太想到五年前搬來時，玲、平、定的興奮，今日只小小的瓏在家。雖然她也興奮，但她沒有伴，她掛記着貓，聽大人的朋友們說貓是和屋子感情比和人的感情深，就是強勉把它同搬走，它仍是會走回來的。有一位朋友告訴羅太太，等帶貓走時用奶油在貓的四只腳上搽點奶油，它就不會回老屋。

瓏極力記着，她有幾個早餐不吃奶油搽麪包，羅太太太忙，沒有注意她，那天搬家具的早上，羅太太又接到北京來的信了。她還在讀信時，工人來了，皮士太太進來問：「羅太太，工人來了，有什麼要特別告訴他們的嗎？」

「沒有，只要他們不搬屋子走，見東西搬就是。等一等，羅先生會看看他們，我讀完了信就先帶瓏走，謝謝你在此照應，他們走後請掃掃乾淨。」

平信上說在研究院編輯部擔任編輯，定在一大學做講師，他教二年級的歐洲史。他還另給了瓏一頁信，要瓏開始幫助媽媽，媽媽真的要多休息了！他在給父母的信上提到一切，並談到他教的班只有三十個學生，通通是男生，只兩個女生，一個是結了婚的，一個是訂了婚，要媽媽放心。

定說姐姐帶他們遊北京時，不許他們看街上走路的漂亮的女孩子。平信上說北京是世界上最美最偉大的城！

玲的信說等假期中他們三人同回南方看祖父，並盼望爸爸媽媽和瓏早回國去，旅行多了，才知道北京是天堂！

瓏聽了即刻說：「那不行，媽媽也要等我得了牛津學位同回國！」

羅太太微微笑地向着瓏，但眼中含着淚水。她讀信後更是安慰，她愛三個大孩子，卻也同樣地愛小女和丈夫。但是，她對小女和丈夫的愛之外還有義務，她盼望她的丈夫的筆退休，帶着瓏三人同回到祖國看那三個大孩子。

附錄

熊家父母與子女的生平

熊式一（書中「羅幹」原型）：1902 年 11 月 13 日出生於南昌，1922 年畢業於國立北京高等師範學校英語部，1923 年 11 月與蔡岱梅結婚。1932 年底赴英留學，1934 年其所創作英文劇作《王寶川》先後出版並在英美等地成功連續上演。1936 年底回國探親，翌年抗日戰爭爆發，1937 年底攜夫人及三個大的子女赴英。1954 秋年赴新加坡參與南洋大學的創辦，1955 年秋辭職，移居香港。1987 年之後在台灣和美國多地旅居。1988 年 7 月首次回國探親，1991 年 8 月初第二次回國探親，9 月 15 日病逝於北京。其骨灰輾轉美英，最終與長女熊德蘭合葬於八寶山人民公墓。更多有關熊式一的創作和生平信息，請參閱鄭達教授的專著《熊式一，消失的「中國莎士比亞」》；以及陳曉婷博士的專著《被遺忘的一代「香港」文人：雙語作家熊式一》。

蔡岱梅（書中「羅太太」（蓮）原型）：1905 年 4 月 23 日出生於南昌，1923 年 11 月與熊式一結婚。1935 年畢業於國立北平大學女子文理學院文史學系。畢業後，加入丈夫赴歐美遊歷一年，1936 年底回國探親，1937 年底與丈夫及三個大的子女再次赴英。自從 1937 年底第二次離開祖國後，幾十年來，她雖曾多次與子女討論回國的可能性，終究未能再次踏上祖國的領土。她畢生犧牲自我，專注於照顧家庭。僑居海外多年，終生未加入英國國籍。1987 年 1 月 11 日病逝於倫敦，安葬於倫敦的亨普斯特德公墓（Hampstead Cemetery）。

熊德蘭（書中「羅玲」原型）：1924 年 6 月出生於南昌，1937 年底隨父母赴英倫，1947 年畢業於牛津大學圣安妮學院（St. Anne's College）主修英國文學。1948 年夏啟程回國，先後任教於北平師範大學（後更名為北京師範大學）、外交部教育科、外交學院等單位。1978 年夏取道東歐，三十年後首度赴英倫探親，並錄製英語教學唱片。八十年代初期開始，編寫出版多本英語自學教材。1982 年在文學期刊《收穫》上發表長篇小說《求》，廣受關注和好評。之後從外交部退休，專注於文學創作。陸續發表《求（二）》《真》，並合集為《海外歸人》，發行單行本；以及《年輕的外交官》。但後續作品影響力均不及處女作《求》。終身未婚，2009 年 12 月病逝於北京，與父親熊式一合葬於八寶山人民公墓。

熊德威（書中「羅平」原型）：1926 年 2 月出生於南昌，1937 年底隨父母赴英倫，1949 年畢業於牛津大學新學院（New College）主修英國文學。1950 年春回國，先在文化部對外聯絡處工作。當年年底，響應號召參加人民志願軍，在空軍從事翻譯工作，之後創立組建情報偵聽團隊。因貢獻突出，被授予二等功及三等功若干次，深受戰友的敬佩和愛戴。1958 年夏，與妹妹德海的東北師範大學校友張華英結婚，育有二子二女。1980 年從空軍轉業到《中國日報》社論部，任資深編輯，直至退休。2006 年 9 月病逝於北京，安葬於八寶山人民公墓。

熊德輗（書中「羅定」原型）：1927 年 3 月出生於南昌，1937 年底隨父母赴英倫，1948 年畢業於牛津大學彭布羅克學院（Pembroke College）主修歷史。1948—1949 年在巴黎大學研究院研究歷史；1949—1950 年在希臘聯合國巴爾幹委員會從事翻譯工作。這期間，將老舍小說《牛天賜傳》譯成英文 *Heavensent*（1951 年在英國首次出版）。1950 年底歸國，1951 年冬開始，任教於北京外語學校（後更名為北京外國語學院、北京外國語大學），直至退休。1956 年春，與同為南昌籍萬惠真醫生結婚，育有二子三女。教學之餘，曾長期為《英語學習》雜誌的英文寫作專欄供稿，英文道地，文筆詼諧，廣受英語學習讀者喜愛；出任北京外國語大學英語系詞典組編《漢英詞典》修訂版的英語顧問。2015 年 2 月病逝於北京。

熊德海：1930 年 7 月出生於上海，1937 年底開始，留在江西由外祖父母代為撫養。1949 年底和弟弟德達一同抵達英國牛津，與父母兄妹團聚。在大姐德蘭和哥哥德威、德輗的動員和資助下，於 1952 年底返回祖國繼續求學。1953 年春進入上海中學華僑班補習半年，1953 年夏參加全國統一招生考試。遺憾未能考取第一志願學醫，而是被調劑到第二志願，東北師範大學教育系。大學畢業後，先後在吉林通化和梅河口的師範學校任教；1963 年調入新成立的遼寧外國語師範學校（遼陽），轉而從事英語教學。在所有教學崗位上，都深受同事和學生喜愛。1958 年冬，與哥哥德威的戰友傅佩結婚，育有一子一女。1978 年 2 月病逝於瀋陽。

熊德達：1932 年 2 月出生於北京，1937 年底開始，留在江西由外祖父母代為撫養。1949 年底和姐姐德海一同抵達英國牛津，與父母兄妹團聚，1954 年進入牛津大學的大學學院（University College），主修俄文和法文。翌年退學，後轉入倫敦大學學院斯萊德美術學院（Slade School of Fine Art），改學藝術。1959 年畢業前夕，與同學塞爾瑪·蘭伯特（Thelma Lambert）結婚。育有二女一子，在英國倫敦定居至今；在首任妻子塞爾瑪於九十年代初因病去世後，德達於 2009 年秋與朱麗亞（Julia）再婚。德達在中年後，從藝術界轉行美食界，撰寫出版多本中餐及亞太地區食譜。他是英國最著名的中餐烹飪的權威之一，曾在英國以及歐洲多國從事烹飪教學和美食諮詢，並遠赴印度指導餐飲培訓課程。

熊德荑（書中「羅瓏」原型）：1940 年 1 月出生於英國盛奧爾本斯（St. Albans），三歲時隨家庭搬到牛津，1950 年入讀牛津中學（Oxford High School），1962 年畢業於牛津大學瑪格麗特夫人學堂（Lady Margaret Hall）主修數學。後赴劍橋進修計算機編程，在倫敦工作三年後，於 1966 年底移居美國。最初居住在波士頓，曾參與「阿波羅登月計劃」相關項目工作。1977 年畢業於麻省理工斯隆管理學院（MIT Sloan School of Management），獲理學碩士學位，之後搬到美國首都華盛頓（哥倫比亞特區）工作生活，與伴侶喬治定居於此至今。退休前曾長期就職於美國國家科學基金會，九十年代初期，曾多次出差赴南極科學考察站工作。

熊家再下二代共有孫輩 14 人，重孫輩 18 人，分佈在中國（包括香港）、英國、美國、愛爾蘭、葡萄牙、加拿大等地。詳見熊家三代關係示意圖。

熊式一、蔡岱梅
熊德蘭
熊德威
張華英
熊曉蘭
熊繼周
熊傑
熊英
熊德輗
萬惠真
熊壯
熊心
熊偉
熊堅、熊強
熊德海
傅佩
傅成鋼
傅一民
熊德達
【塞爾瑪】
朱麗亞
熊愷如
熊安如
熊蔚明
熊德荑
喬治

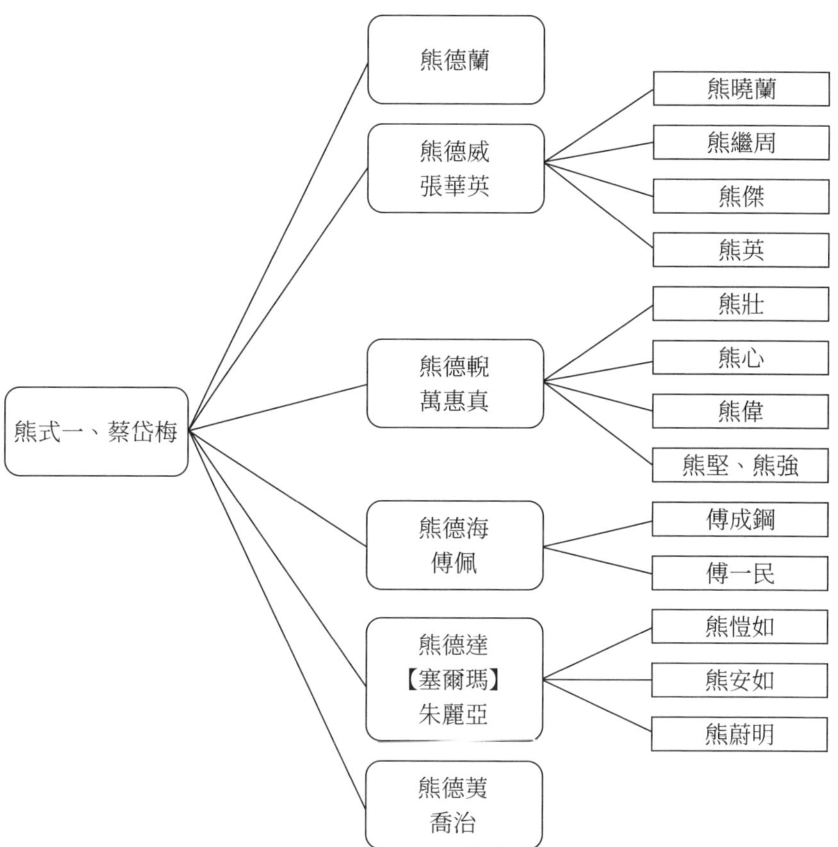

熊家三代關係示意圖

南昌 1933：合影的背面寫有，民廿二年五月卅一日攝於義校蔚挺（圖書館……等字被覆蓋）；從左至右：蔡岱梅、熊德海、熊德蘭、熊德輗，熊德達、熊德威

北平 1933（1933 年 12 月攝於北平）
蔡岱梅在大學讀書期間留影

母女合影（1930 年代中期攝於南昌）
蔡岱梅與母親劉崇秋的合影，她們 1937 年底分別後，再也未能相見

三個小留學生（約攝於 1938 年，倫敦）
從左至右：熊德蘭、熊德威、熊德輗

倫敦公園野餐（此照應為熊式一拍攝）
從左至右：熊德輗、蔡岱梅、熊德威、陸晶清、熊德蘭、崔驥

倫敦作畫圖：「大小畫家同切磋」（約攝於 1938—1939 年，倫敦上公園路 50 號）
從左至右：蔡岱梅、熊式一、熊德威、蕭淑芳、熊德蘭、熊德輗（第一排）；崔驥、姓名未知（第二排）。

逸伏廬的客廳（照片背後附有標註：廖仲周攝贈 一九四七，八，十五 牛津）
從左至右：蔡岱梅、陸晶清、熊德荑、吳素萱、熊式一

逸伏廬的草坪（約攝於 1947 年夏）
熊德荑騎車嬉戲，背後坐者為熊德蘭

手機穿越照：當年的他們也在看手機嗎？
（約攝於 1947 年夏，逸伏盧）
從左至右：熊德荑、吳作人、熊德輗

逸伏盧花園裏的賓主（約攝於 1948 年夏）
前坐者從左至右：熊德蘭、段茂瀾、熊德荑、蔡岱梅、段太太、熊式一、段思孚；後立者從左至右：段三孚、陳威廉、段義孚

祖孫合影：蔡敬襄將留守南昌的祖孫三人合影寄至牛津（攝於 1947.9.14）
從左至右：熊德海、蔡敬襄、熊德達

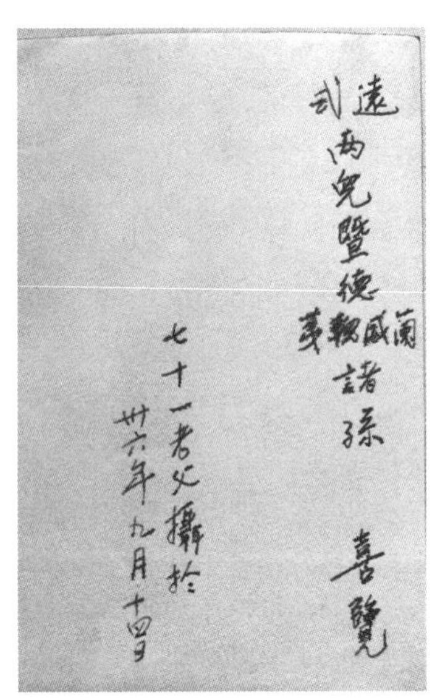

遠式兩兒暨德蘭威靱義諸孫 喜覽

七十一老父攝於
卅六年九月十四日

祖孫合影附言

母女合影：蔡岱梅與熊德蘭母女合影（約攝於1947—1948，逸伏廬）
她們1948年牛津一別，三十年後才在倫敦再次相見

久別後的半團圓：熊家三小子女與父母和崔驥叔叔的合影（約攝於1950年春，海伏山莊）
從左至右：崔驥、熊德海、蔡岱梅、熊德荑、熊德達、熊式一

兄弟姊妹合影：他們對未來充滿憧憬（約攝於1950年秋，海伏山莊）
從左至右：熊德輗、熊德海、熊德荑、熊德達

崔叔叔的自行車（約攝於1949–1950年，牛津）
在療養院的崔驥先生和他心愛的自行車

小熊德美戲戴牛津學位帽

THE OXFORD TIMES, FRIDAY

Deh-I. Hsiung receives her form prize from Sir William Cash at the Oxford High School for Girls' prize-giving in the Town Hall on Tuesday.

《牛津時報》(1959 年 2 月 27 日)一篇報導中，熊德荑上台領取牛津中學的學年獎

熊德荑獲得自己的牛津學位留影，攝於 1962 年

姊弟與乾娘（約攝於 1955 年，北京）
熊德蘭和身穿軍裝的熊德威與「乾娘」的合影

兄弟姊妹嫂：快樂的五人幫向海外的父母報平安（攝於 1956 年，北京）
前坐者左至右：萬惠真、熊德蘭、熊德海；後立者從左至右：熊德輗、熊德威

夫妻合影（約攝於 1935—36 年，倫敦上公園路 50 號）
既是親密伴侶，又是文學夥伴

倫敦 1935：熊式一古道熱腸樂於陪同
從左至右：熊式一、梅蘭芳、黃柳霜、余上沅

OFFICERS.

Patron:
H.E. THE CHINESE AMBASSADOR.

President:
Prof. W. G. S. ADAMS.

Chairman:
Miss LEUNG MUN-HUA.

Hon. Secretary:
Mr. LOO TI-LI.

Hon. Treasurer:
Miss B. ROBINSON.

Committee:
Miss HSIUNG DEH-NAN.
Miss H. VAUGHAN.
Mr. HUANG LI-SUNG.

MEETINGS.

Unless otherwise advertised, all meetings will be held at 8 p.m. at the Old Library, All Souls College.

Friday, May 4th.—1st Inaugural Meeting.
Discussion of Draft Constitution and General Election. Opening Speech by Prof. W. G. S. Adams.

Wednesday, May 16th.—2nd Meeting.
'Modern Chinese Literature.'
Prof. Fan Tsen-Chung.

Wednesday, May 30th.—3rd Meeting.
'Smiles and Tears of a Dramatist.'
Mr. Hsiung Shih-I.
(Author of 'Lady Precious Stream,' etc.)

Wednesday, June 15th.—4th Meeting.
'A New Approach to Chinese Literature and the Development of Thought.'
Rev. E. R. Hughes, M.A.

牛津大學中華俱樂部 1945 年第三學期活動單正反面
成員包括主席梁文華小姐（Miss LEUNG MUN-HUA）、祕書盧先生（Mr. LOO Ti-Li，中文名盧迪利）、幹事熊德蘭小姐（Miss HSIUNG DEH-NAN），還有一位幹事黃麗松先生（Mr. HUANGLI-SUNG）；
前二期的講座嘉賓為范存忠教授（Prof. Fan Tsen-Chung）和熊式一先生（Mr. Hsiung Shih-I）

華僑登記證
Certificate of Registration

第二輯

散文隨筆選錄

大公報　中華民國三十六年十二月三日　（第三張）

家庭　（第五八八期）

寄將出國的太太們

（倫敦通信）

〈寄將出國的太太們〉

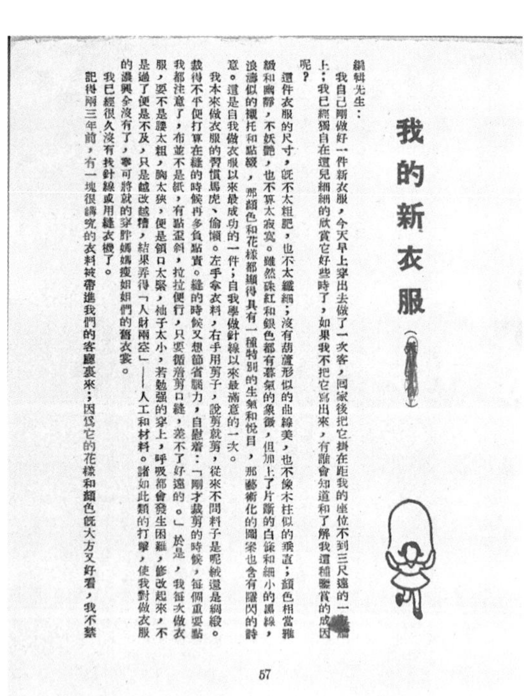

我的新衣服

編輯先生：

我自己剛做好一件新衣服，今天早上穿出去做了一次客，回家後把它掛在距我的座位不到三尺遠的一■上；我已經獨自在這兒細細的欣賞它好些時了，如果我不把它寫出來，有誰會知道和了解我這種鑒賞的成因呢？

這件衣服的尺寸，既不太粗肥，也不太纖細；沒有葫蘆形似的曲線美，也不像木柱似的垂直；顏色相當雅緻和幽靜，不妖艷，也不算太寂寞。雖然硃紅和銀色都有暮氣的象徵，但加上了片斷的白條和細小的黑綫，浪濤似的襯托和點綴，那顏色和花樣都顯得具有一種特別的生氣和悅目，那藝術化的圖案也含有隱閃的詩意。這是自我做衣服以來最成功的一件；自我學做針線以來最滿意的一次。

我本來做衣服的習慣馬虎、偷懶。左手拿衣料，右手用剪子，說剪就剪，從來不問料子是呢絨還是綢緞。裁得不平便打算在縫的時候再多負點責。縫的時候又想節省腦力，自慰着：「剛才裁剪的時候，每個重要點我都注意了，布並不是紙，有點歪斜，拉拉便行，只要循着剪口縫，差不了好遠的。」於是，我每次做衣服，要不是腰太粗，胸太狹，便是領口太緊，袖子太小，若勉強的穿上，呼吸都會發生困難，修改起來，不是過了便是不及，只是越改越糟，結果弄得「人財兩空」——人工和材料。諸如此類的打擊，使我對做衣服的濃興全沒有了，寧可將就的穿胖媽媽瘦姐姐們的舊衣裳。

我已經很久沒有拿針線或用縫衣機了。

記得兩三年前，有一塊很講究的衣料被帶進我們的客廳裏來；因為它的花樣和顏色既大方又好看，我不禁

57

〈我的新衣〉

一

蔡岱梅散文隨筆選

《大公報》家庭專欄（第五八期）
（1947年12月3日）

寄將出國的太太們

（倫敦通信）

蔡遠彤[1]

太太：你的護照行裝都準備完畢沒有？你是不是完全因丈夫的關係而出國？如果你沒有考上留學生公費，父親又沒有給你唸書的學費，當然不過是和丈夫同來觀光觀光。他既因公出國，而又不知要耽擱多少年，你是否有什麼具體的計劃？你的責任雖然是來組織家庭，但總得有個主張。最好你們的孩子已可入學，不那麼把整個世界牽制着你。如果拖着牽的抱的孩子出來，情形最糟。這須看你們的經濟情形如何？假若收入不夠請保姆，又不能送入托兒所，那就狼狽不堪。（英國托兒

1　本文作者蔡岱梅，字遠彤。

所膳宿每個孩子每週需三鎊至四鎊。白天國家托兒所只膳不宿，非母親有工作不收。）近年英國中產階級也是沒有辦法，既沒有能力雇住在家裏的傭人，又沒有辦法送出去請人照看，多半是母親甘心為家庭為兒女服務到底，整天處理家事。她愛她的孩子，愛她的丈夫，愛她的家，只有甘心情願犧牲她自己的一切為大家快活。

如果你暫時沒有孩子，那就時間多得多了。你預備讀點什麼，只要把你的時間支配好，兩個人的家庭生活當然簡單。英國很多婦女白天在大學教書，早上和晚上還要做自己兩夫婦的飯。她並不以為自己有了高尚職業，便不屑做家庭裏的瑣事。只怕我們出洋的太太們，一則你們十分不願做勞動的事，再則孩子又接二連三地出世，弄得整天抱怨丈夫，不從旁幫忙，結果他只有遲去辦公，早退回家，幫你買東買西，管領着孩子，讓你清靜休息。可是偶爾如此，還無所謂，要是經常如此的話徒令你的丈夫內外兼差，事實上既不能痛痛快快解決你的難題，又阻礙了他的前程發展，也許家庭生活將永遠陷入不痛快之中。

做家務本無意味。可是仔細一想，打牌聊天又有什麼意思？每天報紙和書不能不過目，你有興趣晚間還可寫東西，看戲，看電影。英美有些學生晚上帶着功課上人家做功課，兼看孩子，此種工作叫做 Sitter。（孩子睡了，不過以防萬一出事。）如此夫婦才放心晚上同出去消遣和交際。總而言之，中國太太初來海外，一切和國內習慣不同，得遷就環境就得遷就。最要緊不要放過在外國學外國文的方便，無論如何忙，人家讀一年而我們則讀三年四年，所謂「雖柔亦強」，決不可灰心推說沒有時間，把機會白白丟了。

「決心」和「恆心」最要緊，有的太太吃虧的地方在太肯犧牲自己全部精力，集中家事，而不分出時間來學外國文字，將來回去一定懊悔。

在國外，人生地不熟。可是千萬不要多慮，提起精神來擔當一切。自己心安，一家安寧。為了家務，雖然不能繼續上學讀「學位」，但並不要緊。學問是自己的，自修是隨時隨地可以而無止境的。英國圖書館也辦得好，任何人都可借書回家，按時送回，過期每週僅罰一便士。多讀英文自然長進了。

我十年僑居在此，自戰前至戰後，眼看國內來的夫婦，住一年或十年回去的，不知多少。旁觀和自己的經驗所得，覺得尤其有孩子的家，你不耐性也得耐性。與其煩悶一場，百事無成，不如下個決心，目前責任總得做好。初來的少奶奶，最不慣提籃子上街買菜，認為那是老媽子才做的事。有一位朋友把衣服小箱子提着上菜市，回家倒出濕的乾的東西，全箱子都髒了。小箱子雖體面些，只是質重量小，不合實用。英國婦女多用提籃和網袋，輕便多了。大家如此，亦無所謂好看不好看。初到的太太們，有的常常喜歡對外國人談她在國內用多少傭人，從沒有到過廚房，也不會做那樣，也不會做這樣。你的意思不過表示你的身份，高尚闊綽。但是外國人並不因為不受家事訓練的人為闊人。上至他們皇后和公主，下至每個女中學生，通通要學點做家事本領。愛好不愛好是另一問題，她們沒有一個不會管家的。

戰前人工較多，各店鋪去電話都可送貨到家。開戰以來，人工汽油都缺乏，大部分家庭雇不着傭人。店子裏不僅一概不送貨，根本連貨物也缺乏，一切都受政府限制。買食物時非站隊不可（店員少）。一直到現在還是如此。有的食物已規定每週每人多少，間或有一點例外的吃的用的，但你不能說是你有錢多買點以備沒有時買不到。各店一概公道，認為每人只可得一磅或半磅，茶杯或鍋盆，每家只可一份或兩份。他們的意思要每家都享受一點，但是數量又不夠分配，所以非站隊不可，一直到這批貨賣完為止。有時為了要舉行一個小小茶會，也要站一兩個鐘點。最不幸的，也許等着快臨着你到櫃台時，在你前面一個人恰買了最後一個。而你明天已約好朋友，非設法弄一個餅不可，但是即使你向店員哭訴，也沒有辦法。如果糖和油不受限制，自己在家裏可以自做。英國人也最喜歡家製的食品。無奈省不出材料，真是難為巧婦。像這類麻煩頭痛的家事，不勝其數。在國內只要有錢什麼都可辦到，也許那時你怨不該來外國。可是耐性住個半年以上，看他們的規奉公守法，和我國情形相形之下，也只當受了無限教訓了。

朋友們多譏笑英國人不會烹調。其實只要營養夠，便可以，何必一定要在烹廚上花費那麼多時間。英人早晨比較好，意謂一天開始，須吃飽才有精神工作，中餐簡單，晚飯比較稍好。這是指知識階層中上的家庭。如工人家中，中餐仍是主要的一餐，因為下午勞動，不得不吃得飽些。可是並無正式晚餐，只有所謂 High Tea[2] 比普通午茶多點東西。不久以前，有一位留學生帶了太太和一個小孩初到英國，住在一家蘇格蘭人家，包了房飯。第一天一到，房東問他們要不要「高茶」。他們當時不想吃，就說不要。以為晚飯也快了，何必再吃茶。哪知一直到很晚，迄無動靜。孩子餓得直哭。因為初到太生，又不便擾人重做，大小三人只有空着肚子睡了一晚。

英國生活主要在工作，食物其次，這是值得我們主婦學的。你也許會想到，為要省麻煩，乾脆住包飯的人家。事實上也不是那樣容易解決。第一，如一家數口，統統住包飯人家，恐怕每月所入用在吃住上都不夠。這是要你來了才明白的。其次，英人極守時間，如定某時某刻吃飯，那時你即使在十里之外，也得趕回。假如某餐不吃，非先一日或早上通知不可，因為他們做了，你不吃掉，認為你這份算暴殄天物，這是他們最不高興地事。還有種種不方便的地方，最後非叫你

2　英式下午茶。

另起煙火，只好自己做飯不可。

你既然主持一家中饋，雖說不必像國家領袖轟轟烈烈地頤指氣使，可是你有一種神力，丈夫在外遇不得意，或他與朋友間有誤會時，非向你傾吐不可。你給他安慰，勸他胸襟要寬，眼光要遠，決不可意氣用事，傷朋友感情。前人所謂化乖戾為祥和，這就是女人的偉大處。孩子們由學校回來，如談到同學先生有什麼不平或也是誤會之事，你也得從各方解釋，千萬不可讓孩子們佔點小便宜，表示表示中國人的強處，那是可恥的。

如果你有成羣的孩子，而丈夫的脾氣又古怪，你這一輩子夠傷腦筋了，你就得加緊犧牲，栽培得丈夫和孩子事業學業都得順利成就開花結實。你也可算得一個無名的花匠。人間只知道稱羡花與果，誰憐灌溉人的辛苦！

《天風月刊》[3] 創刊號

1952 年 4 月

你先看看，再來比較我們的看法[4]

鄉居瑣記

蔡岱梅

小時聽故事說鄉鼠羨慕城鼠常常可嚐到山珍海味，但城鼠卻羨慕鄉鼠大地豐收，風景幽雅。結果兩鼠在半途相遇，彼此訴苦後，仍以各自回到自己的老家為妥。但人類永遠地在實地嘗試中；在我初到倫敦時，被一位英國詩人兼戲劇家 —— 曾作香妃悲劇在倫敦上演 —— 邀請我們一家五口到他離倫敦百哩的別墅去度假，主人夫婦天天陪我們看園，看林，看農場，天天吃的東西多是從本場出產的。我們住的倫敦房子是上兩層，樓下兩層歸房東自己用。後面有小小一方地，當然也是歸他們的。那時我們三個孩子上學回來只能躺在房子裏看書。做完了功課，兩兄弟無聊時只能在地氈上打架活動，無園地可走。當時我就感覺如能遷到鄉下住，對孩子空氣好，自己又可種菜養雞。但為得學校關係，也就難遷移。

不久第二次大戰發生了，倫敦學校由政府疏散，我們也就輾轉搬了兩次家，也都是以挨近學校為目的。最後一次是為得大孩子快進大學，恰巧碰到牛津有一幢空房子出租。當時我們還在猶豫是不是對我

3 《天風月刊》由林語堂先生主辦，於 1952 年 4 月 – 1953 年 1 月在紐約出版發行共十期。

4 《天風月刊》原編者按。

們太大了點，但是那時要房子之難有如登天，豈能由你選擇，所以勉強租下了。雖然仍算市區之宅，但房屋四圍有樹木花草，戰時為得不易找工人，可也傷了不少的腦筋。每年房東夫婦必來觀看一次，這個園是他親手培植好的，他對園藝是內行。我們只能欣賞，對植物生長毫無研究。我們半工園丁又粗又笨，所以有很多要特別種植的樹木花草他全不懂；我們也不懂，有時房東夫婦滿面笑容地指給我們看，這種應該如何才好，那種要這樣才好。他們走後，我們轉告工人。但是第二年不免又會出更多的毛病，這只逃不過專家的眼。但是我們的朋友沒有不說這個花園好的。我有時告訴他們：「可惜你們沒有看到我們尚未搬來之前的花園！」有的朋友以為我謙虛，卻也有的朋友以為我吹牛。所以後來我也不多解釋了。

我們喜歡朋友，同時又在著名的大學城。中國人來到英國的，經過英國的，不論是研究學術，考察教育，文武官員或致力工商的，一踏上英國海岸就想看看著名的兩個大學：牛津、劍橋。若是時間太匆促，只看一處吧，那多半會先想到牛津，順帶來看我們。孩子大了，也有他們的朋友來。還有幾位老友又帶他們的朋友來，重重疊疊的朋友，總是整日歡笑。朋友常誇我燒的中國菜好。因為無廚子，客人不能問是粵廚師還是川廚師，只好胡誇幾句。其實我做飯做菜還是來到英國後開始的。為得英國菜是世界上有名的簡單，加上中國朋友怕馬鈴薯，所以我再燒得壞，比馬鈴薯白水蒸魚總好一點。我有一位老友非常直爽，她說：「你不要以為你燒菜好，在國內隨便哪家燒的菜都比你好，因為這批牛津學生吃學校的飯吃怕了，所以特別覺得你做得好。」我只好笑笑，我的朋友雖也是中年，可是她的興致和說話，還是很年青的。但是我的精神常常疲乏不堪，白日過勞，晚上常失眠。心想，等一日住在鄉村或可清靜了。

六年租期滿時，我們極力在離城不遠的鄉村找房子。目的並不是想人家三顧茅廬，而是為自己着想。男的想靜點寫作，女的想免應酬可休息。大兒那時也想試做小規模農場。結果天從人願，居然在離城五英哩一個村莊租到一幢老式屋子，小女孩有鄉村公共汽車進城上學，真是一切都合理想了。

此屋據說是一百多年前造的。名雖為 "Heyford Hill House[5]"，但不見山形。由小坡上去時即可看見五枝高大的松樹，稍近點才看見一幢老式的屋，頗像我國山上的古廟。我們初次看見時又驚又喜。雖不像桃源，但頗像偵探電影中的屋子，靜悄悄地向着河流，四面很遠才有住戶。我們立即租定了。同時由各方打聽，是不是原住人被謀殺了。結果知是一位老太太在此四十年，從未修理。自她死後，又有一年多，鎖着無人管理。屋內蛛網極豐富，糊牆紙裂破掉落，積塵之厚不可插足。屋側屋前的草地，各有各的高低，頗似自有春秋，各不相讓的態度。地鼠放肆其間，左右全是牠的洞府。園地要整頓，後面的野草，都快有人一般高。我高興地是我們整理後的園子，再壞也不致如此荒蕪。此後房東來，只能欣賞而不會批評我們了。一連忙了幾個月，等到泥水完工，我們搬進來時已是五月中旬了。那時家花野草滿園滿庭；我們半工園丁天天用大鐮刀割草。鏟除一部草，到廚房做菜時，兩雙手臂總是滿了的紅痕。雖然沒有淋淋的血，看了仍叫人感覺不安。但他總是笑嘻嘻地兩手輪流地在臂上擦着，說：「不要緊，不要緊。」令我記起數年前，我們有一位書生老友。他有一次在一位英國朋友家過假。那家也是在鄉下，兩夫婦以種園代替參戰工作。雖然另一方面盡了做人民的義務，可是他的岳父卻從此看不起他了。他愛寫詩，摘果種菜時吟詩不絕。我們這位中國朋友也愛寫詩，因此他們很相投。我們這位朋友有時在園中也幫幫他的忙，也可以說是加上點

5　該住宅英文名為「海福特山房」，熊家入住後將其命名為「海伏山莊」。

他們的小忙。他一面做一面喜批評。有時鏟子太重了，要他們換輕點的；有時覺東邊地石子太多不好鏟，跑到西邊拔草；忽然發現奇物似的，看見牆邊有一堆茂盛的深綠草，便一邊欣賞一邊告訴主人：「我們中國很多如此的麻葉，可以用來織夏布。我最喜歡摸這種軟軟的葉子。」說着用手在葉上一掃，跟著跳起大叫：「痛啊。」朋友們笑著說：「我們以為你不怕荊棘呢。」他簡直活不了，要他們找藥敷上，綁起。朋友們很客氣地對這位東方詩人，只有陪他進房休息。朋友的太太拿了雪花膏替他擦上。他一直問個不休：「為什麼英國有看不見刺的可怕東西？」可惜我們的荒園沒有這位詩人來鏟除。他在醫院養病。這次不是皮膚傷而是內病呢。他一定想像不到我們這位園丁滿不在乎的精神。

沿着園就是河。此河即泰晤士河的上遊，可以直通牛津城市。可惜每段有閘，遊船不能暢行，要等待閘開放。否則我可以划船進城買東西，比受長途公共汽車時間之限制有意思多了。初搬來的夏天，不僅孩子們喜歡划船，大人也是一樣喜歡新鮮。今夏的船卻仍在地上，一直沒有下水。有時看看牛津的準備比賽船經過而已。向西窗戶大可欣賞河上風景。晚間如關了燈，由這些窗戶遙望對岸樹林中點點燈光，好像黑夜火車快進站的前幾分鐘所看到村莊燈光一樣。再遠點就是由倫敦來往的火車。雖然聲音不近，初搬來時也有點不習慣。現在如不特別注意，簡直忘了有火車經過。有一晚我們的二兒由巴黎回來，子夜方車到。他的爸爸去車站接他，我則臨窗凝望。近十二點鐘，一列燈光燦燦的長車迤過，知道半點鐘內父子就可到家了。我走向廚房把咖啡用小火溫好。那時的心情，我想誰家母親倚閭待兒都是一樣的難以言喻啊。

屋後有不少的馬房，還有養豬的石磚矮房。菜園隔牆是大麥田，再遠是一大菜園。初搬來時，大兒即要實行他的計劃。馬房雖有，既不能養比賽的馬，也不可畜馬車，所以馬絕對不養。豬屋雖現成，但他有一次參觀農場嗅到豬的氣味，大吐特吐，把那農場主人笑得不得了。我們半工園丁把幾間豬屋改了養雞房。大兒想先試養百隻，即刻買了一百廿隻小雞，準備死掉廿隻，仍有一百隻足數。買來時沒有分雌雄，據說大概各一半。平日向店子買雞吃，每隻一鎊以上。故五十隻雄的雖不生蛋，但可當肉吃也可賣。五十隻母的，下蛋就算少吧，每日也可有三打上下。政府一定要收買一點，則夠雞食料。我說可以留一點蛋送朋友。他的爸爸說讓孩子去擴充雞場，哪能做人情把蛋送人。我記得那次為將來雞蛋的支配，兩老夫妻還爭執了一番呢。

小雞養得不上一週即陸續的不想吃東西，昏昏欲睡，然後就伸伸腿倒地睡長覺。大兒不忍看，不是叫媽媽就是叫爸爸去處理小雞的後事。十數日內死亡之數，已超過預計。一月光景僅存三分之一了。大兒日夜忙，向圖書館借養雞書，研究有什麼方法挽救。魚肝油，石灰汁，都按方買了，結果只是唉聲歎氣，毫無辦法。每早他不敢去開雞房的門，非要人清理後，他才去喂食。三個月後只剩六隻了，看來都像母的。不賣不送人，也夠一家人吃蛋了。那知第二年春間，四隻白的突然改變態度高啼大叫起來，連最後這點希望都成了泡影。大兒回國後，店子一筆雞食賬廿鎊還是老爸爸背的呢。

今夏的菜園比初搬來時整齊多了。露筍裂後，即是鮮嫩的豌豆和蠶豆。我摘時比吃時更有興趣，常常一籃一籃地摘進廚房，剝出一粒一粒晶綠的圓珠向盤中滾。兒女們喜歡吃生的，說是有新採的蓮子味。可見人類脫不了原始猴子時代性格，愛摘果，愛吃生的。我記得有一位英國作家曾做過醫生的。他在他的小說中提到一瓶維他命丸抵不上一粒綠豌豆的維他命多。我們就有一位考究衛生的朋友，他很相信醫生的話，要試驗每日吃兩粒豌豆和三粒花生米尖。因為他聽某生物學家說一粒花生米尖可抵一個雞蛋。這位朋友因體瘦才講究營養，愈講營養卻愈面黃肌瘦。此公現已回國，否則我一定要請來，煮一碗鮮豌豆招待他，也許他認為三個月的補料不能做一次吃吧？

幾位老友總是掛念我們，搬家後仍常來看我們。有一天我的小女兒由學校回家，準備七點鐘上市政廳去參加牛津中小學校一年一次的集體合唱大會。恰逢那天下午教她彈琴的老師也來教她彈琴。我到廚房準備做菜時已聽到她們練琴聲了。大兒、二兒都要同她去市政廳捧她的場。她上完了琴課就出來問我換什麼衣服，要不要重梳辮子。一位詩人和一位中國小姐正在此時來看我們了，孩子的爸爸卻不見影兒。他自搬家以後更忙個不了，簡直無暇坐書房。等着我把茶送進飯廳，這位詩人畫畫的靈感來了。他要畫教琴小姐的像。要小女孩拿顏色、紙、筆、水，拖椅子，向窗子取光。同他來的小姐因腿不好，想是走累覺得很餓，大吃炒麪；我的二兒又在談他的笑話，一邊講一邊大笑。做地毯的工人要收工了，他好意順便把飯廳門取下修理，叮叮咯咯地在響。小女孩在叫着說時間不早了，我又忙着替她梳辮子。正當工人、詩人兼藝術家、音樂家、炒麪欣賞家、男孩、女孩、母親熱哄哄地鬧作一團時，突然父親笑嘻嘻地手中抱了一個動物進飯廳來。原來他溜去一家人家買了一條小狗回來。他不肯和我商量，怕我反對剛搬家找麻煩。如商量不成功，他一定又難過，所以他就不和我商量地買了。我的小女兒見了小狗興奮得又是一陣大叫，簡直忘了時間，還是兩位哥哥牽着她走了。我沒有喝茶，我喝了一杯涼水。

一九五〇夏，海伏山莊

此稿是去夏隨筆，後因無暇修改，一直放在亂信堆裏。日前式一由劍橋來信問我，我找出看看，雖然只隔一年，但人事變動和去年大不相同了。我最愛鄉居安靜，想利用安靜地生活，把在英僑居十年的經驗，試寫一小說。但眼高手低，希望不致像大兒養雞似的，變成一個泡影就好了。

一九五一冬，海伏山莊

篇尾[6]：怎麼樣？

小品文要寫得如敍家常，明淨，平淡，使人舒舒服服看下去，捨不得放下。熊太太此文好處，仿佛如此。

---

6 《天風月刊》原編者附語。

《天風月刊》第三期
1952年6月

紀念品

蔡岱梅

每日早餐的時我的精神總是高興地期待着什麼，並不是有人把早餐送來牀上，我是要忙着不但自做自吃，還要先趕着做給孩子吃了催他們上學。亂哄哄一陣後可安靜地坐下，讀信喝熱咖啡。這時絕無客人來看你，你可懶散地細細讀信！在這一日之始，常常有使你愉快地消息，咖啡、麪包是身體的糧食，那信就是精神的糧食了。並且信中常常有額外的糧食，——兒女由國內附來的照片，或朋友們附來他們的新兒女的照片。

我的丈夫年青時的眼力比我的好，但初入中年時，他的眼光反不如我的了。很早他就用上老花眼鏡。不過數年的光景，我跟着也配上老花眼鏡了。夫妻本該平等，但他要表示比我高一籌似的，今年他帶了老花眼鏡之外硬要比我多來一套：他的口袋中另藏一個圓形放大鏡，每遇過小的字時，他必拿出他的新法寶來照着讀。我覺得他有點不憚麻煩，似乎裝腔作勢。他還要差半年才到五十歲呢。我父親已是七十四歲了，來信總在信尾註上「七十四老父未帶眼鏡手書」。

昨日接一朋友自非洲寄來的信。其中附了一張她抱了剛滿月的小嬰兒的照片。我倆夫婦搶着都看了一陣，只覺她手中抱了一個枕頭或小包袱似的，我的丈夫加了放大圓鏡對着窗戶看，他仍是看不清這孩子的模樣，他要我試用他的法寶看看，因為我們要寫賀信並且還要答覆那位朋友，告訴她嬰兒像誰。她倆夫婦是最近由英國去非洲的。

她信上說外祖母認為孩子像媽媽，但祖母卻孩子像父親，所以順便問問我們。

我看小字還不至於需要外加放大鏡，但為着看照片，居然這次也用了。令我回想到廿多年前我們第一個女孩才出世一個月時，我們請了照像館來家照像，照像師帶了許多照像器具，由工人挑着滿滿的一擔來我們家，替我們的第一個寶貝拍照。現在我忘了那時印了多少打，但我記得熊蔡兩家的姑奶奶、姨媽媽、叔叔、伯伯，通通送了之外，還要好朋友也送了。因為自己太覺可愛，希望大家看看。尤其週歲時，更是覺得天下孩子再沒有比她可愛的了。那時我曾問過我們的女醫生：「陳醫生，你所看見的孩子多，你覺得還有沒有像如此好玩的孩子！」

十年後，年青的母親漸漸多點經驗，比較稍了解點人生，因為家中不斷地有親戚朋友同住，他們走後常常有被遺棄的各種的照片及舊書等等，照片的反面常有字，雖然並不是給我的，但我不忍讓一張照片與破紙同進垃圾桶，我常常也把它放在我的一堆照片中。我記得有一次我們的外甥女由我家出國，她的同學來我家送行，送她一張放大美術照片，我聽到我們的外甥女說：「胡姐姐，這張照片我永遠帶着，我要給我外國的同學看，這是我國內最要好的同學照片。……」這張照片自她上船後，一直丟在我們上海住宅的客廳桌上。自那次以後，我除了寄照片與老家，不那麼熱心濫送朋友了。但我的丈夫還是年青的熱腸，他至今有時還是要把我們的最小的寶貝照片送給朋友們。

多年後我們住倫敦時，有一次我倆去送朋友的行，那對夫婦要回國，因行李太多，他們的屋子滿地全是不要的書和報，他們只能帶必需品及心愛品，因為行李過重運費太貴。雖然我的丈夫愛書，但為旅行困難也很同情他們。不過略略可惜地說：「你們可以先把書當郵包寄歸，很便宜的，免得這麼多。」那位朋友說：「啊，我已先寄走了一點，這些地上的都是不值得寄的。」這位朋友一面說一面帮他的太太把一小箱鞋子裝好。

我們因另有約會，沒有送他們上火車即先回來了。但我的丈夫在回家路上，他的左手一直彎彎地貼着胸前，雖然沒有用繃帶，也看得出他的左手發風濕痛，尤其他的臉色不好過的樣子。我們回進自己的屋子之後，我才問他：「你是不是左手又發了痛？」他趕快地答應：「一點都不痛。」他的右手即刻插進左衣襟裏取出一本書放進書架中，當時我真有點奇怪地問：

「你真有本事，我沒有看見你進舊書店，如何你買了舊書？將來我們回國時真要包一隻船回國了，你看剛才他們寧犧牲一部分書抛了，多可惜！」

「趕快換衣服出去罷。」他說完即上樓去了。

我走到書架邊，去看他剛插進的是一本什麼書，我驚奇其中突然加了一本是他自己的著作，我取下打開看，裏封面上已題了「滬生兄教正」，滬生即是剛才我們去送行的朋友。我才恍然，他不聲不響由地毯上撿起此書，是怕他倆夫婦看見，同時也怕我傷心。

一九五二年四月一日牛津

—— 女作家特輯之三 ——

《天風月刊》
投稿未選登

天才和外交家

蔡岱梅

天風的創刊，是在海外出版。雖然遠離祖國，但讀了林語堂先生的「蘇小姐無其人考」，好像回到一二十年前讀胡適之先生的「紅樓夢考證」時代了。離國太久，不僅想念家鄉親人和朋友，即中國的墨香亦久未嗅到矣！

我記得我在國內大學唸書時，有很多唸理科的同學看不起我們唸文科的，他們說他們下的工夫是為人類造福的，我們是白糟蹋時間瞎聊。那時你聽了真不知如何對答。十年後，在倫敦，有幾位唸理科的留英中國同學由實驗室送入瘋人院，其中有一位是我的女同學。大概她感覺施用原子彈太不人道，加上過度地用功，神經緊張地關係，也就心不由主了。那時我便不悔我沒有唸理科，因為醫生說我的神經衰弱，否則也早入瘋人院了。也許今日還不會讀到天風呢。

唸文科也好，唸理科也好，研究藝術 —— 畫畫、雕刻也好，差不多都是憑着天性興趣而發展，非人力可強做的。天生萬物，各有其必生之理。即庸人只要做到各盡所能，各取所需，也是盡了天職。但天才創作家，則不僅如此如斯，他們的創作是永不朽的。一個國家的文化可看她的天才所創作的成績。我國的文化，雖是有悠久的歷史的，但我們不能老拿着祖宗來驕人。今日中國的天才常常不肯創作，他們偷懶，混入世俗嘻嘻哈哈去了。這批人不但把自己的天才放棄了，連後來看見了泰山，反認為是那不過是山坡罷了！不，有人說他們的環境充滿了瘴氣，故把他們的眼光蒙蔽了。看不見泰山的偉大，只覺得它是本像！尤其我們的科學家丁燮林先生，有人只覺得他土頭土腦的樣子。似乎一個人的樣子若不時髦便失了國家的體面，同時大家也不必知道丁先生擅長什麼，只要記得丁先生偶有一次心不在焉時誤走入女廁所，這便可給某種人最深印象。大概「廁所」這個名詞比任何理科專名辭容易記得。故走錯廁所反比擅長什麼更重要多了。這是外交家的金科玉律罷？還有我們的華羅庚先生算得什麼天才數學家，又跛了腳。即他的數學造詣深邃，總抵不上我們的外交家的「屈指一算」之神妙。的確，華先生的腿，和丁先生走錯了廁所，恐怕要使馬克思主義受大影響了。嗚呼！

虛心的專家一個作品完成時，決不以成功而自滿，他的專心創造是無止境的。他是要用功到最後一日 —— 等他的靈魂和肉體脫離時才會撒手的。這種天才，一個世紀裏是可數的。但世上還有不少所謂優秀份子，他們才氣發展方向不同，也有抱怨一生的，也有因他的聰明和氣魄都不夠偉大，只可做到小巧程度，也有不肯下苦工的，中途改變職業混混。這樣是不是把天才糟蹋了，或者天生只可發展到如此地步呢？這不是普通俗人所能知的，這要請教能「料事如神」的藝術家、外交家、哲學家。待他「心血來潮」時，請他「屈指計之」則可斷定矣。

抗戰勝利，政府撥了八百美金，要我們擴大慶祝，我們於是請了五百位客人，雇用大音樂隊，跳舞至早上二時，因為我做主人，手也握得累 —— 這真是外交家最光榮的一段。握手會累？要不是波斯人野蠻，即是我們的外交家有風濕病，否則就是巧妙地表現富貴榮華也！可惜那時沒有工夫屈指算算一晚的消耗八百美金可給國內老百姓買多少米？何必弄得外交家握手太累呢！外交家知道，一件女皮大衣，當地購買也要三百美金 —— 這也是他們的常識豐富，恐怕華羅庚先生數學天才一定算不出吧？又：「揚言要發電報向外交部辭職，這一來，可嚇壞他們了，一致慰留，平安無事——。」這真是外交家的天才，——威脅。可惜只用在對內部館員，而沒有用到對外國際交涉上。

我不但住在自由之邦，連家中公婆也早已逝世。若我公婆還在人間的話，他們一定要責我：你這婦人，無知無識，犯了「七出」之一條——多言！

一九五二・四月・牛津

作者致編輯信
（1952年4月8日）

明先生[7]：

昨接由劍橋轉來的天風創刊號，喜甚！在海外有如此的中文刊物，真是一件不容易地事。這完全是先生的籌畫熱心地結果。排版時有沒有人負責校對？似乎排錯字太多，這是排字工人一點點疏忽的地方。

我很喜歡林先生[8]的〈蘇小姐無其人考〉和徐先生[9]的〈橋上〉。我最感詫異的〈大食國的走馬燈〉，好像是當年的上海小報轉載，想不

7　《天風月刊》編輯黎東方先生，亦用筆名黎明。

8　即林語堂先生。

9　即徐訏先生，民國時期著名作家，亦曾為《天風月刊》供稿多篇。

到是一位名藝術家之思想！其酸其吹，失去了高尚文人風度。剛才我寫了一篇〈天才與外交家〉，先生看看如何？最好請先生把此篇同上週寄的一篇〈紀念品〉聯在一起登出，作為隨筆兩則：

一、紀念品

二、天才與外交家

我覺此兩篇都很短，同登反合體。第二篇我完全用客觀眼光寫的，祈先生不必刪略。如字句錯誤之處，則望先生斧正可也。祝

撰安

熊蔡岱梅　四月八日

《南洋商報》副刊第十六版

1961 年 10 月 17 日星期二

英倫來件：我的丈夫<上>

熊蔡岱梅

編者按：本文作者熊蔡岱梅女士，係前南大教授、名戲劇作家兼小說家熊式一先生之夫人。熊先生旅居英國凡二十餘年，曾跟已故英國大文豪蕭伯納翁作忘年交，所作《王寶川》一劇，在倫敦上演時，至獲蕭翁好評，熊之文名因以大起，其後曾將《西廂記》譯成英文出版。最近著有《天橋》長篇說部，有漢文本，到處都可見到。熊夫人在英相夫教子，也曾於餘暇著有關於英國生活之長篇小說一部，漢文本將在香港出版。熊夫人茲應本報之特約，寫一些清新的自述文，本篇即為其一，其餘如《我的兒女》《我的朋友》及《家庭朋友》諸篇將陸續寄來發刊，茲希讀者注意。

讀了外子的《關於內子》，雖然不是捧老婆，但沒有半點抹煞老妻。文裏說我倆老的關係重在寫作，這點似乎令我汗顏。他是已成名的大作家，而我不過帶孩子燒飯的家庭主婦，我們來英多年，平日生活自然地也有點遷就，所謂「隨鄉入俗」。譬如中國丈夫不進廚房的，但英國丈夫都能體諒妻子沒有傭人，凡家中用力的工作，例如英國冬天煤火，總是丈夫提好煤、花園剪草種花等等都是丈夫的勞動，如孩子太小的，替孩子洗洗澡。牛津的年青導師，連孩子尿布都會洗，當年我的外子除寫作外，這些工作也都能做，他並不是中國所謂「白面書生」不知油鹽柴米的。至於我平日家事餘暇時，或晚飯後也可看上數頁書，後來兒女大了，他們喜歡的小說也介紹給媽媽看，連最小的女兒由學校圖書館借來一本《末街的一個家庭》(*The Family From One End Street, By Eve Garnett*)也要媽媽看，我一晚讀完後引起我寫那本《海外花實》(*Flowering Exile*)。然後外子替我譯成英文，故有機會在英國彼得書局出版。但在他翻譯期中，夫妻常發生爭執，他素來不捨得剪短衣，剪短頭髮，(我剪短了我們最小的女兒兩條辮子時，他有三天沒有和我說話)，故對我原稿有時我自己要刪去的，他仍是通通要譯出來，或添一二句過火的形容。雖然平日我們看書的趣味很相同，喜歡輕鬆地、幽默的文字，但寫東西時，他的才氣豪放、氣魄大、文字老練，而我則生疏，不善於修辭，亦不愛過於透露。

我要談的外子，不是他的著作，也不是初婚時的戀愛，而是他的性格。一個人的性格可代表一個人的內心美，這種美高於外表的。他不是美國女孩子崇拜的高而黑，他恰恰是相反的。當我新婚時，幼稚的少女心理，覺得丈夫不夠高是一種缺憾，等着我們共同生活、經過幾次患難，又接二連三的六個孩子出世，我們都不覺由青年而入中年，現在正步入晚年了！特別是我比他衰老得快，雖然他比我大三歲，看來我要比他老十年了！我並不覺這是不快意事，我的代價是最小的女兒都快在牛津大學畢業了，為了這最末一個孩子，不放心讓她一人在此，故我沒有伴外子去香港。朋友們站在教育問題上，說我是對的，但另有朋友站在老夫方面需要伴侶，那就說我不對了。當然我的矛盾心理上也是鬥爭過的。

有一次，有一對夫婦，也是中國作家，由美來英旅歷，順道來牛津看我們。那年外子正好由香港回家一趟，在我們的飯廳中有一張我們初到英時的大照片，這位朋友指着問我是誰的照片，那時不知何故，我脫口而出的回答：「那是比王寶釧苦守寒窰還多一年的我！」我只是感覺離國十九年太久之故，但我的外子聽了很不舒服地說：「我又沒有抛棄你」！朋友們大笑起來，當然是我用的譬喻不對，特別住在很大的高樓，因為一時我不想囉嗦，一定要說上一串「某某先生，你看我老得多快，那不過十九年前的我啊！那時大家不相信我有五個孩子，恐怕今日恰恰相反的也不相信了。」

外子的嗜好不是煙和酒，而是喜歡收集古玩、名畫書籍等等。他是文人，收藏也是應該的，不過他有時着迷似的，無限度地買。他為了怕失去機會，有時寧在銀行透支款而要得到。如此卻使我為了氣惱而失眠，因此他常常買了小件的東西就藏起，有過數次買了大件紅木傢具，先放在朋友家，然後告訴我有一位朋友的姑母死了，留下幾件傢具給她的姪兒，那位朋友不想要，轉送了他，故他叫搬家公司運回家。再過數月，又說還有幾件沒有搬完，又叫公司運來，並附有大理石人頭等等，我遲鈍的腦子那次突然明白過來，我對他說：「式一，蒲蒂藹的姑母的趣味完全和你一樣呀！」他聽了不做聲，他已知道笨妻突然也會明白。自那次後，有朋友欣賞這類東西時，他也就不用顧忌地大說這是什麼古玩店買來的。〈上〉

《南洋商報》副刊第十六版
1961 年 10 月 18 日星期三

英倫來件：我的丈夫〈續〉

熊蔡岱梅

外子這種好收集癖，也是他一生由錢堆裏爬過而沒有積蓄的原因；不過，如遇家中經濟緊時，他即刻可割愛地把古玩出售，因此也就知道當時他付價的損失。他不覺得生活高，也不覺得人生會有意外，當他第一個劇在倫敦大成功時，年紀還青，但人壽保險公司派人來勸他保壽命險，他即刻選了最短的年限，他說年限太長了的，怕他自己用不到。果然十五年期滿時，他還不到四十五歲。三個大兒女考取了牛津大學唸書，我們家也住在牛津城一幢大房子裏，儘量佈置講究傢具，並瞞了老妻在波斯托人帶了一件皮大衣送老妻，自己則在倫敦最貴的衣服店再另訂做十套西服。確實如外子心願，由他化得漂亮，不像英國丈夫拘謹，視保險費是準備死後給妻子兒女的，也許妻子先死，兒女大了結了婚也不需要，並且入大學期也過了，這點不能不說外子眼光看得不遠。

外子如此大方，但並不是浪費。他對家中每次的包裹都細心地解結，把繩頭一小捲一小捲積在一個抽屜中。家中任何人臨時要一根繩子時，只用打開抽屜即可選一根長短剛好的。這不僅是省了家中一筆小開銷，而是惜物的美德。我記得有一次他由劍橋放假回牛津的家，一進屋子還沒開口說話，即發現地上有一根用剪刀剪開包裹的繩子，這是我們的老四剛由國內來，尚不知父親的家教，她接到書局寄來的書，心急不肯細心解結，而用剪刀剪了，即刻拿了書上她的書房去了。老父親這次心痛非同小可，由地上撿起被損壞的繩子，他舉在手中抖抖地說：「這是誰糟蹋東西？將來要窮死的！」他竟氣得臉上紅紅的，氣呼呼地坐在沙發椅中不理人，孩子們圍着叫：「爹爹回來了，爹爹回來了。」他一心在可惜斷了的繩子，他離家才數週，內子放縱孩子浪費，故一時氣得轉不過笑臉來。我懂得他坐長途火車累了，肚子空時特別易生氣，我即刻進廚房替他做點熱東西吃，他吃到家中養的雞生的新鮮蛋，立刻談笑風生。

他喜歡家，喜歡朋友。我們週末常常有朋友來訪，飯後也常常玩橋牌，這也是外子特別有興趣的消遣。他興奮時聲音會很高，他喜歡研究牌，因研究他常是覺得對過合作人打錯了。有時他會講道理為什麼打錯了，他雖然不是責備對過的人，但生朋友會連連道歉。他不管是生人、熟人、男朋友、女朋友，像教做錯了事的孩子似的；如果是女朋友，或是很生的朋友，我會用腳在桌子底下踏在他的腳上，暗示他客氣點。他也就會即刻轉回笑臉，聲音低沉地說：「你應該猜到我只一張呀！你為什麼不再出一張，那我就可以用王牌呀！」有時我會幫客人解圍地說：「你沒有看見她的牌，也許她也沒有了，她拿不出呀！」但他仍會肯定地說：「有的，有的，因為我短，不見兩家都短。」牌已經發了下一遍，三家等他結束講牌理，他仍感覺不服氣，失了機會沒有用到王牌，似乎太可惜，這是外子對任何東西不可糟蹋和不可錯過的原則。如果對過又忘記了他叫過什麼牌，開始放了一張錯的，那他又要聲音高起來，連我的腳在他的腳上踏得緊緊的，他也不管。他很熱心地一定要講給那位朋友聽，有時他感覺自己的腳被踏得痛時，他會向我說：「你不要管我，我打牌喜歡研究，才有進步，不像你老打不好，太不用心。」我所以擔心的是客人受多了他的「研究」，失去了大家玩牌的樂趣，故我自己常常做他的合作的人。我懂得他，只是研究牌，而不是惡意責人，因此我常是硬着頭皮讓他講理和埋怨。

慚愧的我的橋牌永遠沒有進步，如果夠四人時，那我寧願替他們做點心泡茶，主要原因是他熱心，不肯馬虎。

提到外子熱心，我們結婚十多年後，有一日他才告訴大兒女們，當他在北京上大學時，常常寒假時南歸過年。乘京漢火車，有一次在火車上和一位穿黑長袍的神父談得來，一來外子唸英文，學生時代英語即非常流利，二來神父長途也寂寞。那次神父是要在半途下車，又是半夜到某站，他對外子說，他睡得熟沉，恐醒不過來，外子即刻答應到某站時去叫醒他。神父很高興地說：「那好極了，你只管推我起來，我有時睡糊塗了，不肯起來的。」那晚上神父高枕無憂，知道有一位靈敏的中國學生會來叫他。外子既答應之事，必盡力做到。他自己差不多沒有睡，一直聽到了某站，即刻去找那位神父的臥鋪；當然很容易地由玻璃門窗看到他連長袍躺在牀上，眼鏡子也沒有取下來，長長的鬍鬚，外子即刻認得他，推醒他，告訴他到站了。那神父用手推開說：「不要吵，讓我睡！」正好有一位茶房經過，外子即刻叫茶房幫忙提箱子，兩人扯他、推他下火車，神父直嚷「不是的，不是的。」外子對茶房說，吃晚飯時他明明說要我來叫他，並要我用力推醒他。幸好茶房力氣比外子大，很容易地兩人把神父拉下了車，行李也幫他拿下去了。不久火車開動了，外子才放心幫了一件大忙，愉快地回到自己的座位上。剛想倒下睡了，即刻聽到有一個外國人由那頭直嚷過來：「如何不叫我下車？」也是一位穿黑長袍戴眼鏡子的有長鬍鬚的神父！外子即刻明白過來，剛才推下車的是錯了的。那時外子尚未結婚，大概還不到廿歲，究竟小孩膽小，嚇得趕快溜開不敢見那位神父。這件事他認為自己過於熱心地錯失，一直不好意思告訴朋友。那次講給我們聽時，他的年紀大了，回想得滑稽才對我們說的。當時我問他那年回南昌，來我的家時如何沒有告訴我。他說：「如果我說了，那你會可憐冬天半夜推下車的吃苦的神父，一定不肯和我結婚的。」

現在我們已是六個成年的兒女了，四個已結婚成了家，並有三孫男兩孫女，如在老中國舊時代，眞所謂子孫滿堂的福人，但今日新時代，因生活各要奔走前程。外子這次離家已四年，我和最小的女兒時時想念他，特別是風雨之夜，老屋窗門被風吹得響動，小女兒會嚇得擠在我一塊，她總是說要爹爹在家就好了。她自小即佩服父親膽大，覺得即有鬼來都會怕她的父親的。小孩心理中的父親是萬能英雄，而父母眼中的自己的兒女是世界上最聰明的。數年前外子在家時，有一英國老朋友來訪，他也是一位英國作家。和外子最談得來，不知如何談完了近代著作，兩人轉談到自己的兒女了。那位朋友說他的女兒在某大學唸英文畢業了；外子說我們的大女兒在牛津大學唸英文早畢業了。他又說他的女兒正在寫小說，希望可以出版；外子說我們的大女兒也寫小說，書局編輯人說文格非常好。那位朋友即刻問外子在什麼書局出版，外子說可惜還沒有寫完，書局只看到半部就說好得很。兩父親對捧自己的女兒，我們最小的女兒，那時才十歲，頗懂幽默，她十分忍不住笑的兩手繞着她的父親並用臉親着父親說：「Sweet[10] 爹爹！」

一九六一年，九月，牛津

10　此處英文為「可愛的」意思。

二

熊式一散文隨筆選

《天風月刊》第十期

1953 年 1 月

家珍之二

熊式一

當我初到英國來的時候，內子還在北平女子大學求學她的確是追求學問，因為婚後接一連二，接三連四地，甚至連五地生了五個男女，因此貽誤了讀書的機會，非追便不可再求了！少婦離夫之苦，大家說知道的，但是我決沒有料到老夫一旦別離了妻子，要吃不盡無數意想不及的苦頭。我看一個拋妻別子的人，大家把他當做漏網的逃犯似的，慈悲為本的太太們十分關心我們的家庭生活，常常替我們作杞人憂天之想，筆會的發起人道蓀司各脫夫人，認為我在英國應當另起爐灶以免生活太枯燥，真叫人感愧不盡。我為了免去這一類的麻煩起見，想了一個絕妙的辦法，以資對付：無論我赴什麼宴會時，必請一位素受社會敬仰的太太同去。天啦，這一來才真是自找苦吃！

這一位素受社會敬仰的太太，一連同我出席幾次之後，素來敬仰她的人漸漸地不太敬仰她了。

「呀！我們又碰見了！某太太呀！」我們的朋友總是這樣開口寒暄，而且對於那個「又」字，說得略重一點，表示言外有意。

為了顧全這位太太神聖不可侵犯的名譽起見，我沒有別的辦法，只好每次赴會，必另請一位太太同去：瓜田李下，自當檢點的。可是這種妥當的辦法，尤其不妥，很快地我自己的名譽也要出毛病了！在一次每月舉行的文人聚餐會中，我明明看見這一位風流自賞的老朋友威爾士，一面和他素未見面而與我同來的女朋友熱烈地握手，卻一面偷偷地對我擠眉弄眼。後來內子得了學位便來倫敦和我重聚，真叫我謝天謝地，謝謝這位比救苦救難的南海觀世音還要受歡迎的老妻！她一到倫敦之後，我想最好是把所有的朋友都請來和她見見面，以息物議。他們一見內子，十人便有八人感覺得如釋重負，似乎也要謝天謝地的樣子。

恰巧那時我有一齣戲在倫敦上演，演了一兩年，仍是十分叫座，大有連演三年不停地樣子，同時我的另一齣戲又剛剛在英出版，所以英國朋友們，開口第一句話必問她：

「你有這種丈夫，一定應該驕傲得了不得罷？」

「不啊！」她連着地搖頭，既客氣而又堅決地回答道：「一點也不驕傲！」然後又好意地補上一句：「恰恰相反！」

這真是駭人聽聞的話！我只得趕快從旁加以解釋：我們中國的古禮，和西方相反。在西方的話，你心中雖認為你丈夫是世界絕無僅有的大蠢才，你口頭上必得說他是舉世無匹的大天才；我們中國的太太，私心雖然敬慕丈夫，對外必說「外子愚魯不堪」。一面我又得警告可憐的內子：她必須橫着心不顧中國的舊禮，說些隨風入俗的話，否則英國人一定會認為她對於自己的婚姻不滿意，正在另作企圖呢！

像西方的人，只聽見你的太太滿口地誇譽你，到也舒服。可是中國人，可以隨口地說你太太是「黃臉婆子」—— 此四字乃檸檬水廣告最恰當的形容字 —— 又說她「既不知禮，又不懂事」，別人還認為你真會說話。東方西方的風俗各有各的妙處，只可惜不能雙管齊下。

我有一位英國作家朋友，他總是說他不願寫他自己書封面的廣告。有一次他太太代庖。可是書店出版人一見，大大地驚歎道：「我真希望這是我的太太！」

西方人都說中國人從不接吻的！因為從沒有人看見過中國男女接吻。這話也難反證。不過中國人的婚姻雖為終身大事，卻也只是兩人私事。夫妻間的愛情，不在大庭廣眾之中公開表演的。所以太太對丈夫的著作品，如有什麼意見，也不足為外人道。我曾把我一本書，獻給內子，而在獻辭頁上這樣寫的：——

「獻給岱梅，
她有時是我嚴格的批評家，
有時又是我熱烈的合作者，
但始終是我親愛的妻子！」

我堅決地相信，只是因為這幾句耐人尋味的獻辭，而不是因為這本書的價值，到也使得這本一無可取的書多得了幾千讀者。到底讀者猜透了著者和他妻子之間在這書店創作時期是如何的一回事呢？自然有一些思想機警的人，決不肯看這本書：他們說「嚴格」這兩字，一定用得太輕，「熱烈」這兩字，當然說得太過火。要想博這種讀者的滿意，非徹底刪改後三行不可，我想如此：

「獻給岱梅，
她對此書大致都不喜歡，
小處尚勉強看得過去 —— 因是根據她的原意，
故在著作時夫婦間常常難免衝突！」

如此豈不太羅嗦！故以三緘其口為上策！最近內子所著「鳥巢」[1] 在英出版，按投桃報李的古訓，要把這書獻給我，我說那就如此寫罷：

「獻給式一，

少說為高，

愈說愈糟。」

但是內子更聰明，她認為少說不如不說，故只用前一行，刪去後兩行。讀者翻開第一頁一看，便可從字裏行間，揣摩得到，「不說最高」的真諦。

我們東方的禮教，足以嚇倒西方人，但是他們西方交際場中的詞令，也可叫我們解頤。我們在美國時，那一班善為主人的先生們，在宴席中對內子的第一句話，千篇一律地必說他們誓死也不能相信她是我們那五個孩子的母親！

這倒無傷大雅 —— 我想！但是有的殷勤主婦，認為送佛到西天，人情不可只做一半。有一次，一位不肯稍居人後的年青貌美的太太，聽見她丈夫對內子說了這句萬古不磨的名言之後，挺身向我補上這一句：她也誓死不能相信我是我們那五個孩子的……不巧得很，她丈夫太不知趣，匆匆地跑過來敬酒，把她這妙語打斷了！

我們所聽見的最妙的妙論 —— 也許可說是謬論，出自摩理士哲斯地 —— 他是當代最著名的演出者 [2]，凡經他手演出的戲，必盡其妙，決不肯留半點地方「略差一籌」的！他認為我既是中國的戲劇家中第一個在美國演出的人，我們夫婦每赴盛大的宴會，尤其是標明了為主客時，必須要把駐美大使施肇基夫婦也請來作陪。可惜那時施太太回

1　「鳥巢」為《海外花實》曾考慮使用的另一中文書名。

2　即英文 producer，現在譯為「製作人」。

國去了，他一聽見便對他的祕書們說：「我們不能等她回美國！快快去替他另找一位太太來！」

可是摩理士哲斯地本人卻是一個最好的模範丈夫，每天必恭維他太太幾句——他太太也是一位名重當世的大演出者大衛伯拉斯哥的獨女。他也不停口地恭維內子，而且常常責備我，說我太不會恭維太太。有一天我們在一起吃飯，他是極賢惠的主人，問我喜歡火雞的黑肉呢還是白肉呢，並問內人喜歡什麼肉，我老老實實地說我是喜歡黑肉的，但是內人總是喜歡我所不喜歡的東西，故直至今日，我還是不知道她真正喜歡什麼！

「好極了！」他叫道：「你這一次不知不覺地的大大恭維了熊夫人！」

此人是不可理喻的，故我不和他爭論。我雖對於恭維一道乃門外漢，但我知道假如恭維話是不知不覺說的，那便不能算是恭維話。我回想寫這一大篇東西的時候，並沒有想着要恭維內子的意思，假如這其間偶爾透露了一二恭維的字句，那實在出於不知不覺的，請讀者恕我失察之罪。

一九五二年十一月　草於劍大

三

熊氏子女散文隨筆選

熊德輗習作兩篇

英國私立學校與省立學校

我永遠不會忘記我第一次到英國進學校的那一天。那個時候我剛才十歲，到倫敦才幾個月，英文還不懂。那天早上，我穿的是新制服，揹了一個新書包，心裏邊十分的緊張。我的父親把我送進了校門，說了幾句鼓勵我的話，回頭便走了。我一聲不響地用眼睛目送他。等我定了神，四周看看的時候，原來這個私立學校，並不像一個普通的樣。

除了外面一塊校牌，裏面一羣孩子的叫鬧聲之外，過路人會把它當一個普通住宅。在我那時的眼裏，這就沒有學校那樣可怕了。這學校的四五十個學生，有五六歲的，也有十七八歲的，他們雖然都很活潑，但看見新來了一個中國孩子，卻都有點害羞，不敢接近我，我也不敢接近他們。他們都在我面前走來走去，用眼觭角來偷看我，互相驚奇地好小聲音說着：「一個中國小孩，一個中國小孩！」

後來一個先生來了。他看見我，便走近低着頭問我：「你懂英文嗎？」這句話我是懂得的，但我不得不搖着頭，小小地聲音回答着：「我不懂得。」他笑了一笑，點着頭領我到教室中去。

只過了幾個星期，情形就大不同了。那些陌生的同學都成了我很熟的朋友，也很自然地接近我，問我一切關於中國的問題，如「中國也有汽車嗎，中國也有電影嗎？」那時我非常地覺得這簡直是輕視我們中國，不過我總是很耐心地回答他們。

雖然有的時候我會宣傳得過火一點兒：「有的，中國的汽車最大、最快，中國的電影最好看！」他們也半信半不信地滿意了。

這個學校只有兩個教室，校長教的是大的一班，校長的助手，頭一天問我懂不懂英文的，就是我們小班的老師。我這班有二十多個學生，分了四五級。先生在教室裏跑來跑去，指定這級的功課，或者是答覆那級的問題，或又和另一級講書。

他在這百忙之中還要特別地注意到我，另外和我補英文。有時校長有事出去了，這助手就得去替他教課，那時校長的太太就來教我們，並且時常帶着一個買菜的籃子進教室。

這學校我只耽了一年，因為歐戰發生，我隨着家搬到離倫敦二十里的一個古城，聖阿埠，另進了一個省立中學。這學校組織和我從前進的那一個大不同。一共有二三百學生，以年齡分班，我是一年級甲組。這學校的教員充足，並且都是大學畢業，而受過特別教育訓練的。

學校的設備也特別新而完備，除了圖書館、實驗室、木工室之外，還有很大的體育室、運動場。這時我開始看到英國大眾生活，不管是在教室裏，球場上，每個人都對團體負責任。在一個球隊裏，尋找自己個人的光榮是很不受歡迎的，真正的英雄是能為團體而犧牲。在教室裏他們的團結心更大，不但在功課方面要互相幫忙，就是在患難之中也得要有團結心。

要是先生為得找不出某一個犯了規定學生而處罰全班，別的學生決不會把這個犯了規的同學報告出來。有的先生就是知道犯了規的人是誰也要處罰全班，因為他覺得全班應該負班上每個人的責任，而每個人也應該負班上團體的責任。在另一方面說來，學校也是個人的訓練場，差不多每個人都要學得能自立。起初，我最看不慣的就是大的學生欺負小的學生，而旁觀的人決不上前去打抱不平。

有一次我不平地去報告了先生，不但得罪了那個大同學，就是連那個被欺侮的及旁的同學也大不滿意，他們幾乎不睬我了。當時我很奇怪他們的態度，後來才知道他們相信每個人應該管理自己的。自己惹了禍或遭了難，也得自己想辦法去解決，自己去奮鬥。要想逃避就是丟臉的事。有時就是先生看見兩個學生在打架，他也不去阻止他們，因為覺得人家有什麼私賬，要清算清算，用不着要第三者去管的。

我在這個學校讀了四年，又跟着家搬到牛津，進了另一種學校。

英國的公立學校

我在牛津進的中學，是英國所謂的公立學校。英國的公立學校並不是政府辦的，學校經費，完全靠它的基金與所收入的學費，因為收的都是住校的學生。政府又沒有津貼，所以學費特別的高，學生都是家裏比較有點錢的。這學校給我印象最深的就是他們最尊重的傳統，很多這種的學校都有幾百年的歷史，出了不少有名的學生。

有一次一個同學和我談到他考入學時的情形。他父親和祖父都是進得這一個學校，而他生下地才有幾個鐘頭的時候，他父親就給他在這個母校報了名。在他等着發表入學考試結果時，全家都非常地緊張。後來學校寄來了通知，他都沒有勇氣去拆開那信封，還是他姐姐幫他拆開來看的。他覺得這是他平生最緊要的一個關頭，進不進大學都是其次，一個好的公立學校是非進不可的。

因為在社會上，學校的背景是比真正的教育要緊多了。一個進過公立學校的人，要比一個進過省立學校的人，地位高多了。「母校領帶」這句話，成了一個很有名的格言。只要他們打的是一樣的領帶的話呢，他們互相幫助的精神真是可佩服的。

在學校裏我覺得最奇怪地就是大的學生與小的學生的關係。新來的學生都得和老生們服務，差不多可以說是當他們的聽差的。

老生只要吩咐，新生就得和他們擦皮鞋，刷衣服，洗碗，跑腿，與各種雜務。不但如此，老生還有權力管理新生，可以用鞭子處罰他們，所以小學生是很苦的，尤其是有些老生濫用他們的權力。他們相信一個人年小時應該要學服從，大一點就要學負責任，學用權。我曾問過小同學他們對這種不平的事有什麼感覺，哪知道他們並不覺得這是不平的事。

他們說，老生是應該享受這些權力的，而他們自己也會有一天要做「管人的人」的，於是我便沒有話可講了；既然他們自己不反對，我何必替他們不平呢？我更不懂得的就是老生因為有這樣大的權力，他們決不能和小學生做朋友，如果有一個老生和新生多說了幾句話，這老生就是大失了人格。在我還不懂得這一套時，我和很多小同學交了朋友，結果討了一個很不好的名譽。

在這學校差不多要花一半的精神與時間在體育運動上面。運動不好也是和功課不好一樣地討先生的不喜歡。初幾次我想偷懶，不去打球，結果發現這是比逃課還要丟臉的事。等將來畢了業在社會上找事時，頭幾個問題便是，「你打什麼球？在什麼球隊玩過，得過什麼獎牌？」假如你的運動成績非常好的話，那找事就容易多了。

除了運動之外，我們一個星期還有兩次軍事訓練。本來是叫做軍官訓練團，後來因為要講平等，覺得有錢的小孩就可以訓練做軍官，是不平等事於是改名為青年軍事訓練班，不過制度還是一樣。除了每星期的訓練班、軍操，每學期還要出去一次野戰。那時大家都很興奮，小一點點學生穿着大得不合身的軍制服，揹了和他們人一樣長的槍，也跟在後面跑。

回想起來，我在這公立學校所得的各種娛樂享受，比我從前所進的省立中學豐富得多。同學也比較文雅，有禮貌。不過從功課方面說來，二個學校都是一樣緊的，而省立中學的同學對我也是一樣誠懇，雖然他們不會有那樣好的外交態度。

公立學校有一件事給我最不滿的，就是它的制服包括一頂草帽，不管天在颳風也好，或者是下雨也好，就是下得很大的雪的時候，我那頂草帽都是一定要戴的。有好幾次，大風把我那頂帽子吹在地上打滾，我還得在大馬路上跑來跑去地追着我的草帽。

《天風月刊》第十期
1953 年 1 月

我的新衣服

（天風通信）

熊德海

編輯先生：

我自己剛做好一件新衣服，今天早上穿出去做了一次客，回家後把它掛在距我的座位不到三尺遠的一方牆上；我已經獨自在這兒細細地欣賞它好些時了，如果我不把它寫出來，有誰會知道和了解我這種鑒賞的成因呢？

這件衣服的尺寸，既不太粗肥，也不太纖細；沒有葫蘆形似的曲線美，也不像木柱似的垂直；顏色相當雅致和幽靜，不妖豔，也不算太寂寞。雖然硃紅和銀色都有暮氣的象徵，但加上了片段的白條和細小的黑線，浪濤似的襯托和點綴，那顏色和花樣都顯得具有一種特別的生氣和悅目，那藝術化的圖案也含有隱閃的詩意。這是自我做衣服以來最成功的一件；自我學做針線以來最滿意的一次。

我本來做衣服的習慣馬虎、偷懶。左手拿衣料，右手用剪子，說剪就剪，從來不問料子是呢絨還是綢緞。裁得不平便打算在縫的時候再多負點責。縫的時候又想節省腦力，自慰着：「剛才裁剪的時候，每個重要點我都注意了，布並不是紙，有點歪斜，拉拉便行，只要循着剪口縫，差不了好遠的。」於是，我每次做衣服，要不是腰太粗，胸太狹，便是領口太緊，袖子太小，若勉強地穿上，呼吸都會發生困難。修改起來，不是過了便是不及，只是越改越糟，結果弄得「人材兩空」── 人工和材料。諸如此類的打擊，使我對做衣服的濃興全沒有了，寧可將就的穿胖媽媽、瘦姐姐們的舊衣裳。

我已經很久沒有找針線或用縫衣機了。

記得兩三年前，有一塊很講究的衣料被帶進我們的客廳裏來；因為它的花樣和顏色既大方又好看，我不禁大叫「給母親穿上正配！」母親好像沒有聽見似的，她靜靜地發表她的意見：「給小妹妹（十歲）做裙子一定美麗可愛，並且配深淺顏色的上衣都相宜。」妹妹又說：「這花樣對於姐姐的髮式正合適！」這可糟了，從那些意見發表了以後，我們三人之中沒有一個肯做無禮的人去收納那寶物，彼此相讓，一直把它保存在一個十分安全的地方。每隔三五個月便拿出來，大家推讓一番，接着仍是找不着歸主地被放回原位。

大概是衣料也會悲哀光陰之不留情吧，好像它的青春也在消逝似的。二年後，當我又看到它時，它那美麗的色彩上已薄薄地蒙上了一層淡灰色的紗。我不禁也為它悲傷起來，用我的雙手輕輕地把它托着，暗自歎息，又用一張軟棉紙把它包好，小心地放進了我的大抽屜裏。原因是這樣：母親和妹妹聯盟，決意要讓我享受它。不知何日何時，她們偷偷地把它放在我的寢室門口的一張小桌子上。我的屋子長久是亂堆堆的，又加上那些時我正很忙，走進走出我竟冷落了它一個相當長的時期，以致使它寂寞得痛不欲生似的，我怎能說自己無罪？本該立刻把它做成一件上等的衣服，以慰良心之萬一，但那時我的決心仍是那麼堅定，不願勉強地把它剪成幾片，再縫成一個大疤，更是可惜，不如暫時由我保存，並祈望能替它找到一個較好的歸宿。

最近，我在《天風》裏讀到張桂揚女士的「談談自己做衣服」（創刊號），在那清晰的文字裏，我細細地領悟到她所說的每一條的真理，這使我又技癢起來了。靈機一動，我記起了那塊飽含着深閨怨的衣料。於是我便抱一個寸步不亂的決心，作最後一次的奮鬥，如果再不成功，對犧牲者問心無愧；對自己也得甘心地自命無才了。我再自己捫心反省時，也覺得以前我每次做衣服，總是處處不忘找捷徑，太不成話。尤其是愛在頂軟的牀上裁衣服，因為工作累了，躺下來便可以休息。此外，牀面是我的房間中最空的一部分。

這是我第一次做中國衣服用了紙樣子，只剪那幾片紙就費了我兩小時左右；再找了一張頂硬的長方形桌子，把料子鋪上，比、畫、剪，整整的一個早上便完了。中飯後，我將室外的瑣事一一交代妥當，再躲進那小小的工作室大轉動起縫衣機來。不巧那縫衣機因年齡太高，不斷地發生些不測的禍患，最後竟罷工了。我只得放棄它，耐心地用針線來慢慢地縫；一面做一面試。天黑了，我的衣服也算是完工了，全部工程大約花了八九小時。雖然沒有我的母親做事快（她常常在四五小時以內完成她自己一件可以做客的衣服。張女士曾說到要穿自己做的衣服去做客是需要有勇氣的事；我的母親趕製的新衣服，多半是為了上洋人家去做客。如果她不是自信針線不下於人，便是料洋太太看不懂我國女人們做衣服的「名堂」）。但是在這僅僅的一天之內，我居然做完了一件不用再修改的衣服，比起以前的結果，真是太痛快了。我應該深深地感謝張女士。

今天早上，我很得意地穿上這件剛做好的新衣服，一種很神祕地情緒湧上了我的心頭，使我回憶到十幾年前的一段童年時代的片段。有一次，父母給我做了一件新皮袍過新年，那是一件我渴望了很久的禮物。得着了，自然是特別地賞識。祖母曾在我穿那新衣服的第一天叮囑我要特別小心，如果跌一跤弄髒了衣服，便得等到第二年的冬天才許再用它。在那種緊張地心理之下，我不但不敢亂跑亂跳，連開步走時腳便發軟。好像是只過了兩三天，——也許只過了兩三小時，現在記不起來了。——我重重地跌了一跤，而且是正跌在院子前一潭雪剛融的泥水裏，那時的那潭水給我好比一個大湖一樣可怕。於是我心愛的新衣服就是那樣和我別離了，而且是永別了，因為第二年的冬天還沒有降臨之前，我們的房屋全給戰火焚毀了。大概是從哪個時期開始，我每穿上一件珍貴的新衣服便有一種好景不常的陰影隨着，直到衣服舊了，才漸漸地淡忘。這次，陰影又來了，但這次不是怕自己會弄髒衣服，而是怕我與它不相配。如果有人說它給我太老氣了或太稚氣了，而我自己正在這般地慶幸自己的成功和喜愛它的產生，剎那間怎捨得放棄它？但是要勉強地穿了又多彆扭啊！在一個很短的時間裏，我決定了去找一位知己，她對我是有話必說的，不論好壞。我記得有一次她很感歎地對我說：「老友，你穿洋裝時很難看，不過我所看過你穿中國衣服，也沒有一件給你稱身的。不是顏色不合，便是尺寸不對。」

「那我每天穿游泳衣好了！」我真有點哭笑不得。

「更難看。」她搖了搖頭，顯得更是悲觀。今天我穿了這衣服去找她，並不希望她的贊美，只求她說個不「十分」壞，那便比旁人對我說的「十分」好還要有價值些。可是一進她的門，在她那凶多吉少的觀察下，我倒像小卒見了大官似的不敢抬頭問話，也不敢舉步向前。……半晌，她說：

「總算給我看見了你穿一件還像樣的衣服，真舒服！」

這時，我特地把它掛在那牆上，目的要讓我自己也飽飽眼福，因為看着了它該是「十分」舒服。

細海[1]

一九五二，牛津

1 熊德海筆名。

細海女士：

看了你的信，使我們很高興。天風裏的文章在你的生活，居然會有那麼實際的影響。日前我們看見張桂揚女士，就把你的信拿給她看了。她看了一面笑，一面身上穿的旗袍縫線就裂開了。我們說：「你自己做的衣服——怎樣裂縫了？」張女士一笑置之，「老實說。」她小聲說，「寫文章容易，做衣服難！」

編者

熊德美緬懷熊德輗短文
傅一民翻譯

緬懷二哥熊德輗

二哥哥是我的，也是他所有兄弟姊妹的超級好兄弟。

從回國投入到新中國的建設那一刻開始，他在將近四十年時間裏，通過每月給我們的母親寫家書，得以把我們家團結在一起。他向她報告每個在國內子女的狀況。儘管因為參加新中國的建設，最大的四個孩子離她遠去，令她傷心難過，但至少她還可以保持聯繫。

在我小時候，人生的頭十年，在學識方面和身體上，他都對我有所幫助。我剛開始上學時，有個六歲的小男孩一直欺負我。但二哥哥教會我拳擊。雖然我也只有六歲，只給了他專業的一拳，他就從此再也不敢碰我了（那個男孩是約翰·羅納德·瑞爾·托爾金[2]的孫子，我不知道中國觀眾是否喜歡那些霍比特人電影。）

但更重要的是，從很小年紀開始，他就教我學會欣賞古典音樂和莎士比亞。他極具幽默感，總喜歡跟家裏所有人開玩笑。永遠開心、風趣、樂觀，他的熱情感染了在牛津的所有親朋好友。

妹妹：熊德荑

寄自美國華盛頓

傳一民緬懷熊德輗文章

2015 年 3 月

缅懷二舅熊德輗

二舅在年初再次入院之後，於二月農曆年前離我們而去了。雖說已有一定的心理準備，但當晚接到從美國轉發來的噩耗，我的心情仍久久不能平静。回想起從小到大与二舅的接觸，一件件往事歷歷在目。毫無疑問，二舅是三位舅舅中對我影響最大的一位。

在熊家歸國的四個子女中，我母親德海排行第四，也是唯一流落到了北京之外的東北讀書、工作直至安家的一位。小時候最开心的記憶，就是寒暑假时整理行裝，跟着母亲去北京探親，而这赴京探親

2 英國作家、诗人、語言學家及大學教授，《霍比特人》《魔戒》的作者，曾長期任教於牛津大學。

的落腳點，又往往是人丁最为興旺的二舅家。從此，北外西院北樓乙104 这个地址，就牢牢的刻入了我的記憶，今生都不会忘記。

我们小一辈的，都喜欢德輗这位舅舅（或者叔叔）。因为他會變魔術、做鬼臉，愛開玩笑，而且永遠有講不完的故事。至今記憶猶新的，是二舅講的《西遊記》裏第四十六回，唐僧師徒与車遲國的三位道士國師鬥法，每一回合都講的繪聲繪色。等到我讀了兩年小學，迫不及待開始攻讀的第一部小說，就是全版《西遊記》。待讀到第四十六回，只見「山河社稷襖、乾坤地理裙」被孙悟空撒了一泡猴尿，變成「破爛流丢一口鐘」，不由得會心一笑，所有的細節都跟二舅講的一模一樣啊！

我的三位舅舅都是無酒不歡，我從小就看着二舅喝酒，哪怕是最普通的二鍋頭，在他的杯中，簡直就是人間美味。後來在北京讀大學時，偶爾去看二舅一起吃饭，一般也會陪着他喝一點。畢業出國後，每次回國看望二舅時，不僅會給他带瓶好酒，更要陪他喝上幾杯。據說他們的外祖母（即我的曾外祖母）酒量超人，可以把男賓都喝趴下（“drink men under the table”）。这是二舅亲口告訴我的，當然說的時候不無得意。我或多或少也繼承了一點舅舅們家傳的酒量，這些年來，海内海外把酒言歡，心是與幾位舅舅同在的。

二舅對藝術，尤其對音樂的摯愛，對我的影響也是極其深遠的。小時候第一次聽黑膠唱片，應該就是在二舅家。那時还是「文革」後期，有唱機的人家不是很多，外面賣的革命歌曲唱片，也大都是塑料薄膜的那種簡易版，音色完全不能和黑胶唱片相比。待到八十年代，二舅的設備也早已更新換代，置辦了適合欣賞古典音樂的發燒級音響，和高檔的 Hi-Fi 耳機。我讀大學時，選修過一门古典音樂欣賞課。二舅問清我們課上解析的是具體哪一首莫扎特奏鳴曲，特意找出磁带来放给我聽。還记得，套上耳機的那一刻，音樂如暖流般充滿了全身，遠非課堂上老師拿着四喇叭錄音機播放出来的音響效果可比。

緬懷在北外工作了一生的二舅，當然不能不提及英語。在我們這樣的大家庭裏長大，學好英語仿佛是天經地義的事。我從小到大升學考試的運氣一向很好，並順應了八十年代的潮流，選擇了一所理工科大學。雖說英語成績一直不錯，但比起英語專業的水平，自然還是有不小的差距。為了幫助我提高英語寫作水平，二舅還鼓勵我，在大學最後一二年，用英語與他通信，並且每次都會把我的原信用紅筆修改過後，再寄回給我。我深知，在熊家晚輩中，能夠享受到這種特殊待遇的為數不多。因為二舅對自己的子女，恐怕都缺乏這份耐心。

我在國內大學畢業後，便出國學習和工作。多年來，英語已成為我的工作語言。最近幾年回國發展，主要也是在外企從事管理工作。同時在本職工作之餘，也做過一些業餘翻譯工作（以漢譯英為主）。包括幫戲劇界的朋友翻譯劇本，以及幫音樂界的朋友策劃出版古琴CD。现在我是多麼希望，能夠再和二舅好好交流一下，有关翻譯和欣賞音樂的心得啊！遺憾的是，從此再也没有機會，聽到他的妙語連珠了。

不論二舅去了何方聖土，都希望那裏有好酒喝，有美妙的音樂聽，而且歡聲笑語永遠不斷！

外甥女 小民

2015年3月 記於上海

第三輯

書信選錄

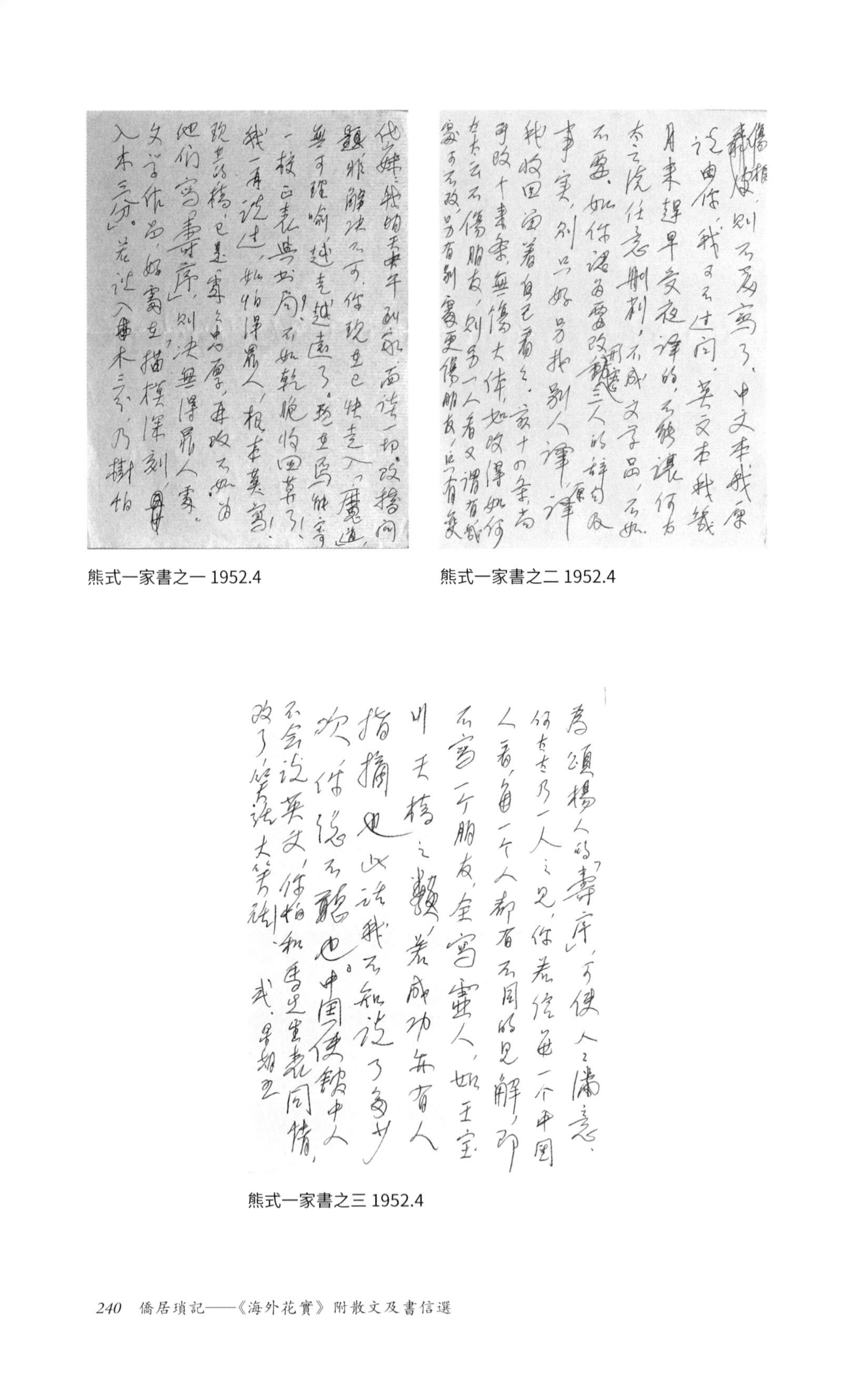

熊式一家書之一 1952.4

熊式一家書之二 1952.4

熊式一家書之三 1952.4

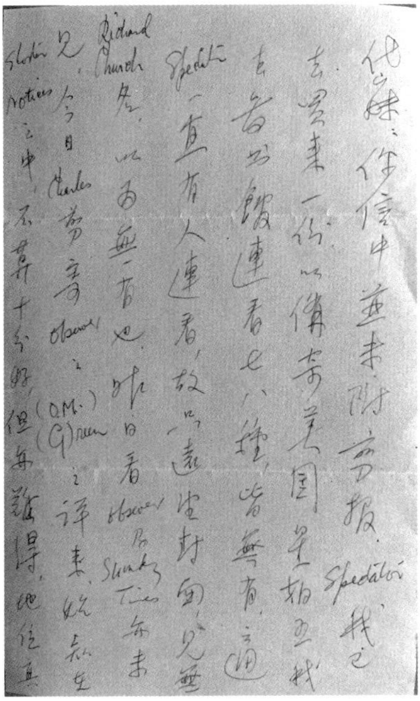

熊式一家書之四 1952.11.24

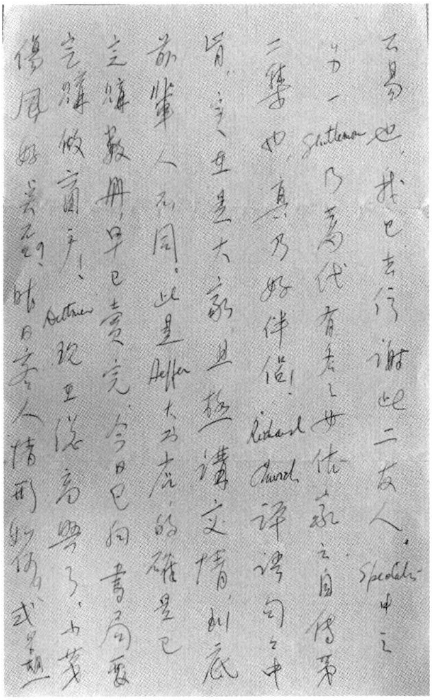

熊式一家書之五 1952.11.24

一

蔡岱梅、熊式一有關書稿通信摘選

（包括致編輯函二則）

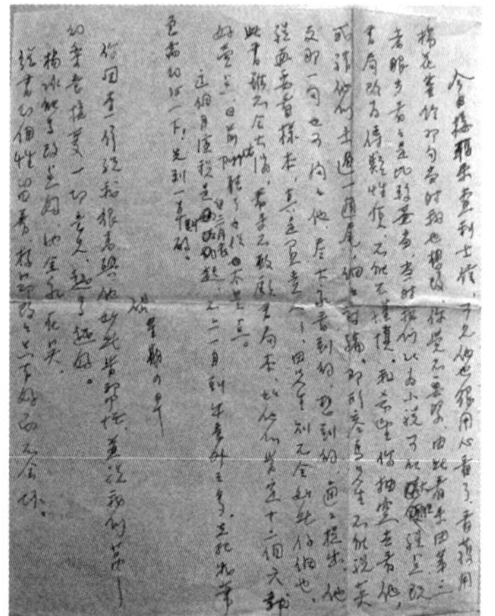

蔡岱梅家書之一 1952.4

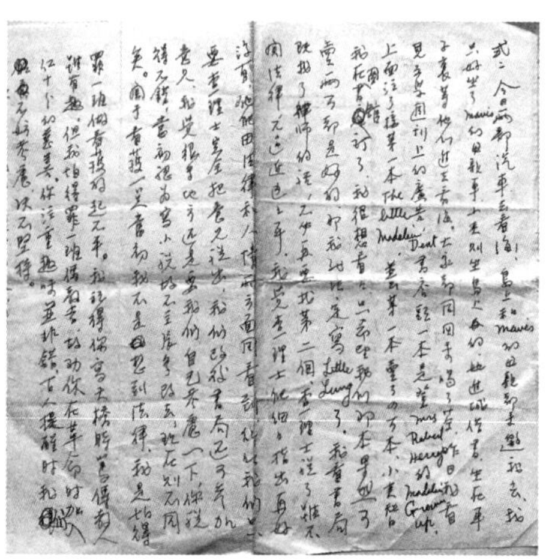

蔡岱梅家書之二 1952.4

蔡岱梅家書之三 1952.4

蔡岱梅致書局老闆函 1952.4.21

蔡岱梅家書之四 1952.5

蔡岱梅致編輯函 1960 年前後

熊式一致蔡岱梅
（1952 年初）

岱妹：

我星期一下午將十二章中文原稿及各信掛號寄歸，留有收據在此，如遺失，可賠 5P[1]，想不致遺失，但星期二未寄到，不知何故。第三、四兩張英稿已寄，打字人來信云收到，但以後囑勿送公司，勿寄公司，只好寄私宅。第十三章已譯一半，我想星期六回家前必譯完，則在家時可譯十四或十五章。本學期功課已移在星期四五兩日上午下午，以便集中其他時間做事。若計劃成功，則二月中可完稿矣。昨日中午進城……晚間 China Society[2] 開理事會，碰見陳通伯[3] 約他家吃飯。但回家後太太[4] 留條子出去看電影去了，亦未見小瑩[5]，故又同出來上附近小館子。晚間到 Charles Duff[6] 家（離陳通伯家只一條街），因 Bernard Martin 本月不能看稿， Charles Duff 亦極熱心可靠也。

……

式 星期三（約 1952 年 1 月）

1 5 英鎊。

2 英國倫敦的中國學會。

3 即陳源，又名陳西瀅，字伯通，著名文學家、翻譯家，1943 年到倫敦中英文化協會工作，1946 年出任國民黨政府駐巴黎聯合國教科文組織首任常駐代表。

4 即凌淑華，著名女作家。

5 即陳小瀅，陳源與凌淑華之女。

6 即後面信中提到的查理士，幫忙審閱《海外花實》英文稿件者。

蔡岱梅致熊式一（約 1952 年 4 月）

式：

……

今日接轉來查理士信，可見他也很用心看了，看護用棉花塞鈴那句當時我也想改，你覺不要緊。由此看來由第三者眼光看看是比較妥當。當時我們以為小說可以大膽說點，既書局改為傳類性質，不能不謹慎。我希望你抽空去看他，或請他們來過一週尾，細細討論。即形容馬先生不能說英文那一句，也可問問他，盡大家看到的，想到的，通通提出。他說再要看樣本，真是負責人！田先生[7]則不會如此仔細也。此書雖不會大銷，看來不至虧書局本。如他們肯定十二個六就好賣點。日前 Piggott[8] 聽了也說太貴點。

……

岱　星期四早

你回查理士信說我很高興他如此肯帮忙，並說我們萬分地樂意接受一切意見，越多越好。

楊冰能多改點好，她全家在英。

總書的個性留着，枝節改改只有好而不會壞。

7　另一位幫忙審稿的中國朋友，具體名字不詳。

8　熊家聘請的幫孩子補課的家庭教師。

熊式一致蔡岱梅
（1952 年春）

岱：

我明天中午到家面談一切。改稿問題非解決不可，你現在已快走入「魔道」無可理喻，越走越遠了。現在焉能寄一校正表與書局？如怕得罪人，根本莫寫！現在的稿，已是處處忠厚，再改不如為他們寫「壽序」，則決無得罪人處。文學作品，好處在「描模深刻，入木三分」。若說入木三分，乃樹怕傷根，則不可寫了。中文本我原說由你，我又不過問。英文本我幾月來趕早受夜譯的，不能讓何太太[9]之流任意刪削，不成文學品，不如不要。如你認為要改動形容三人的辭句及事實，則只好另找別人譯，原譯我收回，留着自己看看。茲十四條，尚可改十來條，無傷大體，如改得如何太太云不傷朋友，則另一人看又謂有幾處可不改，另有別處更傷朋友，只有變為頌揚人的「壽序」，可使人滿意。何太太乃一人之見，你若給每一個中國人看，每一個人都有不同的見解。即不寫一個朋友，全寫靈人，如《王寶川》《天橋》之類，若成功亦有人指摘也。此話我說了不知多少次，你總不聽也。中國使館中人不會說英文，你怕和馬先生表同情，改了，笑話，大笑話！

式 星期五（約 1952 年 4—5 月）

9　即熊化蓮女士，前大使館文祕何思可先生的太太，畢業於滬江大學，擅長詩詞、散文的寫作，曾為《天風月刊》供稿。

蔡岱梅致熊式一
（1952 年春）

式：

……

昨日我看見文學週刊上的廣告，Dent 書店頭一本是登 Mrs. Robert Henry[10] 的 *Madeleine Grown Up*，上面注了接第一本 *The Little Madeleine*，並且第一本賣了四萬本。小蕙替我在圖書館訂了。我很想看看。只希望我們那本果然可以賣二萬都是好的。那我就決定寫 *Little Lung*[11] 了。我看書局既找了律師的話，不必再要找第二個，查理士說了雖不關法律，不過近邊邊乎。我覺查理士能細細指出再好沒有，他能由法律和人情兩方面同看到。所以我們只要查理士完全把意見說出，我們改後書局還可參加意見。我覺很多地方還是要我們自己考慮一下，你說得不錯，當初認為寫小說故不主張多改去，現在則不同矣。關於看護一點，當初我不是想到法律，我是怕得罪一班做看護的起不平。我記得你寫《天橋》時罵傳教人雖有趣，但我怕得罪一班傳教者，故勸你在革命時加入紅十分的慈善。你注重趣味並非錯，有人提醒時我們不妨考慮，決不堅持。

……

你幾時去取回稿可回家談談，我很想聽查理士的意見。

岱　星期六夜

10　羅伯特亨利太太，後面是她的兩部小說書名：《瑪德琳已長成》《小小瑪德琳》

11　《小瓏》，應該是可以寫《海外花實》續集的意思。

……

今日接查理士信，看來他很像我們，因為生活的壓迫近日有轉機心情略舒展似的。他對寫朋友的意見如何？"on the edge"[12] 的意思我不明白，望告我。我的意思此書現不是純小說，還是小心為是。即是死者，和生的一樣慎重。你寫信告訴查理士，就說我們的意思，很多地方顧了事實的有趣，忘了對人事方面，千萬請他指出再來考慮。即是不涉法律，而有太損人處，我們可以換和緩點。

昨日我順便告訴大衛 [13] 我的書，談到書名。他喜歡你取的 "Far From Home"[14]，不喜歡查理士取的 "Flowering Exile"。他的意思凡外國書喜歡套用 Exile[15]，再加上花，似乎俗氣。大衛從從容容地解釋得頗有道理。本來我對花字也不喜歡。像書局對鳥字不喜歡一樣。前晚我寫書局信也是用 "Far From Home"。我想還是歸到你取的名字為是。越想越恰當不過，你以為如何？

……

我給書局信你覺如何？下一本寫「我的父親」取材容易。按感情我本想寫「我的母親」。這就像畫像，越有個性的越好寫。昨日吉莎 [16] 進廚房和我說話，她說喜歡海 [17]，因為個性很強，但又 kind[18]。最後又補一句，我們的孩子她都喜歡。*Far From Home* 因取材背景新鮮，故技巧差還可遮盖。如歸到中國老故事，從前的書太多了，又怕濫調。再

12 英文字面意思為在邊緣，經常用來形容處於某種臨界點，含有危險不安的成分。

13 即漢學家大衛．霍克思（David Hawkes），德威的同學兼好友，《海外花實》書中人物堅姆的原型。

14 《海外花實》的另一擬用英文書名，意為「遠離家園」。

15 英文「流放、流亡」的意思。

16 熊家住在海伏山莊時的鄰居。

17 即熊家次女德海。

18 英文「善良」的意思。

細想想看。我又想以小荑和園丁、狗、貓為主角寫一兒童讀物。但又怕和第一本性格脫離。你覺如何？

下午我去食物辦公處看一下，是不是要換新本子。吃早餐時我說今年換本子不要身份證可省麻煩了，小荑即刻說，那二虎哥哥[19]的本子或者可以再換一本。接着她又補一句：如出了岔不要怪她。我說如出了岔我就會說是我的小女教我做的，因為我是外國人不懂，她是生在英國懂得英國規矩的。她聽了大笑。

岱 星期一 午

蔡岱梅致編輯函一則（1952年4月21日[20]）

21 April，1952

Dear Mr. Davies[21],

四月十六十七兩信均收到，*Far From Home* 稿合同上的第十二條，承通過取消，不勝感謝。當時我簽約時因欲趕復活節前寄出，故未及先函商，抱歉之至。

Far From Home 之能出英文本，第一是要謝謝你的書局肯排印，第二要謝謝我的丈夫譯成英文。雖然他譯時我曾和他吵架數次，因為他喜歡用過火的字眼。

---

19 即段義孚先生，著名地理學家，1948–1951年在牛津求學期間曾住在熊家。

20 1952年4月21日。

21 彼得書局老闆戴維斯先生。

此部稿本來動機為我的小女孩 Deh-E[22] 讀的，不知不覺偏向母親了。我希望有一批英國的母親喜歡就好。但是，我感覺歉然的，寫時寫得太快。同時式一警告我不能超過十萬字，故結尾兩章似乎太匆忙點。我是去年六月中才動筆，十月中即完稿，寒假裏式一才譯的，等打字的打完也就是二月了。

我準備第二本從緩慢慢地寫《我的父親》。預備一年以上的時間寫完試試，或者比較滿意點。我知道我的作品比我的丈夫的差得遠。但我喜歡瞎寫，他總是別的事太忙。我要鼓勵他快把《和平門》寫完，中國有成語：「拋磚引玉」。如果我的 *Far From Home* 是磚，他的《和平門》[23] 就是玉了！

Yours Sincerely[24],

Dymia Hsiung[25]

22 德美英文名字的早期寫法。

23 熊式一所著小說《天橋》成功出版後，即與書局簽約續集《和平門》，但一直未能交付。

24 英文「你的誠摯的」的意思，等同於謹啟。

25 蔡岱梅所用英文名，按習俗冠以夫姓熊。

蔡岱梅致熊式一
（1952 年春夏之間）

式：

……

你見了查理士如何？想明日信你可談及。千萬記着把稿子先帶歸我看看，田先生再遲點寄不要緊。下週你回來可以用打字機把要改處打下寄給書局去

星期四晚

今早接來信及附《天風》信，中文稿暫緩發表有數點理由：1. 今年暑假不能得整筆稿費，陸續登，要明年才可零得稿費，這點便我不急急趕寄。2. 如果我重抄時想要修改一下，那我又要打斷第二本的思路。3. 我想等英文本出版後的批評，同時《天風》一年後出版得如何也可看出。如果連我的〈天才和外交家〉都不肯登的話，那更沒有意思寄長稿。那篇稿寄去後一直沒有回信頗怪，再等等看好了。

查理士熱腸真可感，等你回來帶歸細細討論。關於崔文修飾一句或一段全刪了都不要緊，除了我記起他一生最怕這點外，也可免人說我們對朋友這點帮忙還要提。故無論查理士如何修改，我決意非刪不可！回想去年我開筆時，目的想弄稿費。我還想過讓你大改，用你的名出版。越寫到後面越覺很多材料用不完。故我想繼續寫試試，只好用我的名字。否則，如三個小孩都進北京的《和平門》為結尾，則可了那合同，又可多得稿費（當然歸你大修改）。此稿你費心血固不少，但為帮老婆，而不能完全由你發展。故不免兩人時時吵架。退一步想，既帮帮到底，即是我的愚見處也就算了啊！

岱　星期五

……

下午吳太太[26]帶了兩孩子來此坐，我看她心理上真是有點患得患失。因國內朋友來信催他們回去，但自己為小孩唸書又不想回去，又怕將來兩個孩子怪他們沒有早帶他們回去。我們當然沒有頂她什麼，客客氣氣地安慰她。大概昨日她傾心訴說後回去睡覺也會舒服點。她在此我沒看借來的書，織小背心陪她。可惜我不敢在故事中描寫她，否則我一定可寫得活現。

晚上讀了兩章 *The Little Madeleine*，寫得非常細緻，故我更覺我寫東西硬，絕不是寫小說的天分。原來此作者除此本外還出版了十六本。其中 Peter Davies 書局[27]出了她四本，故 Peter Davies[28]欲我也效她用某某太太，並有第一頁畫。不知何故此書不在 Peter 書店出版，也許合同關係。週尾歸你可看看。

……

那晚電影吳太太說我像宋慶齡，因宋慶齡有一在大會中的正面像臉部相當豐滿，不如另一側像略有一點當年風度。可笑十年前有人說我像她的妹妹，今日又像起她了。可笑可笑，不錯不錯。

岱　星期日午

……

何太太和你對我的稿，一是客氣，一是感情。當然不是普通人的看法，東西不夠老練，也不夠深，這點是難逃過批評家的眼光的。運氣好婦孺共賞，運氣不好婦孺都不合適。故下一本我還在猶豫不知走哪方向動筆。

26　即嚴伯昇女士，吳世昌先生的太太，他們的兩個女兒為吳令徽、吳令安。

27　即英國彼得書局。

28　彼得書局老闆戴維斯先生。

……

太后戲[29]讓戲院和摩利士[30]接頭，急腦筋又費時間。戲劇史非開頭不可，可惜已遲動筆二年，如到劍橋時即開始，今日也許脫稿矣！

岱　四月廿六晚

……

我勸你暫不管太后戲，是想你一心弄戲劇史一書，可以說是我糊塗，那是「忍心如此」！數年來你的活動，而不肯下工夫做難點的事，雖早已看清，但我不肯灰心，不免時時想鼓勵你。去夏我臨時想試寫書，決沒有夢想做作家，第一因為你不想集中思想寫，第二為崔款、梁款[31]時時良心不安之至。按理如果你像我的癡想肯下決心寫長稿，那不但對你靜心，即稿費也可七倍於我。就寫戲劇專門一書，雖非求稿費，但對教書亦可齊名了。《王寶川》雖已建立你的地位，但蕭翁[32]在日，亦曾勸你繼續多作。夏倫先生亦曾勸你寫一專門的書。可見並非「女人」的淺見也。

我還有點不十分懂得你的，你是苦兒出身，但特別喜歡和吃家產的少年做朋友。當年在國內祥云朋友之輩，今日對過島男人[33]。那是姪輩，今日是兒女輩了。

……

岱　星期二

29　指劇本 *The Motherly and Auspicious*（中文名《慈禧》），該書出版於 1944 年。書中插圖由熊德蘭使用筆名「煙雲」完成，作為劇本合作者熊式一並未署名。

30　指摩利士・柯理斯（Maurice Collis），以上劇本署名作者，實則與熊式一合作完成。

31　即梁文華夫婦幫助熊家子女 1949 年底赴英時的借款，約 200 英鎊。

32　即蕭伯納先生。

33　當時居住在熊家對面小島上的鄰居，格蘭特男爵（Baron Duncan Grant），為蘇格蘭貴族後裔。

熊式一致蔡岱梅
（1952 年夏—1953 年冬）

岱：

星期一下午發的信，星期二下午即收到。小蕙的信寫得好，已另覆。德海的短文尤其好，應當大加鼓勵，不但比德達的好萬萬倍，即在《天風》中所登的東西中都要算前三名了。奇怪地是她的生物會不及格，但是散文會寫得如此靈活，恰到好處。希望這不是偶然瞎狗碰到了一堆熱矢 —— 我相信這決不是偶然的，而她硬是內心中有這種才能，有機會時自然發展出來的。一定要她再寫幾篇，若三篇中有兩篇好的，那便是她有「文」才，學文學固好，即學科學，將來也可著作問世的。若篇篇都如此好，那我都要拜下風了！萬一再寫不出來第二篇好東西，那才是瞎碰的。其中不免三五個錯字，已改正，我留到再看兩遍。將來一定要她自己下功夫譯成英文 —— 當然我可替她改改英文 —— 或者英文亦可出版，等我回來再談。

……

書店推銷老板 Dettmer[34] 我會去信，在出版前要請一次，以盡人事。書乃蘇格蘭之 Glasgow 大學[35] 印刷所印行，我已就近問了。據說已印完交裝訂作，九月底以前可交貨與書局。如此則十月底定可出版，萬幸之事也。

……

式 星期五（1952 年 8 月）

34 英國人姓，戴特莫先生。

35 蘇格蘭的格拉斯哥大學。

……

尼登漢[36]博士由中國回來後，大和英國人辯論，我在最近要找他談談——此人最難找，常常當面不見人——聽說郭久亦[37]到處告訴人說我有一個女馬上要回國，中國真好，她也恨不得馬上能回去，不知她是聽尼登漢說的，還是她母親寫信的。

式　星期五（1952年9月）

……

昨晚王鈴[38]來寓，說尼登姆近日天天大發脾氣，見人便罵，連老朋友都當面斥罵，故我不去找他，等幾天他氣消了再寫信給他——今日*Times*[39]上又有一信罵他——同時王鈴曾在便中問他見了德威否？他已到了空軍總司令部，王說他或者靠德威做翻譯呢。我若能在劍大耽下，或往南洋，則一兩年內，可望寫戲劇史，偏重史實（可銷三兩百本），十分硬性，亦可望有書局出版；若要離此，則非寫一軟性讀物不可。若寫一般人可讀之戲劇史，既不會賣錢——可銷一千本左右，同時在學術界上無地位，兩不討好。我在劍兩年來，利用它的圖書館，做了許多摘要，可出兩本書：一、中國文學大綱；二、中國近百年史。若決心放下小說，寫這兩書都比「戲史」好。寫書事，全靠

36　Joseph Needham，著名生物化學和科學史學家李約瑟博士著有《中國科學與文明》（即《中國科學技術史》），曾提出著名「李約瑟難題」；1952年6月23日至8月6日，他曾率隊赴朝鮮和中國東北地區進行實地調查，這個「調查在朝鮮和中國的細菌戰事實國際科學委員會」（簡稱國際科學委員會），由瑞典、法國、英國、意大利、巴西、前蘇聯、中國等國家的著名科學家組成。

37　郭久亦女士，畢業於劍橋大學的核物理學家，郭有守和楊雲慧的女兒。

38　王鈴先生，著名學者，歷史學家，曾作為主要助手協助李約瑟先生編纂《中國科學技術史》。

39　英國的泰晤士報。

我能不能隨心做事，外邊一壓，越緊越不能提筆。你寫第二本書便知道此中情形。你決不能聽我叫你寫什麼就寫什麼！

……

此事望勿再解釋，我知道你的意思，你不知道我的困難。寫書有人鼓勵則最好，若是鼓勵成了勉強，則決不能成功的。今早接美國信，附閱；可見他們還能接受我們的意見。《三弦》想是黎明親身之見，在英國我們也看見那兩種人，的確是好文章。鄭德坤[40]本學期作八次大講演，每星期五下午五時，他又約我每星期五講完後到他家晚飯，故我只好五點去捧場了。

……

式　星期五（約 1952 年 9 月）

……

昨日 Lady Grant[41] 說，她真喜歡此書，問我「宋叔叔」是否即崔[42]，並問「杜姑姑」到底如何為人，你怎能容她同住？我說書中已一再改好了，本人比書中厲利多多！又問「王教授」[43]會不會再來英國，將來見面難為情。那位女作家說，她這次為鼓勵朋友寫作起見，一定要到書店買一本，Joan[44] 亦說她也是如此，定去買一本，如此連吳太太[45]的，就賣了三本了。你猜十月廿八日，可賣多少？

式　星期一（約 1952 年 10 月）

40　鄭德坤先生，著名考古學家，1951—1974 年曾任教於劍橋大學。

41　格蘭特男爵夫人 Joan Grant。

42　即崔驥先生。

43　即《海外花實》中文版的「朱教授」，英譯時改為「王教授」。

44　同上，格蘭特男爵夫人 Joan Grant。

45　吳世昌先生的太太嚴伯昇女士。

你信中並未附剪報。*Spectator*[46] 我已去買來一份以備寄美國。星期五我去圖書館連看七八種，皆無有。適 *Spectator* 一直有人連看，故只遠望封面，見無 Richard Church[47] 名，以為無有也。昨日看 *Observer by Sunday Times*[48] 亦未見，今日 Charles[49] 剪寄 *Observer* 之 (O.M.) Green[50] 之評來，始知在 Shorter Notices[51] 之中，不算十分好，但亦難得，地位真不易也，我已去信謝此二友人。*Spectator* 中之另一 Gentlewoman[52] 乃當代有名的女作家之自傳第二集也，真乃好伴侶！Richard Church 評語句句中肯，實在是大家，且極講交情，到底前輩人不同。此是 Heffers[53] 大書店，的確是已定購數冊，早已賣完。今日已向書局要訂購做窗戶！Author[54] 現在總高興了。

……

式 星期一（1952 年 11 月 24 日）

……

昨日見到鄭德坤，他說他太太正在看你的書。要我星期五去他家吃晚飯，我說我要開會，改日再去看他們。

……

46 英國《旁觀者》雜誌。
47 理查德．丘吉先生，英國作家、詩人、文學評論家。
48 《星期日泰晤士報》的觀察家專欄。
49 即查理士。
50 歐文・格林先生，評論家，亞洲專家，曾任《泰晤士報》駐華記者。
51 英文「短評欄目」的意思。
52 英文「淑女」的意思。
53 創辦於 1876 年的著名獨立書店，位於英國劍橋。
54 英文「作者」的意思。

王鈴今早來看我，我正去上課，站在街上談了幾句，他日夜趕論文，偏偏又碰着尼登書校對正忙，故常常不吃中飯、晚飯，啃啃乾麪包也。

式 一月十五（1953 年 1 月 15 日）

……

衣服應讓女工洗，襯衣送公司，省點精力和時間寫稿。Monkill[55] 乃 UCC[56] 之祕書，New College[57] 畢業後又為律師，他十分贊美你的書。那天當面也贊不絕口。此外 Sir John Pratt，Sir Frederick，Lady Whyte[58] 也在會場中大贊。Sir John（在外交部脫了事）極左，Sir Frederick 及 Lady Whyte 夫婦極右，Lady Whyte 為 China Society 之 Chairman[59]，左右兩極端都能欣賞你的書，可見有永久之價值，不是一時投機的作品，故若能寫第二冊，一定可「彼此互助」，增加銷路。那天我後來也看見了大衛，仍是一半做夢的樣子。

……

那天也碰見了一下陳通伯，他沒有提你的書，我只問他太太的好，為何不來。他笑着搖搖頭，然後大談台灣之好，結果一 UCC 的

55 A.G. Monkill，芒柯爾先生。

56 即 UNIVERSTIES' CHINA COMMITTEE in London (UCCL)，成立於 1925 年 , 是一個專注於教育資助的慈善基金會，該機構致力於促進中英學術交流，並在英國本土推動對中國的研究。

57 牛津大學新學院。

58 Sir John Thomas Pratt (1876–1970)，Sir Alexander Frederick Whyte (1883–1970)，Lady Margaret Emily Whyte (1884–1971)，約翰爵士、弗雷德理克爵士及其夫人懷特都是當年與中國關係密切的社會名流。

59 懷特夫人為中華協會主席。

Mr. Cassell[60] 走來送酒，他乃十分捧北京之英國大銀行家，兩人幾乎要辯論的樣子，我順勢走開了。這次英國兩派之人及中國兩派之學生皆有，在雞尾酒會上，大家都和和氣氣地有說有笑，都說大使館關門後，這是第一次之歡聚！

……

式　星期三（1953 年 1 月 21 日）

段太太[61] 誇獎小englishman的話，看了真舒服。人家誇獎我的兒子，就和誇獎我的文章一樣，只要說得對，聽了十分快樂。但也有誇獎得不對的時候，聽了卻覺得滑稽，可見得我並不是閉着眼只要人捧的。三虎[62] 學中文再好沒有，如此則小englishman或可多讀點中文了。你若掛牌招生，保你所收的費不夠貼你炒麪的本，若學生太多，則我們大家每週配給的肉都要貼完的！

……

至於電影若有人要，改編當然不可反對，照說改編時常常要請原作者參加，並可另得一筆錢，且看我們的家運如何。想到多少狗矢小說和劇本，都賣成了電影，十分不平；但同時又有多少更好的故事，多少年無電影公司過問，我們的慈禧太后[63] 還得了幾百 P[64] 也算不錯。

式　星期五（1953 年 1 月 23 日）

60　英文姓，卡塞爾先生。

61　國民政府外交公使段茂瀾的太太。

62　即段義孚的弟弟段三孚，也畢業於牛津大學，後曾任教於美國夏威夷大學。

63　此處指與 Maurice Collis 合著的劇作《慈禧》(*The Motherly and Auspicious*)。

64　英鎊的簡寫。

……

今日接姚莘農[65]介紹一周英華[66]女士，她也附信要到劍橋來看我，他說她是舊劇名宿周信芳之女公子。她只說她已考入倫敦皇家戲劇學院，口試時乃試演《王寶川》對話，院長 Sir Kenneth Barnes[67]一再致意也。我想來此不方便，可否她二月一日到牛津吃中餐？等你回了我的信再決定。你若每日把寫信的時候寫稿，自然斐然有成績。

……

式 星期六（1953 年 1 月 24 日）

蔡岱梅致編輯函一則（1950 年代後期）

曾先生[68]：

日前接到五月廿七日來函，同時亦收到南洋商報及晚報，謝謝。

數月前我把我的十萬字長篇中文舊稿重整理抄寫過寄去了香港。外子熊式一先生欲代我在香港陸續登出。此稿一九五三年[69]曾在英出版了英文本，乃半傳式和半小說式的，描述一個中國家庭夫婦帶了孩子來到英國十年的一段生活。其中並有各式各樣的朋友。我抓着各個個性，非常有趣，有點像《儒林外史》，當然沒有那樣好的文筆！

65 即姚克，原名姚莘農，著名翻譯家和劇作家。

66 此處似為筆誤，1953 年考入倫敦皇家戲劇學院的，是周信芳先生的女兒周采芹。

67 肯尼斯・巴恩斯爵士，1909－1955 年任皇家戲劇學院院長。

68 即曾鐵忱先生，時任《南洋商報》編輯，著有《新加坡史話》。

69 實應為 1952 年。

熊先生來信說香港編輯人想改為真姓名的一段在海外生活，準備刪去三分之一。我不贊成改為真姓名，並囑他把原稿寄回來，尚不知結果如何。第二本稿我亦擬開始，等略有眉目時即寄先生一閱。一切費神，專此道謝！祝

（未署名，未標註日期，似為1950年代後期）

蔡岱梅致熊式一
（1960年5月30日）

式：

南洋曾鐵忱先生退回了我長稿，十萬字報紙不能登。他送了我們一本《新加坡史話》，是他寫的。望你寫信謝謝他。

……

四月初林效黎[70]帶了小女兒來英國，住在牛津鄉下一位朋友家，偶爾來看我。大女兒[71]去年即考取了L.M.H.[72]，可惜考拉丁未及格（美國無此課），故遲一年進去，否則可和蕙同一年學了。這個週尾效黎要在牛津看牙醫和配眼鏡子等等。我請她來此過週尾方便點，她還是和以前一樣的親熱。

……

岱　五月卅日

70　即李效黎女士，抗戰時期國際友人林邁可先生的夫人。1940年代中後期，隨丈夫初到牛津時，非常想家，經常到熊家做客。

71　即Erica Lindsay（中文名林海文），林邁可先生和李效黎女士的長女；林熊二家的世交情誼持續至今，已延續到第三代。

72　牛津大學瑪格麗特夫人學堂。

二

熊蔡夫婦與友人通信摘選

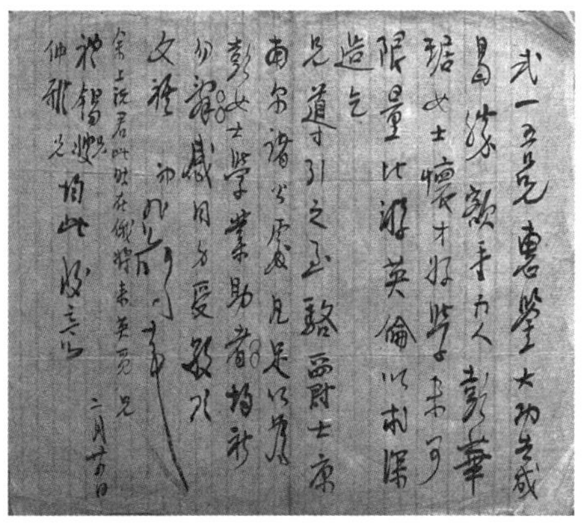

徐悲鴻信札 1935.2.24

蔣彝信札 1939.11.8

陸晶清信札 1944.8.20

吳作人信札 1948.7.13

蔡岱梅信札 1948.12

（一）蔡岱梅、陸晶清等通信摘選

蔡岱梅信札之一
（1937 年 2 月 18 日）

小鹿[73]：

回到南昌整一月了，今天才是我第一次提筆。每天被應酬纏擾得不堪。不是因為母親和小孩的話，我願立刻離開這種環境。在倫敦雖然自己要勞動，可是有一部分清靜的時間，就是式一，最愛熱鬧的人，也怕了目前的生活！

我在上海的時候，面託了我的表妹替你做衣服，並且把你的衣樣留在她那裏，我滿以為可以早日寄出，哪知道前週她來信說我拿錯了衣樣，她說尺碼是小孩的，決沒有這樣小的大人。這只怪我當時沒有特別說明，我已經要了我的大孩子寫信去上海證明。可是又引起麻煩，我的大孩子——德蘭，天天要我寫信給你，要你寄一張照片給她，因為我的像本沒有帶來，怎樣也找不出一張你的照片，她聽了我談你小巧玲瓏以後，她的腦海裏滿印着你是潘彼得，她希望早日去英國見你。伯母那裏我們去見過一次，她老人家非常康健，請你倆勿掛念！

……

我們從歐美回到祖國以來，親友都誇我們沒有一點洋習氣。小鹿我要告訴你一件祕密，我們近來在家裏每天早晨不起牀要用人送早餐在牀上吃，並且告訴他們英國人都是如此，這並不是要效洋派，實在我們的懶勁太重啊！

73　即陸晶清女士，著名女作家。

你的袜子我預備到上海去寄，南昌除了多幾條馬路外，一切和你在這裏差不多。我們從意大利船上下來以後，從沒有打過一次牌，可是錢用得比在倫敦還多。在南昌還有兩三週耽擱，大概先往北平走一走，而後回到上海住些時。再談。

禮錫[74]兄問好。

岱梅 二·十八

式附筆

蔡岱梅信札之二
（1937年5月1日）

小鹿：

今天是五月一日，我們還是在南昌，幾時往平，在北平和上海要耽擱幾久，現在都沒有把握。總言之，六月前是回不了倫敦。本來遲早動身沒多大的關係，要成問題的就是式一在倫敦留下的尾巴，我每想到這裏，恨不得馬上向法院與他起訴，當我和他在倫敦整理東西的時候，我曾提議幾次要把東西全都送到儲藏公司去。我怕的是你們在我們沒有回倫敦前要離開倫敦，加你們的麻煩。可是，他認為我是不想回倫敦了，並且說了許多幼稚得可笑的話，所以，我只有放棄任他去算了。現在，遲了又遲，完全又是他。小鹿，這次事先事後的罪都是他，該如何處罰？由你們斟酌辦理，我決不以私情而來袒護。這是對於你們出氣的事。至於對於你們忍口氣的事：請請你和蔣公[75]、王

74 即陸晶清的丈夫王禮錫先生，著名詩人、社會活動家。

75 即蔣彝先生，筆名「啞行者」，國際知名畫家、作家。

公的宏量，把我們的書和零件裝大木箱存起來，如果你們願意在五十號[76]再住幾個月的話，那就照以往的樣暫不動，橫直式一遲一兩月終要去的，好在房東那裏也不成問題。

這二頁王黛娜[77]的裸體像，是我從《良友》上撕下來的，你看了感覺得榮幸呢，還是掉眼淚呢？我奇怪你在英國怎樣收攞兩個怪弟子？還有一個螺螄精。

你的打字機放在我們的書房裏，用的時候自然少，縱用過幾次，式一都是不讓我們的小孩看見開關，怕的他們無時無刻地弄着玩。這幾天來，不知道怎樣，全被他們試驗出來了，時時刻刻聽見他們打，式一看見，就說「小鹿在哭啊！」現在他們自己也領悟到了，只要姐姐見弟弟在打字，姐姐也說「小鹿在哭啊！」要是弟弟見着姐姐哥哥在打，也說「小鹿在哭啊！」後來我不讓他們也叫小鹿，教他們叫小伯母，最近他們又改為「小伯母在哭」了，恐怕他們腦海裏印着你是他們的小朋友，等着他們初到英倫的時候，你千萬要擺一擺大人的神氣給他們看，不然，我就不負責了。

這次附了兩張畫，我怕信太重了，蔣公的信暫不寫，請你給他看看。

祝你倆好！

岱梅　五・一

需要的款子等下次寄給你，因為倫敦銀行賬單沒有找到。

式附筆

76　倫敦漢普斯德區上公園路 50 號公寓，熊式一蔡岱梅夫婦與王禮錫陸晶清夫婦及蔣彝等曾合租與此。

77　王黛娜，馬來西亞華人，民國時期女演員。

蔡岱梅信札之三
（1937 年 5 月 10 日）

小鹿：

前日由上海轉來三封信，兩封是你的，一封是錢夫人和錢先生的。我看見你附來的鞋樣，差不多掉出眼淚來，只有我深知你沒有鞋穿的苦！要是我早去了北平、上海的話，這問題就早解決了。現在我們又不想去北平，恐怕時間來不及，打算直接往上海，預備早點出國，式一在前三四個月中，就對朋友說，「還有兩三週耽擱，就要離開南昌」，一直說到今日，還是這麼說，他的懶勁兒暫且不提，免得他說我每次和你寫信就罵他。

你的借字被我的大小姐填上了數目，我寄給你看看，我怕的我死了，我的小孩爭遺產和你打官司。山地是真要假要？就是我們離開了南昌，也可託人買。我最喜歡的就是我們西山梅嶺這塊，有泉水有樹，並且可以看到南昌全城，夏天晚上要蓋被，他們都認為是小廬山。現在南昌省府想把它全部建設起來，命名梅嶺新區。明天我們又要去看另一處山地，只要你真要，將來我可以讓一部給你。最近我們被親友逼得買了一些田產，他們都知道我們愛花錢，流動的款子更容易花掉。這樣一來，倒使我們手下沒有零錢花了。倫敦銀行有沒有賬單寄五十號？究竟有多少餘款不得知道，請你替我們兌五十鎊由倫敦中國銀行匯到「上海法租界蒲石路勞爾東路頤德坊五十一號李酉小姐收」，最好向銀行註明走西伯利亞，倫敦中國銀行蔣太守[78]每月都有來信，如果你不熟的話，可請他快點辦匯。我們同小孩的旅費，已向紐

78　即蔣彝先生，因曾在國內做過縣長，故被戲稱為蔣太守。

約銀行去要了，那邊也是好久沒有賬單，我想你一定要笑一對糊塗虫糊得可以了！

你希望式一快到英國去的意見，正和我的意見一樣，不然，我在母親家裏還想走嗎？他也感覺得要快去才對，不過，他說他不願做庶務主任，他說到英國後，小孩責任全交給我，而他要閉門工作了。小鹿，不管他的話實行不實行，到那時再來治他。五十號的房子，就是我們去了也用不完。……我的計劃，我們住二樓和三樓的小屋子就夠了，你倆可以住老蔣的屋子，我知道蔣公想把他的壽命延長的話，是決不住五十號了。不過，我不知道五十號對於你們感覺怎樣？至於吃飯問題，我們有小孩比較麻煩點，隨便你們的意見，分開做飯也可以。衣服收到沒有？尺碼怎樣？素舫[79]要是做衣服的話，請她開尺碼來。

代我向禮錫問問好！

岱梅　五·十

式附筆

79　即侯叔芳女士，黃少谷的太太。

蔡岱梅信札之四（1937 年 11 月 9 日）

小鹿：

九、十月的航空信收到沒有？數週來我和式一交遞着病，此刻他在牀上，我可做看護了。恐怕你要罵一對糊塗虫該死！第一國難當頭不該病（這是我父親夙日的口號）！更不該做家庭看護！

日來戰事成績不佳，我們最痛心太原的失守！杭州灣竟有敵軍上陸！最近少溪兄[80]的兩封信，談到你們為祖國忙於工作，更使我們懊悔沒有早動身！不然，式一一定可以共同你們進行一切。要是暑假我在上海，決不讓式一回南昌。現在苦的就是沒法出南昌，只要南京到上海，或者杭州到上海沒有危險，我決意設法保他一人先去英，為着國家，為着他的前途，不應再遲緩了。粵漢路還是常轟炸，就是可走此路也沒辦法，因為我們的書籍衣物通通都帶到上海去了。

少溪兄說五十號的房子聖誕節邊要結束。房東不可以再通融嗎？式一決沒有計劃在國內久住，時刻在預備着去英，假使馬上有希望上船，一定拍電給你們。我們還有一種苦情，自紐約倫敦停演後，我們沒有收入，兩次由紐約寄來的旅費，現在都扯用了，不然，就是以式一一人的魄力，也決會簽五十號的合同的，何況他對五十號的感情正和禮錫一樣。更怕的是我們租下了，而你們要回國的回國，要搬家的搬家，空着整幢的房子太不經濟。上次回你們的電，所以要你們代決定，就是看有沒有朋友暫住，或者分擔一部分，萬一，只有把東西裝箱存起來。

80 即崔驥先生，字少溪，1931 年畢業於國立北平師範大學英語系，旅英中國史學家，曾在英國出版《中國文化史網》等著作，是《海外花實》中主要人物宋華的原型。

陳將軍此刻在上海如何？上次有一位從南京來的朋友說陳將軍在京冷靜，所以跑到上海去了。少谷夫婦[81]動了身沒有？你倆究竟預備幾時回來？希望我們不要分坐 Conte Rosso 、 Conte Verde[82] 在海浪上相會。

少溪兄如果能同你們一起住，分工合作的地方請不要客氣地直說，等二天式一會寫一詳細信給他。

南昌買不到航空信紙，式一跟我寫一張，因為他和猶太人拜了兄弟。

祝你倆好！

岱梅　十一·九

式一附筆

熊式一信札
（1937 年 11 月 13 日）

王文禮[83]公、小鹿夫人：

聽見你們在英從事宣傳，不禁心往神馳。我在國內覺得做些毫無補於國的事，江西文化界戰時工作協會籌備了如此多時，現在尚無頭緒，言之痛心。可恨現在到上海的路絕對不通了，若通時，我一人也

81　黃少谷、侯叔芳夫婦。黃少谷 1930 年代中期曾赴英留學，回國後出任國民政府高官。
82　分別為二艘意大利郵輪的名字。
83　王文禮，即王禮錫先生。

會先往英倫。文禮公的書一定風行一時，何不寄我一冊，千萬由航空寄，我盼切。五十號若改租或解租，還要你們二位偏勞不辭勞怨地處理一切。少溪兄初來，決不能如你們熟悉也。若能不改不解則尤佳。前數日得張似旅[84]與文禮公聯名電，因知 CING PLAY 之原址 Berkeley Sq[85]，已拆屋，當然遷移，故不克電覆，改用航空信，未審其事辦理如何？盼信告我。少谷夫婦已回國否？廣生[86]仍在五十號否？希孟夫婦[87]在京任事，予倩[88]寓法界呂班路其妹家對過，現在四面被圍矣。Lascelles Abercrombie[89]（父親）現在牛津何校 College[90] 任教，請告以便通信請他罵日本。英國報紙有關中日的重要言論，及名人的言論，請剪寄一點給我。筆會 P.E.N. 文禮公若去參加，也可和 H.G. Wells[91] 談談，他頗對中國表好感。我覺得文禮公暫時還是不回國而留在外面做做工作更好，不知你們以為然否？少溪來信也說想做做英文東西，可請 J. Field 幫幫忙，此人極好。*PUNCH* 週報[92]仍請源源寄我為盼。我若有行期，當電覆也。

式 十一月十三日

84 張似旅先生，時任駐英大使館祕書，夫人為鋼琴家李翠貞，曾任上海音樂學院鋼琴系主任。

85 地名伯克利廣場。

86 陳潤元先生，又名廣生，熊家朋友。

87 程希孟、彭道真夫婦，1936 年起，曾為為北平文化界救國會的成員。

88 歐陽予倩先生，著名戲劇家。

89 Lascelles Abercrombie，著名英國詩人、評論家、教育家。

90 英文「學院」的意思。

91 H. G. Wells，赫伯特．喬治．威爾斯，著名英國作家。

92 英國著名漫畫雜誌週刊。

陸晶清信札之一
（1938 年 11 月 10 日）

岱梅、式一、少溪、未風[93]：

我們已過了紅海，在印度洋中漂了幾天，明晚可達科侖布。紅海的熱，印度洋的浪，你們都嚐過，用不着我說。並且對浪我不怕，不知暈味，描寫不出什麼。惟熱，這次真傷透了我的心。在倫敦住了五年和「熱」隔絕得太遠了，一旦來受這活罪，我簡直想跳下海去。最糟糕的是，未走前我天天嚷要預備過紅海穿的薄衣服，而結果我毫未預備，僅僅的一件薄衣，是岱梅給我的那件，現在只好天天穿着它，穿臭了都不能脫下來洗一洗（在日內瓦時我還幾次想到要向岱梅再討一兩件，結果寫信時就忘了，大概一直都未提過）。朱太太好人一翻箱倒櫃找出三件紗衣來救濟我，可是穿不出去（我本來也稍有預備，帶來了短褲和小網衣，可是船上有一野雞，她天天穿這樣的裝束，我自然不能和她去配對，只好放棄原來計劃）。

截至現在為止，由波賽上船的日本鬼還沒有和我們打架，我們的「同胞」泄氣的可大有人焉，一對「卿卿我我」的夫婦，聽見日本鬼上船，駭得臉都白了，怕老婆被強姦（他們自己這樣說），不惜犧牲老本，忙跑到二等艙去，並且鬧得洋人們都知道。另一對夫婦，雖然未跑，其作風又另一方面，和日本鬼大交生「談」，然後來對中國人稱贊鬼子的好處，同艙某公說：「這般混蛋將來都會做漢奸，趁早丟下海去。」

……

93 曹未風，著名文學翻譯家。

未上船時我們認識的許多熟人，到上船後便被等級把交情割斷了。我曾不知趣去理過一位頭等艙的小姐，居然大碰釘子，氣得我肺得裂了（他媽的，未上船前她還和老子有說有笑，上船後第三天我上去看別人，就便看她，她竟不理我）。

……

少溪見傅築夫[94]等時，告訴他們等回國時也乘法國船，也是三等，可以預備幾樣東西：(1) 餅乾不可不帶。因為船上的早餐和午茶太糟，吃陳麪包硬得如石頭一樣，不可不自作準備。(2) 鹹菜多帶。醬油也得帶一瓶，船上菜不好，非有點別的東西湊合不能吃飽（我這次還好，截至現在為止還無所差，也不想吃這個飯，李教授等餐餐叫苦連天）。

船上簡直不能做事，天天「上橋」，禮錫曾打敗了一位世界橋戲名手（奧人，有世界名手證據的，他輸了，氣得和他的對手吵架）。他們是兩個洋人和兩個中國人比賽，另一中國人也是倫敦來的。

我預備好在船上寫文章的材料留在倫敦箱子裏，現在簡直無辦法，請式一打個電話給郭太太[95]，請她找一份 Bazaar[96] 的賬目，文件寄到香港給我（你們要來寄給我），如她不在倫敦，你們設法開我們那個深褐色的瑞士紙箱，在裏面有一個紙匣夾着我全部文件，勞駕找了寄給我 —— 我極不想留麻煩給你們，結果所留的麻煩太多了。

這幾天風浪不小，禮錫朱太太都大暈，暈船的人脾氣該大，我該倒霉（指禮公一人而已），這不是，那不是，我簡直難做人。風浪最大時我精神特別好，但自己知道收斂，不敢露出一點驕傲，可是還不對勁。

94 傅築夫先生，中國經濟史學家，1936—1939 年在英留學。

95 應為當時國民政府駐英公使郭泰祺的太太。

96 英文「集市」的意思，可能是她們為抗日募捐在英舉辦的義賣會。

同船有一姓儲的醫生，他說在倫敦看到我寫給你們的信，豈有此理，為什麼把我的信拿給生人看？下次再犯，我非起訴不可！

船顛得太利害，不寫了，祝大家好！

小鹿 十一月十日

王禮錫信札
（1939 年 2 月 14 日）

式一兄嫂：

到重慶又三星期了。一切好的不如在外國所想的好，壞是也不如在外國所想的壞。重慶呆得乏味，我於一月後準備赴前線及游擊區。真與抗戰環境接觸一下。

小鹿暫在昆明，她現又覺得昆明不好。縱有書可教，有副刊可編，可是規模都太小，仍嗅不到抗戰味。她寫信說要來，並說要跟我去前線。來這裏是容易，去前線可成問題。

少溪、未風於走時要我寫東西。一到國內又覺得一無可寫。可寫的太平凡，不平凡的又祕密不可泄漏，也許將來可以寫一點。

你的事業怎樣？H.P. 來信大贊美西廂！她說恨不得天天去，把所有的朋友都帶去看。從來沒有看見過這樣「銷魂」（忠實的翻譯）的戲。說到 H.P.，就連帶想到前信所提的少谷那筆錢。據她來信，鋪子頗倒霉，萬一她一時拿不出來，就以後再說吧。存書處若非要錢不可，少谷兄想請你代出，以後設法寄還。

鴨子想必早吃光了。喫時光景如何？請德蘭[97]畫一張畫來。我們常常談到這位小天才呢！還有小君子[98]、小玩皮[99]怎樣？

那些 Messages[100]已經陸續發表。在序言上談到吾兄的幫助。

外事護照大成問題！不過還未絕望。成功時再至函相告。

弟 錫　二月十四日

通信處：重慶青年會

陸晶清信札之二（1939 年 3 月 24 日）

五十號老少男女公鑒：

……

在昆明悶了兩月，到此後如登天堂，無論如何表面上的熱鬧緊張就夠使人想活下去。再就是多朋友都聚在此地，不愁找不到人吹牛，少谷、蘅靜[101]夫婦羣天天見幾次，他們都住青年會，禮公[102]青年會也有「行宮」，可惜不許女人進去，所以我只好在青年會對面租了一間樓房。吃飯問題大家都採取游擊方式，蘅靜、少谷和我們這一堆人早

97 即熊德蘭，《海外花實》書中羅玲的原型。

98 此處應指熊德威，《海外花實》書中羅平的原型。

99 此處應指熊德輗，《海外花實》書中羅定的原型。

100 英文「簡訊」的意思。

101 劉蘅靜女士，民國時期教育家，國民黨婦女運動先驅。

102 即王禮錫先生，又名王文禮。

晚三餐很少不在一處吃，等於有組織地吃飯團。有時候我們 之中的一二人被人請後，如主人不是猶太種，我們會全體動員同去，並不需要得主人的允許。「抗日期間有飯大家吃」，這個口號我竭誠擁護。

禮公永遠是那樣忙，我雖為「尋夫」而來，但仍然常常看不到「夫」。我未來前，蘅靜曾寫信警告我「此地後方慰勞團甚為活躍，當心你的老表被人慰勞。」當時我頗為憂慮。到此後實地觀察，感到慰勞團雖神通廣大，想「慰勞」禮公，恐怕也很困難。既不閒而又無錢，不夠「慰勞」資格。

閒話少談，告訴你們我此來的大志。禮公早有赴各戰區考察計劃。我以為可以「夫唱婦隨」，所以趕來。到此後才知我不能同行，不過另有門路可走，我將來也許是和大批文化工作人同行，也許是和冰瑩[103]之流同行。總之，半月之內，此事可以決定。—— 寫到這裏，我非常驕傲，我想德威[104]一定佩服「小伯母」多勇敢！上戰區去！免不了還得換上一套軍服，想想都夠威風。假如此去回不來，無論怎樣死，希望德威以後都稱「小伯母」做「烈士伯母」—— 至於我們去做些什麼，將來會寄詳細計劃給你們。總之，決不是想為趨時髦，想出風頭而已。

禮公大概十天左右就走，他預定在國內各戰區走三月收集材料，然後再奉命出國。少谷現在又有了新任命，最高國防委員會的參議，秋公[105]成了他的下屬。他的暫宿衛監委大概要辭掉，因為頭銜過多，忙不過來。

103 即謝冰瑩女士，民國時期女作家，代表作為《女兵自傳》，該書最初由崔驥翻譯成英文，於 1943 年由英國艾倫與昂溫書局出版，其翻譯出版熊式一皆有所參與。

104 即熊家長子熊德威，1950 年底熊德威本人亦投筆從戎，其人生軌跡，或許在此早已埋下伏筆。

105 即胡秋原先生，中國台灣史學家，太太為敬幼如。

儲安平太太[106]將榮任中央副刊編輯，她拉我捧場，義不容辭，當「鞠躬盡瘁」。據說已函聘東坡作長期撰稿人。此間文藝刊物甚多，都用手紙印，我寄份給你們看看，但用平信寄，因為無論內容如何好，憑「手紙」的身價，真不值得花航空費。老舍[107]、老向[108]輩都在此，他們都在努力編大鼓詞一類東西。許多十年不見的，改名換姓的朋友都在此碰到。秋公身兼數要職，且做生意，小敬鄉下教英文。胡蒨在某地某校教國際政治。天！不知她說些什麼。王小子教「民族史」，但所發講義文不對題，據說如此。

務請你們任何一枚，代我打個電話給郭太太，請她將婦女會一切文件賬單用航空寄一份給我。我在此大宣傳倫敦的婦女會工作，引起各方注意，日內還要到婦女領袖所裏作報告。關於這件事，我並無自己據功的野心，一切功勞，都歸之於郭太太等頭上。有文件可查，決不造謠。法國方面是據顧林二夫人[109]，日內瓦是李太太等，我做事絕對公平，從不昧良心，岱梅有便時，可對郭太太說說，我因為覺得她們的一切工作，國內不清楚，所以特別賣力宣傳，我慢慢再寫信詳告郭太太。

我決定不做單純的婦女工作，就到前線去也是做文化工作。關於女人的事，我只想把國內外的人聯係起來，使彼此互通消息，有個照應。

真倒霉，自回國後，病鬼天天跟着我，在昆明病了兩月，到重慶又接着病，傷風咳嗽，鬧個不休。還有假牙齒發生了毛病，鬆了，不

106 儲安平，著名新聞工作者，曾任光明日報總編輯；儲安平當時的太太為端木露西，作家、教育家，抗戰勝利後，與儲安平離婚。

107 老舍先生，舒舍予，著名作家。

108 王向辰先生，笔名老向，著名通俗文學作家。

109 顧林二夫人應指的是顧維鈞和林崇墉的太太。

小心就會掉下來。朋友們都說我不該拔牙，我無辭以對，只好把一筆賬全開在姓熊的身上，當然很勉強，好在無對證。

此地一切外來物比昆明還貴一倍以上，信不信？一瓶墨水可以定價國幣七八元。一切東西這裏都有，只是買不起。

以後你們來信，可寄香港德輔道中國銀行彭信威[110]轉，因為信威轉信，一向用航空，比較快點。信威的叔叔[111]仍在做次長，過去傳說全是謠言。—— 禮公的神仙叔叔變成了闊人，名片上無數頭銜，出進大門有人肅然敬禮，我到此後大受招待，還送了我新傢具。

筆不好，墨水不好，紙又有油，所以寫得一塌糊塗，大人們相信能體會這三不好的苦衷，小孩們「無知無識」，也許會笑小伯母的字退步了。

臘鴨之功勛如此偉大，將來禮公出國時，我準再裝一大箱，逼他帶帶來。特別是多放鴨之某部，獻給愛好者。

來信請寄交通部彭轉或香港彭轉均可。我們何時走尚未定，定後當函告。

祝　大家好！

小鹿　三月二十四日

110 彭信威先生，中國貨幣史學家和錢幣學家。

111 即彭學沛先生，民國政府高官，曾任交通部次長。

陸晶清信札之三
（1939 年 9 月 28 日）

岱梅、式一、少溪、咸讓：

我已回到重慶了，這是使重慶的朋友們驚訝的事。誰都料不到我居然能生還重慶。我想就禮錫在地下（多痛心啊！居然他的名字之下能連用「地下」倆字了！）也不會想到我能活到現在。前信告訴過你們，在感情上，為減少痛苦，縮短痛苦起見，除了死，我無路可走。這倒並不是我懦弱無志向，實在是太苦痛了，越想越無法生活下去。可是，一想到禮錫的老母幼子，想到他未了的事業，想到他十幾年來對我的情愛，我是死不得的。我不能讓他一家人就因此而大家都逼到死，或者凍餓無依，弄得連累朋友親戚。他一生好強，不能使他死了還丟臉。因此，我從極消極的路走上了積極的路，連我自己都料不到的會趨於這樣的極端。從金華回到重慶，一天跑幾千里路，坐汽車時是日夜地開，坐火車時還屢遇警報，坐飛機，又遇天氣不好，一路都是我一個人，我居然能撐持着到了他家裏。安慰過老小，使他們都增加了生的、鬥的勇氣，然後再回到重慶來處置一切。我一直是這樣想：「自己的苦自己吃，自己的事自己做。既不死，就得好好地活。」我決心無論如何苦，都要把禮錫的局面維持下去。就算我的能力不及他，但我拼上命，務求不塌他的台。至少要做到不使人們很快地就忘了他不使他家庭從此就不振。我知道你們很關心我，請你們放心，今後才真是「小鹿是英雄」的時候了，不英雄就無辦法，就不如不活下去。

昨天接到岱梅來信，我感動得流淚！此次我遭此大不幸，而能撐持，一大部原因是朋友們對我太好了，每一個都像你們一樣的厚愛我，鼓勵我，照顧我。增加我生的勇氣，使我感到人世還有可留戀的。

在金華收到素舫們的電，有一句是「今後吾等相依為命」，我讀後哭到昏暈。岱梅的信也使我有同樣的感覺。因為你們一般接近的朋友，才知道我和禮錫的感情，知道我遭此打擊後的苦痛，也才能給我所需要的安慰。

……

禮錫一生刻苦，處事待人都寬厚，真不應該讓他這樣早死。壯志未酬，我知他將永遠含恨！他死後「蓋棺論定」，總算各方面都痛惜他。全國報紙刊物上所登載的追悼文章很多，洛陽方面辦他身後事是仁盡義盡。現擬葬他在北邙山。我本來想去，同時洛陽治喪委員會也來電說等我去才葬。可是交通不便，坐飛機去只能一人去，大家不許去。請人陪，就只好走公路，那不知什麼時候才能到。（這次我從金華回來，若不是三戰區的專車送我，半月也不能到桂林。我是一天半就趕到衡陽換火車。汽油都花了他們五六百元。）所以我也決定暫時不北上（還怕戰事又變化，阻在中途）。已電請他們速葬，將來我再設法去修理墳。重慶各界（十幾個團體）現正籌備追悼，準備出紀念刊。過桂林時，胡愈之[112]、王魯彥[113]、師毅[114]等也正在籌備追悼。這些事本來與死者無關，並且是一時的熱鬧，彌補不了缺陷。可是，也可以使他在地下稍自慰，總算他沒有白苦，人們總算還認識他，他的精神不會死的。

……

中外朋友請代致意！

小鹿　九月廿八日

112 胡愈之先生，具有多方成就的著名革命學者。

113 王魯彥先生，著名鄉土小說作家、翻譯家。

114 應為孫師毅，笔名施誼，電影編劇、歌詞作家。

陸晶清信札之四
（1944 年 8 月 20 日）

岱梅、式一：

這張紙上要寫的是另外一套。我們雖然長久不通信息，我可一直求佛保佑你們大小清吉，財源茂盛。你們，諒也必很欣慰得知我還活着，並未餓死或自殺。說實話，不是因為懶不寫信，也不是竟忙到無暇寫信。每次提起筆來要寫時，便覺千頭萬緒，不知從何說起，並只感到將會永遠寫不完。要對你們說的話太多了。去年接你們信後，曾連寫好三封信未發（現仍存着，決非說謊）。為什麼不寄出？自己也無一正當理由可解答。總之，我不惟敢賭咒沒有忘了你們，並可請上帝作證是時時想念你們。

三年來我都是編副刊兼教書，憑賣命換錢養活自己並兼顧禮錫家人。生活越來越苦，今年以來頗有活不下去之勢。幸而我精神越來越堅強，可以撐得下去，並且以幻想的前途安慰着自己，鼓勵着自己。只是身體較差，尤其是眼睛壞了（寫這信等於是撐着寫的），一直抽不出大筆錢來配眼鏡，只好挨下去。現在禮錫的大兒子已大學畢業，到印度充翻譯去了（收入比我多一倍）。三少爺也做事了，二少爺如暫時不能考大學，也拟做事。從此我可以鬆口氣。

我一直和林崇墉[115]夫婦住在一齊，吃飯也合夥。少谷一家也住同一幢房子。並且我們都同住一層樓。物質生活，在現時重慶，比上不足，比下還有餘。因為大家都忙都相當窮，像前幾年那樣的玩樂已

115 林崇墉先生，即林孟工，林則徐第五世孫，民國時期曾任中央銀行高管。其太太為陳敏修，晚清大臣、學者陳寶琛之女。

經沒有了。我從前是無日不出門，現在是長久不出門。小敬一對雖然住得很近，也互相無探訪興趣，有時幾月才見一次。小敬生了三女一男，現另久混平價事，已出來做了一年多的事（做小學校長）。胡博士[116]仍照舊像機器一樣地出產些文章，他們也夠狼狽了。升了高官，發了大財的朋友，也不少，不過都一律不成為我的朋友來。我誠固然不敢高攀，人也不會再理我。—— 你們的來信曾問我為何不再出國，天！誰還會給我以出國機會？我既無錢，又無勢，一名役着做苦工的公務員兼教書匠，決無資格再夢想出國。—— 可是不說假話，我確有為着出氣都要再坐一次海船的企圖。只要不死，八十歲我也再出洋。

小鹿　8.20.1944

116 即胡秋原先生。

陸晶清信札之五
（1948 年 1 月 2 日）

式一、岱梅：

這是到達祖國後第七次拿筆寫信給你們。在上海共提筆五次未得寫完一信，前日到南京後又提過一次筆，雖寫滿兩張紙，但現又應作廢。現在我才了解傅公[117]之所以無信。原來回到國來，便有想像不到的煩亂。

……

我於去年十二月廿日抵滬，秋敬[118]借車到機場接我（孟工[119]家誤了時間）。但到了胡公館才知場面比重慶時代還糟，根本無法收容我，同時聽小敬說孟工家已準備好一切招待我。小敬通知敏修，半小時後便被接到林公館。孟工景況大佳。現已赴漢口上新任（金融管理局局長）。在滬住十日，除頭昏腦暈外，曾病兩日，全身發風疱，奇癢發熱，幸林家有親戚「王神醫」，免費很快地治好了我。上海高等（其實不止高等）華人生活之腐爛非幾句話可形容，我到上海後便成了標準難民和古董，從頭到腳無一處順人眼。住了十天，食住不花錢，借債五百萬元，自己的稿費還收了近三百萬。行前把裁縫賬和其他賒賬都交於了林太太。自到上海至離上海，她算是做了我的錢莊和賬房。我帶回的支票曾換港幣，大家不主張再換，所以只好扯債。前早抵京後，未洗臉便先打電話找袁子英[120]送錢來。彭公館主人[121]不在家。老

117 即傅種孫先生，著名數學家、教育家；1945–1947 年期間曾赴英考察，與熊家相熟。
118 胡秋原、敬幼如夫婦。
119 林孟工，即林崇墉，太太為陳敏修，晚清大臣、學者陈宝琛之女。
120 袁子英，曾任神州國光社北平分社經理，著名女記者浦熙修的前夫。
121 即彭學沛先生。

太太說他忘了交代伙食，並且老太太為慶祝孫子結婚，已預先下了兩桌客請帖（她孫子在台灣結婚，我在上海曾見到他）。我暗中計算，大概三日內，我至少得花五六百萬。昨日（元旦），我清早跑出去辦的第一件事又是借款。到了中國，不知為何我的借款膽便如此之大。彷彿是收自己的錢一樣的，很容易開口要大數目。為借用彭公車，我又花去了修理費一百廿萬。昨晚老太太召集彭、趙二府人過年，我備了幾個四十萬一個的紅包給那幾位叫我「婆婆」的少爺小姐們。據說這數目已不算「大方」。

……

送孟工煙斗交到，但頗傷心，未引起他注意，因他忙上任忙到發昏，收禮物也收到發昏。他行前曾用煙斗敲了他的頭，要他記着寫信謝你。顧毓琇[122]先在滬，現應來京，不久當去找他交煙斗並辦威輗事（明日我便可見到多次老田，問他收到呈文否）。趁彭公不在（他去旅行或考察去了，月底才回來），我大可利用車跑。且拜謁貴人之類也方便，希望在半月內把他們的外匯和我自己的弄出頭緒。然後便再坐一次京滬車。

上海確是齊集全世界的好貨，也齊集全人類的惡濁。那塊地方只有用原子彈去解決。關於物價，我只告你們幾件實例，你們可以去類比。本人曾製中下等絲棉袍一件，連工帶料二百萬。買皮靴一雙，六十五萬。洗頭一次，八萬元。做絲絨衣一件，改舊呢衣一件，工錢共五十六萬。窘困如小敬，也身穿近千萬大衣一件。另有灰鼠大衣又一件，價值大概更是千萬以上。今天我買三斤橘子二斤梨，付出十二萬元。素舫在上海逍遙近月，從鋪買每日百萬餘，吃飯在外。

……

122 顧毓琇，字一樵，科学家、教育家、诗人，在清華學堂曾與熊式一同學。

要說的話太多，一時寫不完。這屋子像冰窖（彭公館雖精緻萬分，但主人不在，汽管子是冷的，我已自己花錢買炭燒火盆，可是今晚回來火已滅了）。再耐不住了，下次再寫。朋友們請代致候，並轉告我的一切。專頌

闔府安康！

小鹿

一月二日 一九四八

附文：

……

現國內稿費十萬千字，若能每天湊三千，可以活下去。徐訏[123]小說走紅運，每月收稿稅四千餘萬。成天被戲子、舞女、女學生包圍。清閣[124]說，正派文人都被徐訏擠得沒飯吃。據鳳子[125]報告，孫毓棠[126]快與他的「徒弟」結婚了。

國內女人新裝是長褲（西式）短襖，名曰「父母裝」，就是說父親的褲子，母親的襖。初看到時，我覺得個個女人都成了「丫頭」。穿得精緻的還勉強順眼，蹩腳的真是丫頭。小敬也穿上了，慫恿我做，我寧願被槍決也不穿。不過我的衣服都在林太太命令下剪短兩寸多，去邊，無扣，否則便太「老桿」。

123 徐訏，民國時期著名作家，1950 年移居香港。

124 趙清閣，著名女作家，陸晶清好友。

125 鳳子，原名封季壬，戏剧家、作家、编辑家、表演艺术家，孫毓棠先生的前妻。

126 孫毓棠，著名歷史學家，曾任牛津大学皇后学院客座研究员。

陸晶清信札之六
（1948 年 1 月 31 日）

（現又改變主意，還是破費五萬，使你們得早讀到）

式一，岱梅及四德：

先聲明，這封我只拟平寄。因為我總想寫信給你們，但每一提筆，又為了顧慮五萬元的郵費而不敢寫。今後拟常寫，但不常寄航空信。別笑我嗇，實在是暫時不能不嗇。靠借債度日，多花一百就多負一百的債。

……

上星期一余上沅[127]請我到劇專講座，曾替式一出了口氣，不能不報功。去夏瑞員公園[128]的演出又有人傳回怪話，所以我在吹英國戲劇之後，說到中國戲在英國，便來了一套王寶川演出不順中國人眼咎不在作者。後來我還質問余上沅和平報上的小新聞是否他幹的，他賭咒否認，並說會寫信向式一解釋。

南京下了三天雪，真冷，比英國冷，因為房子構造和設備不及英國。前天我冷到耐不住，跑到少谷家烤半天火，昨天又到蘅靜家混。我的二房東雖然回來了，他也無氣魄使汽爐發熱。烤火盆我中了二次毒，第二次更嚴重，所以再不敢把生命作兒戲了（其實我現在身傍仍有一火缸，不過開着意外生火，不如不生）。

……

127 余上沅先生，戏劇教育家、理論家。

128 即英國倫敦攝政公園（Regent’s Park）。

昨在趙太太[129]處談到岱梅的信，你還說德蘭就回國。我想是隨便寫，非真有此事。她現時回來，已趕不上春季開學了。依我意思，索興等威靦考完一齊來。到暑假，此方情形也許有個分曉。能去便去，不能去另謀出路。看了一月，對教書我也有些灰心，大部學校學生都不唸書，學校問題又多。前日上海學生打了吳國楨，今日報載有人建議：今後學生如鬧風潮，教員也得同受處分。幾位教書匠朋友說，不如趁早改行賣花生米去。

……

久不接來信，我猜想是我第一次寄出的信貼少了郵票（彭姓工人之錯）坐船到英，第二次信應於廿四五到，所以你們在等我的信，便也不寫信。趙太太不覆信原因，據說是要等惠謨好消息到後，一齊報告。她現在天天抱着個熱水袋坐在椅子上等候來自四川的電報[130]。

最近國內調兵遣將，似乎將有大軍事行動的樣子。據說北平將來恐會成陰陽界。

「我們的朋友林孟工」赴汉一月，大大出了風頭，日前來京見駕，各報都作社論捧場。老賀和希孟[131]家大宴他，我奉命作陪。「我們的朋友林孟工」就是那天經我輩決定的稱謂。錫裏則硬叫他「梅蘭芳」。我要他到滬時「吩咐」中央銀行人，對我和威靦外匯事特別留意幫忙，他答應「遵照辦理」，為怕他得意健忘，追了一封信去給他老婆。請孟工吃飯那天是希孟生日，彭大姐照常罵他，我們都大為不平。

129 即趙惠謨先生的太太裴亞雄女士。

130 之後趙太太攜子女撤到重慶然後成都；在趙惠謨 1949 年底去台灣後，太太與子女滯留成都，未能赴台。

131 即程希孟先生，曾在國民政府中出任要職，1950 年回國後，在九三學社、全國政協任職。

我吃胖了，天氣雖冷，我未傷風，牙也未痛過。只是中炭毒的滋味不佳，每次都頭痛嘔吐。第二次大有送終的危險。

快來信，告我別後一月的事。

祝你們一切好！

小鹿，小伯母，媽咪

一月卅一日

附文：

我從今晚起到報社做夜工，是自動去的。因在家冷得難耐，不如去效力就便尋溫暖。

二月一日半夜

陸晶清信札之七（1948年10月29日）

岱梅：

十月十日的早上收到你九月廿四日信，當天下午就寫了一封四張紙的長信覆你。（此信現還放在旁邊，否則我不會記得清楚日月。）可是一直未付郵，因為，發外國信，必須我親自出馬，並且要跑到靜安寺或馬斯南路兩處較大郵局，才能發出。這兩處，距我住的地方，都相當遠，還得換車。因此，我總想索興再寫幾封，（蒨英、曉南、老蔣[132]都早來信未覆）一齊發，於是便拖到今天。拆開舊信讀一遍，許多事都成了明日黃花，所以決心重寫過。且立誓寫完就去發。今天

132 即張蒨英、陳曉南、蔣彝三位畫家朋友。

無課，可以做點別的事。

……

國內改幣制後的變化諒你們已知道。初一月是頗好，大家覺得有點光亮，自本月起，越變越壞，因為人不信任新幣，同時不生產，物資漸少，於是造成了搶購風。像堆貨棧一樣的上海市場，兩週內便搶完了。現在一條街上沒有幾家鋪子開門，開門的也是空的。最奇怪地是，連棺材都有人搶購，錫箔也缺貨。上星期我跑了三小時買不到一個皮蛋，你們一定不相信，但事實確是如此。對於配給東西和少的東西，我認為早應該如此，只是一切辦法到了中國變樣。有錢、有勢的大量囤積，仍不受任何限制，一般小民，則米湯都喝不到一口。最近許多朋友家都搶糧。上週碰見鳳子[133]，她告我她和她的美國丈夫，曾經用炒栗子當飯填肚子。過去，我的早餐吃得頗考究。最近，不惟麪包牛油買不到，饅頭、燒餅、油條也絕蹤。我胃病不能喝稀飯，只好喝白開水。日前一怒之下，與林太太同出去擠和搶，半天內，居然被我搶來些東西。本來不願犯法，事勢逼得我們去犯法。總之，最近現象是非常地惡劣和嚴重。如無良好辦法挽救，恐怕會出大事。北平、天津學校已罷教罷課，京滬大概也會追隨。大家爭的不僅是待遇，是根本得不到東西。既餓又冷，誰有心有力教育人才？德蘭有信嗎？傳說中的北平是比上海差，好在她也是一個人，比較好解決。她是否住傅先生[134]家？我託人帶信給她，至今無回音。你們寫信給她時，要她隨時鎮靜點。即使北平出了大事，也要鎮定，慌亂會出毛病。遇有必要時，我會設法託人照應她，你不必憂慮。

---

133 鳳子，原名封季壬，戏劇家、作家、编辑家、表演艺术家，1948 年與美國人沙博理結為伉儷。

134 即數學家傅種孫先生。

從報紙上看到的國際形勢，也非常大危險。雖然誰也不希望真打，但說不定一觸即發。人類正在遭劫，處處起火。你們有何打算？別嫌我嚕囌，也別笑我過慮，我以為你們應該打算一番，有備無患。無論溜下去或回國，都該計劃一下，真的不要再拖。我的神經過敏與多慮常常有好結果。譬如此次我決心離開報社並離開南京，並且放棄了師大，而就暨大在先。第一是少谷氣我，繼而是另一些朋友笑我沒膽量北上，再就是富貴朋友們譏我自找苦吃做教書匠。但到了現在，誰都嘴都應該緊閉起來表示懺悔。若照他們的意見，我會狼狽萬狀。少谷交代了和平報，我還能留下去嗎？不留，又幹什麼？若北上，危險我到不怕，只是我除自保外，無法弄錢孝敬婆婆。在上海不教書，我怎麼活下去。所以我很欣賞我自己所做的這一椿聰明事。到如今不至於走投無路。無論上課也好，不上也好，在一年內，我算有職業。初來上海時所計劃的一些「大事業」現一件不能實現不是我不努力，是根本無法做。只好等待時機到來，或等待理想幻滅。

今年的中秋節我曾到杭州，隨林府人去，受該地中央銀行的招待，玩得不太得意。因為玩西湖只適宜於窮玩，我們去了五天，觀了潮，順路遊了嘉興。回來後便病，胃炎一直纏綿至今。在杭州見到鍾珮[135]（她現已回南京），她也在養病。黃炳日前恭送太太回川，曾來滬，但未見到。他匆匆回來，因為時局嚴重，不能多留，只給我一信。小敬移住南京後運氣欠佳，既鬧窮，小孩又鬧病，據說連用人都沒有。來信叫苦不堪言，囑致意你們。日來謠言之多，有迁都之說，所以人心惶惶，冰瀅從北平到台灣打碼頭，我要她打寬點，必要時清閣和我都去。——我如去須把德蘭帶去，你們放心嗎？

……

135 即徐鍾珮女士，民國時期女記者、台灣政治人物朱撫松的太太。

你們的房子找到否？逸伏廬永遠在我的懷念中。去年走時，我還暗暗祈禱能再住逸伏廬。記得我有一次曾說你們應好好享受，回到國內，無論如何也再找不到那樣好的房子住。（不是沒有，是你們沒有幾百根金條去頂。最近陳錫襄以十根金條頂三間房房子定了，他已宣告破產連傢俱都買不起。你知道嗎，十根條子就是一百兩金子？我活到四十二歲還沒有見過這麼多的金子呢。）我投資建給王老太太住的幾間平房，當時花了八億多，早已有人願出幾十億了。過去她們不滿意我，嫌房子不好，現在都心滿意足，覺得我的籌劃不差。——這又是我回國辦的一得意傑作。——不惟老太太有了安身處，許多親戚也沾了光。姑太太還利用房子辦教手工的學校，可以謀生。

E[136] 好嗎？你們如搬家，她又得另找學校。真想不到她會對算術發迷。論她的身體，不應學理科。德鞔是否已赴法？德威既應中正[137]聘，而蔡老伯[138]又要他，何不讓他早點回來，安慰老人？未來的局面不知怎樣變，我以為蔡老伯處也應多有個壯丁侍奉較好。你們考慮一下，覺得我的話有理，就無論如何設法也派德威早回來。

少溪以在英完全治好再回來為妥，請告他，現在國內，買药比登天還難。尤其最近，西药都被藏起來了，連最普通的 Aspirin[139] 都跑許久還買不到。並且，論調養，在英也比在國內好，雖然吃得較差，但能得安定，並且有牛奶可喝，牛油可吃。回到國內，這些都會成為夢想中的事物。這是現狀，以後更不知如何。

我回國差不多近一年了，日子過得真快。這段日月中，我真像在做夢，做的是些碎夢，忽東忽西，忽天忽地。我常想，假如不為開會，

136 熊德荑的英文簡稱，有如《海外花實》書中的情節，陸晶清曾認她作乾女兒。

137 國立中正大學曾發教職聘書給熊德威。

138 即蔡敬襄先生，江西著名收藏家、教育家，蔡岱梅的父親。

139 阿司匹林的英文名。

很可能我至今還留在牛津。因為我去年雖然着急想回來，但我也有股拖勁，拖一年，也很容易。

王右家[140]結了婚，嫁的是前阮玲玉的丈夫[141]，近大十歲的老頭，但很有錢，她說明是為找享受。據說她手段頗辣，先要男人把房產等等都過了戶，算作她的，然後才舉行大典。

牛津又增加了多少新華人？陳家還住牛津嗎？E 的「主席」[142]聽說在上海，可我一直未見着。C.P.[143]現又回到南京中大了。陳占祥[144]的 Day[145]在上海，他見到信威[146]，曾問起我，幾次想去找她，想了又無行動，因為她住的地方距此甚遠。

最近我每晚七點鐘都收聽 B.B.C.[147]的 News[148]。每聽時我便想你們正在吃午飯。林家有三架收音機，因此我得佔用了一架。每晚我都有兩小時躺在牀上聽廣播，看報。至遲十一時我便睡。生活還算有條理。盼來信！　祝

大家安康！

小鹿

十月廿九，一九四八

140 王右家女士，民國時期著名女演員。

141 即唐季珊先生，阮玲玉前夫，近代商人。

142 即楊敬年先生，著名經濟學家、翻譯家，1945–1948 年在牛津大學聖體學院讀研，獲得博士學位，曾任留英中國留學生會主席。

143 即徐誠斌先生，牛津校友，後成為天主教香港教區首任華人主教（Bishop Hsu Chen-Ping Francis）。

144 陳占祥先生，著名城市規劃專家，建築師，1938–1946 年在英國留學。

145 柔絲・黛女士（Rose Day），英國外交工作人員，陳占祥先生在英國留學期間與其結識相戀，1946 年曾與陳占祥同船回到上海，三四年後獨自返回英國。

146 即彭信威先生。

147 英國廣播公司。

148 英文「新聞」的意思。

陸晶清信札之八
（1949 年 3 月 5 日）

岱梅：

信收到多時，因心緒煩亂，遲覆至歉！現學校已開課，我又開始奔跑。時局雖然仍像隱在濃霧中，但總算沒有前些時那樣恐怖。只是金元券又變了爛紙，物價高漲嚇人。兩個半月沒有上學校，日前開始去，公共汽車票已漲到九十元。（年前最後一次搭時是一元五角。從明天起還要漲一倍。若照初改金元券時價算，是近一百美金一張票。今日美鈔已到四千零對一元了。）日前我約一位小姐吃咖啡，真丟人，我竟付不出賬。兩杯咖啡和一份 Sandwich，共三千一百元，我錢袋內不到二千，只好請客人代付。你的來信勸我靜下來寫長篇，我的好姐姐，過這種日子還能靜心寫作嗎？只要醒着，時時都在打算盤。手邊多有幾張票子，就必須忙去換銀元或存錢莊生息，要用的時候又得去賣出。雖然我不會有多的錢，但如上萬，若不設法保持價值，疏忽一兩天，便會等於沒有。上週學校發了三萬多「應變費」，我拿去生了兩天息，連本帶利買進十四塊袁頭，照今天價算，已賺了個對半。你看我變得俗不俗？因為人人都如此俗，我要活，就不能不隨眾。

……

前些日子見到王右家，此前請我吃飯，我去了，但未吃就辭走，因為耐不住她家的那股氣氛。後一天她前來向我「道歉」。她那位王老闆[149]俗不可耐，像個小丑。我問她婚後感覺如何，她答：「我是一個頂級的演員，扮什麼腳色像什麼。」據王右家說，陳堯聖[150]太太已

149 應為唐季珊老闆。

150 陳堯聖先生，曾在國民政府任職，1950 年以後，滯留英國，以私人名義出版中英文週刊。

另結婚，他們離婚大概你們已知道。

德輗赴美事辦妥否？我最近也又再打「逃走」主意。想從美國方面進行找混飯地方。這當然不會容易，不過我想試試看。

房子找到沒有？能拖過夏天最好。德蘭有信嗎？現南北還不通郵，北平情形，南方人不大清楚。報上載的，都不十分可靠。C.P. 去了台灣又回到南京了。今日台灣，也不易居住。朱撫松[151]一對去了便無消息，比較下來，還是我這不動的人不受罪，少花錢。幾月來跑來跑去的朋友，不亂也狼狽（大富豪除外）。我身體很好，又胖了些。說良心話，在國內究竟「享福」，吃得好。想到這一點，我又怕出國。

Y.Y.[152] 已生了女兒，他父親也還在和他競賽生產，第四個又快出世了。E 長高了沒有？身體較前好嗎？她的生日前我實在想買點東西寄給她，可是太窮，想買的都買不起。告訴她，M[153] 時時想她。少溪近如何？今年回國否？吩代問候！李儒勉等未見到。在上海，找朋友像從大海裏撈針。適之[154]先生現隱居在上海。我看他頗苦悶，報紙、刊物上常常罵他。中國人就是如此無道德地毀人。顧一樵[155]住在附近，前些時還同吃小館，聽大鼓一次。為省郵費，不多寫了，盼常來信！祝

雙福

小鹿　三月五日，一九四九

老蔣信煩代轉寄

---

151 朱撫松先生，台灣政治人物，太太為徐鍾珮。

152 即陳潤元先生，曾為在倫敦上公園路 50 號的室友。

153 熊德荑對陸晶清的稱呼是 Marmee，簡寫為 M。

154 即胡適先生。

155 即顧毓琇先生，字一樵，科學家、教育家、詩人，在清華學堂曾與熊式一同學。

陸晶清信札之九
（1950 年 4 月 19 日）

岱梅：

四月三日信收到了。久不接信，我以為去年所寄信遺失了，因而也不敢再寫信。但時時念着你們。德威回國，大概也是在師大任教。德蘭得威為伴，應該很高興。德輗現在何處工作？你兩老把三個大的教育成功，又加緊教育三個小的，功勞偉大，應得國家特等獎章。

你使我生氣，為什麼不代我的錢買玩具給 E？雖然她不會用錢，我的誠意應該讓她領受。並且有限得很，不過騙騙小孩而已。那是我僅有的一張支票，希望你未丟掉。否則又麻煩，並且解決麻煩又是你的事，就是必須由你去交涉取出。我第一次回國時曾留下了卅餘先令的尾巴，算做報效了英國銀行。這一次又留尾巴，但不願再報效。務請取出交給 E 為感！

我很好，命生得賤，越苦越緊張便越精神。不過究竟年齡增加，缺乏過去那種多興趣和似乎永不疲倦的精神。大體說來，還比較別人能撐持。

王老太太現住南昌，從去年秋病到現在，一切擔負由我負責，這包袱非常之重，但無人分擔。上海物價漲得不多，最近且低落。我根本不添置什麼，只顧活着，所以還能對付。逸伕廬來往的人大概回國的很多，小瀅[156]一家常見到否？請代致候。少溪諒已康復，現有何著

156 即陳小瀅，陳源與凌叔華之女。

作？老蔣近況知道否？是否仍住原處？張安治[157]回國，其他三畫家[158]呢？許多朋友分散了便連消息都得不到，黃炳有信給你們嗎？接過朱徐[159]的信嗎？郭太太[160]到了北京，她老爺[161]在何處？如仍留原地，他兩位是否拆夥？E 是否長大了？請你常常提醒她記得「媽咪」，因為「媽咪」常常想她。達、海[162]住得慣嗎？將來拟進何學校？學什麼？我建議學科學。別全家都同行。你大概更「發福」了，新居距菜市遠不遠？還是「老太太」出馬上市場嗎？真想念逸伏廬的菜園和果園。現在你們能領到的配糧較前多或少？還自己種菜養雞否？過去我總覺得有重進逸伏廬的日子，現在不僅逸伏廬已不屬於你們，我的再到英倫的夢也幻滅了。只希望你們早日回來，得重聚。

此信託秋兄[163]代寄，他們全家都住香港，諒會有信給你們。

我下年是否仍在上海任教還不一定，據說這個學校將有變化。反正我決定只教書，只要有學校聘我，總教下去。並且，自小學到大學我都願教也都能教。教慣了書，做不來別的工作。德蘭應該升為教授了。他們的待遇大概與上海差不了多少。我因為底薪多所以拿三百多單位一月。下學期可能全部減低，因為國家財政困難。

希孟[164]聽說已回國，他們的女兒是去年就到了北京。李教授[165]大概還在香港？通信否？

---

157 張安治先生，著名畫家，徐悲鴻先生弟子，1946—1950 年在英國倫敦研修、考察，期間與熊家交往較多。

158 指費成武、張蒨英和陳曉南三位畫家，後費張二位留在英國，陳回國。

159 即朱撫松、徐鍾珮夫婦。

160 即楊雲慧女士，楊度之女。

161 即郭有守先生。

162 此處指熊德達和熊德海。

163 即胡秋原先生。

164 即程希孟先生。

165 即李儒勉先生。

……

日前曹胖[166]打電話約我去談談，據說他姐姐[167]曾見到你們。因無空，還未去。等週末去聽聽她傳達你們的消息。胖子現在成為上海教育界紅人了。

你們的新居有電話嗎？盼將電話和電報號碼抄給我，也許有時用得着。你大概更少到倫敦了？金太太還常來英嗎？妹妹應該快畢業？她學到一門到真有用處。趙太太通信否？不知他們現在何處？永傑有無回國打算？淑華[168]的畫展諒大成功，收入如何？他們有何打算？你們諒知道胡先生[169]的近況，仍在美嗎？有何任務或活動？聽說他太太也出國了。在大少爺處。

你們寄信方便，盼常來信！少陪式一「上橋」，多寫信給我！他如吃醋，我揍他。

專此敬頌

雙福！

小鹿　四月十九日

166 即曹未風先生。

167 即曹靜淵女士。

168 應為凌叔華女士。

169 即胡適先生。

陸晶清信札之十
（1953 年 2 月 25 日）

岱梅、式一：

年餘未寫過信給你們，並不等於忘了你們。相反的，確是時時記起逸伏廬的一切和與你們共處的那段日月。不寫信，是由於擠不出時間。岱梅信年前就收到，讀後曾立志要作覆，可是一拖又近半年了。你們近況如何？岱梅的書銷路如何？式一又有新作否？去年底曾在一個會上遇見傅先生[170]，也曾得與他談話一分鐘。原想向他打聽你們的情況，但因為圍繞他的人太多，不便嚕嚇，只好懷着今昔之感走開。

謝謝你們惦記我，我很好，年來身心都較前健康。仍在原校任教，也仍住原處。學校搬了家，距我住處更遠，每日來回需近三小時車程，所以我每天是清晨六時三刻出門，晚間至早七時後到家，直來直去，所以很難碰見學校以外的朋友。岱梅信中問到的幾個人，都沒有遇見過。曹胖雖然住在附近，也年餘無來往，大家都忙，「訪友閒談」已成了古跡。

王府的人我也和他們等於斬斷關係，誰在什麼地方，幹什麼都不清楚。我只照舊負責養老太太的擔子，按月匯錢去，但從不寫信於她。舍弟一家都在昆明，我已有三個姪子了。他們不時有信來，屢次勸我回去，但我還無決心，並且轉移工作，也不能由我作主，須聽領導上的調動。

---

170 即傅種孫先生。

三德[171]常有信嗎？他們是否結婚？你們有無歸國打算？固然你們的談回國有些傷腦，因為人口多，旅費問題和拆家都不是輕易能辦到的，但總應該回來，你們應該來看看新的祖國，為祖國服務些年。恕我直率地向你們建議幾件事：第一，不妨早做歸來打算，儘管暫不確定歸期，但思想上早作準備。第二，趁早清理一下書籍和雜碎，凡用不着的趁早出賣，特別是書，除了古典文學和一部分較進步的作品留下，其餘都出售，減輕負擔，帶回來全無用。洋古董之類也可儘量找出路。第三，三小德讓他們學些實用的本事。告訴E，我願她學俄文[172]（我也開始學了，很用功，常搞到半夜，每天突擊幾十生字）。據我想，你們如出售大部分東西，可解決一半旅費，甚至可解決全部。如決計回來，可與傅[173]及三大德联系，怎樣來，來到何處，由他們代決定（我曾對傅提過此事）。

幾個畫家仍在英國嗎？他們也該回來了。見到時盼代致候並轉達我的意思。老蔣近況如何？仍住原處嗎？靠什麼為生？式一如有勁，我勸你抽閒動手譯狄更生集，或老蕭集。譯好了帶回來準有出路。許君遠[174]最近想譯狄集，但我怕他譯不動，且時間有限難完成。

……

英國還有那些中國人？你們常來往的是誰？如遇見禮錫的那般朋友，可告他們我的情況。「木頭人」之流現幹什麼？

《王寶川》還上演嗎？去年我看過田漢改編的《西廂》（越劇，即紹興戲）。編導雖有缺點，但真不錯，情節、唱詞都伴照原著，比京戲好。此劇一定出國，希望你們能看到。—— 在英國大概是看不到

171 即德蘭、德威、德輗三人。

172 熊德荑第二年真的在牛津中學選修了俄文，但不久後即放棄。

173 即傅種孫教授。

174 許君遠先生，作家、報人、翻譯家。

的。回來看吧，現中國的好戲真多，各種地方戲經過改良，都有長處。我現在是把迷京戲的勁兒轉到越劇上了。廣生生了兒子，他父親又一次結婚。他母親仍住原處。

錫裏、信威等現都與我同校。

有空，盼來信！

祝 你們全家康樂！

小鹿　1953.2.25

陸晶清信札之十一（1983 年 6 月 27 日）

岱梅親愛的：

五月廿四日信收到多時了。雖幾次提筆作覆都未寫成，都因受干擾而停筆。後來我就病了。我又一次住過醫院，又一次施過手術，這次是為切除盲腸。於最近才出院回家。你看，我是多麼的多災多難？一年之內兩次住醫院施手術。上月底才把舍弟和侍候他的一批家人送走，過一星期我自己就病倒了。我在這裏雖然是「孤老」，幸有好鄰居，這次病又是由鄰居挑了重擔，從陪我到醫院看病，到檢查出是急性盲腸炎，決定立即施手術，由鄰居立即通知與我有關係的方面，由鄰居找了人走醫院的路，動員了院長、主治醫生。因此，在短短的二小時後，我已被推出手術室了。在施手術時，我是「談笑風生」，「面不改色」（這是醫生對我的稱贊）。切除盲腸在今天已是極小的手術，不過因我年老，又怕穿了孔，所以醫生和送我去的人都很擔心。幸而經過良好，並未穿孔。在醫院住了十天就回來了。現還在吃中藥，除因元氣大傷精神很差外，已沒有什麼痛苦。又算過了一關。

我總希望你們能回來一趟。看看新的祖國，和國內的兒孫。老朋友歡聚些時，嚐嚐國內的生活味。你如住得滿意，就多住些時甚至定了居，否則，再回你的老窩。我總覺得，你的英國老太太式的生活雖較安靜卻乾燥無味，一切我都能想像。也許你是習慣了（或是凭你那股不外露的堅強控制着自己勉強地熬着？）。我不敢主張你回來長住，但卻勸你不妨回來試住些時，你的在國內的兒孫都希望你來和他們歡聚。你如來了，我一定奉陪，並邀請到我這小小螺螄殼中住些時，雖然沒有你現在的「府」堂皇、舒適，但比我從前住的議會山 24 號和 65 號高明得多，特別是一切有專職阿姨侍候，啥事也不需自己幹。我為什麼要勸你歸來一次？因年來真有「老」感，老年人就怕「孤」，兒孫繞膝固然也有各種矛盾，有麻煩，但小聚卻是歡樂的。你的兒孫多，每家住一段時間，能使你得到很多快樂，使你年輕，使你增加活下去的力量。怎麼樣？我的話值得考慮嗎？——也不必急於行動，想透了，再等更為適當的時候回來更好些。

我不僅勸你回來，還要勸蒨英一對回來，他們是應該回來的時候了。他們在國外雖然也為中國掙得了光榮，但在現在的新局面歸來，是很有意義有必要的。他們一代的成名畫家已不多，接班人待培養，祖國很需要他們。並且，他們回到祖國，定能出產更多的佳作，為發揚他們老師徐悲鴻的高超藝術而作出貢獻。你如見到他們時，請把我的話代轉达。等我精神較（好）時會給他們寫信。——如蒨英肯先賞我一信，那就太榮幸了。

我決定要用禮錫寫過二本的「海外雜筆」題寫二次住英的許多有資料性的事。已拟好了一串題目，只等把要先交卷的一些稿寫完後就開始寫。暫定從明年開始。寫英倫事，上公園路和逸伏廬就是重要的場地，你和蒨英等人也是重要腳色。我處保存的舊照片不少，你上(次)寄來那張倒是補了缺，正好沒有那一張。你如有時清理破舊時，細心看看還有什麼我們留下的可做材料用的如日記、信件或有意義其他東西沒有？如有一二，也請寄給我備用。

我今年內可能還會到北京去。如果去了，決定要到德威、德輗、德蘭三處打擾一番。他們都曾表示過歡迎我去他們家。德蘭雖和我抬過杠，但她還是尊敬、關心「小伯母」的。她的怪，我反而頗欣賞，她原來有股牛勁兒的，現在上了年紀，成了「名家」，牛勁當然也更牛了。德威的書呆氣我更欣賞，他是像「小老伯」一號人物的。對三德，我至今仍把他們當當年的小朋友看，這也許就是引起德蘭反感的原因。蕙，我的「女兒」，我真想她，你能把她的近照寄我一張嗎？她現在是幹什麼工作？是教書嗎？

小敬每來信都問你。她去年曾到美國住了半年多。她的五個寶貝都在美。四個女兒女婿都是醫生。到已見到過的是三女婿，他去、前兩年都曾應邀回來講學，都在我這裏聚過。

你有興趣，精神較好時，盼寫信，不一定一次寫完，想寫就寫幾句，湊些時再付郵。

祝 健康、長寿！

小鹿

一九八三・六・廿七

你如回來旅行探親，在英每月領的生活費會不會受影響？

陸晶清信札之十二
（1986年1月1日）

親愛的岱梅：

這是1986年元旦下午，也就是我接到你寄來的賀帖後半小時。我想：如果我不趁這股勁寫信給你，拖下去恐怕到明年元旦你仍收不到我的信。先交代一下：去年我是曾寄過賀帖給你的，而且是用我的一張很滿意的彩色照片作為賀帖，只因為我是託人代寫信封代郵（當時我忙着赴北京開會），代勞人沒有把你住址寫清楚（忘寫門牌號），結果是過了近兩個月，被退回來了（我還保留着原封作證據）。

好岱梅！你老了，我也不比你小！過去我是不認老不服老的。1985年可成了我一生最泄氣的一年！幾乎從年頭到年尾都扮演了「林妹妹」。多愁，善感，又多「病」。我不怕死，但還不甘心就死！因此天天為衰老臨近死亡而緊張、傷心。加上自82年在北京跌斷了腿，雖然治好，但已成半殘廢，行動不便，不能像過去一樣任性亂跑，長期像坐牢一樣禁閉在屋裏。如出去參加活動，必須有車接送。自己只能拄着杖在附近較僻靜街上走走，走的本事倒不小，可以走兩小時不覺太累（冬天可不行）。我唯一的病是老年人的慢性支氣管炎——一到冬天，我的日子便不好過，咳、喘得有時昏厥。這只須保持一定的溫度便無事，可現要到這目的頗不容易，我總算得到照顧，每年都能經批准買到煤，屋裏裝了火爐。可是現我的體力已大減退，對管火爐、下廚房一類事已擔當不起，雖然我名義上是請了兩名阿姨「侍候」的，但是因為與幾鄰家合請的，他們只能分一小部分時間與力量為我服務。為此，前些年我力壯時專用一人侍候的那種「福」再也求不到了。不是不願另請人，也不是經济有困難，是今天肯出來做「傭人」的已不多了，老的做不動，小的不肯做。——因此，我去年在北京時曾對德輗說，可以請你回來看看今天的祖國，看看你的家鄉的你想像不到的變化，但不一定請你回來「定居」。因恐你已不習慣我們的生活。不過，如果你住在北京，德輗他們可以不惜花錢找人侍候你，那你也就可以大享受天倫樂趣了。

你的德蘭現在不知在什麼地方？我不知道，德輗等也不知道。她曾託我的邻居代她請裁縫做好的一堆衣服也無從交代。這姑娘簡直怪透了。她是不滿意我的，因我批評過她。

我看了你和蒨英等一齊拍的照片，我真想寫信給蒨英。他們一對是應該回來一趟，肯定他們將受到熱烈、隆重的歡迎。至於留下不留下，那由他們作主，不會勉強地。你代我轉達一句：如果他們還想念祖國也想念老朋友，建議他們趁早歸來一趟，遲了老朋友都見不到了！祖國也將新到他們「相見不相識」了！——我連着五年都到過北京，每去一次，都感到越來越陌生。

我從教學崗位上已退休卅年了，但這枝破筆還沒有能扔着，年來我多半寫資料性文章。今年拟開始寫我的回憶錄。寫到海外生活時，上公園路和逸伏廬的人物都將成為主角（胡秋原的自傳裏已經寫了你們）。今年在北京時曾碰到好幾位當年常到上公園路 50 號的人，他們都想念「淑女蔡岱梅」。

我這裏是自命的「孤老院」。事實我又確實不孤，王、陸兩家的家属（僅從第二代、三代……算起）共計有四十餘人，不過都分在東南西北國內國外，禮錫大兒一家就有十餘人在美。我家的人多數是在故鄉。七十年代我回過兩次老家，也是變得我已很難認出舊腳印了。

去年我還有過先來倫敦看你，然後到美看許多親屬好友的念頭，現在已無此雄心壯志了。—— 也許天暖後不咳喘時又會想這件事。

好友祝你 健康、長寿！

你的小鹿

1986 年元旦

凡記得我老朋友代問好！

（二）熊蔡夫婦與其他友人通信摘選

徐悲鴻[175]信札
（1935年8月4日）

式一吾兄惠鑒：

大功告成[176]，曷勝額手。門人彭華琚[177]女士懷才好學未可限量。此遊英倫以求深造，乞兄導引之至駱爵士[178]、康南尔諸公處，凡足以為彭女士學業助者，均祈勿辭。感同身受。敬頌

文祺

弟 悲鴻　頓

余上沅[179]君此時在俄，將來英覔兄。

禮錫兄嫂
仲雅兄　均此致意

二月廿四日

175 徐悲鴻先生，著名畫家，在倫敦遊學時曾借住於上公園路50號。

176 此處應指《王寶川》在倫敦的成功上演，至二月中旬已近百場。

177 彭華琚女士，徐悲鴻先生的得意門生，民國女畫家。

178 駱伍廷爵士，英國學者。

179 余上沅先生，戲劇教育家、理論家，1935年陪同梅蘭芳先生赴蘇俄訪問演出。

式一吾兄惠鑒：

日前接得兄與蘭芳[180]、上沅[181]兩君自奈波里[182]來片，深載垂注。比聞《王寶川》上演已兩百次尤為欣賀。曩日預言竟成事實，不勝額手。友人蘇芹孫[183]先生，精研文學，為人真率。茲來倫敦人地兩疏，惟祈 吾兄隨時照拂。蘇君有薄田在蜀中，本欲籍以為學費，但至行時尚未售去。倘有緩急爾，祈為之設法。蘇君最自好，自必不啟齒，但亦決不為友人累也。弟念舊情，敢為言之外，蘇君之意也。敬頌

文祺

弟 悲鴻　頓

八 月 四 日 南京

180 梅蘭芳先生，京劇藝術家， 1935 年結束對蘇聯的訪問演出後，曾在英國停留多時。

181 余上沅先生，戲劇教育家、理論家。

182 即義大利那不勒斯，又譯作納波利。

183 此處對留學生蘇先生埋下伏筆，二十餘年後，蔡信中又有提及。

蔣彝[184]信札
（1939 年 11 月 8 日）

式一兄：

昨晚自倫敦歸，因連日整理已救出之物件，未注意飲食，現在睡在牀上寫這張字，請恕潦草。病雖病倒了，可是精神尚好。

這趟到倫，是第四次，本打算多住幾天，把一切東西勉強弄清，誰知禮拜三（前天）晚上，倫敦又被炸得利害。公園山路又落了兩個大彈，六十號後面一個，五十一號一個，因為我的東西在四十七號，我不能再搬了，也無處搬。現在就是要請你即將附信轉交周慶祥[185]兄趕緊把他的書籍衣箱拿走，否則真不可測。他不能再受驚，我恐怕一時不能再管東西。真奇怪，炸彈好像專找我。公園山路一共落了八個！

你的信及支票是異外的安慰，這盛意等我好了再談謝。支票暫且寄還，等我萬一困難時候再同你們借用好了。

府上大小一同問安。

弟彝　頓

十一月八日

我現在的住址 28 Southmoor Road, Oxford.

184 蔣彝先生，字仲雅，筆名「啞行者」，國際知名畫家、作家。

185 周慶祥先生，著名化工專家，1939 年 12 月获倫敦大學化學博士學位。

曹未風[186]信札（1940年2月3日）

式一、黛梅[187]：

式一的信已收到二個星期，我當時即寫航信給小鹿，由彭學沛轉，問她的地址，因為重慶與倫敦一樣，許多房子都被炸了，等她來信後，我即將錢電匯給她，請勿念。在二三週內她的信一定會來的。為了這筆錢，害你費了許多事，抱歉之至。此外，感謝之意，也不必再表白了。

我自從內地回來，就靜居在上海，這裏的環境不允許人做許多事。學校的事務已經佔去了整個的時間，在晚間短短的時間裏只能看些書，以至已經寫了一半的書還未寫完。

倫敦的消息，天天在報上看見。不過真相如何，恐怕與你們看我們一樣的不易清楚。現代宣傳已將真相蓋住了，欲知也無從。在目前江西、湖南、廣西三省是國內的樂土，我這次都走過了，不久我也許又將到內地去。

你們怎樣？三德都長大了吧？什麼時候回來？倘有近作或值得發表的消息，我可以效力。我的通訊社已籌備得差不多了，不久即可正式發稿。

問雙好。

弟 曹未風 書

二月三日

186 曹未風先生，著名文學翻譯家，原名曹崇德，文學翻譯家。他是教育家曹靜淵的弟弟，曾任上海市培成女校教務長、大夏大學教授兼外文系主任，並在暨南大學、光華大學任教。新中國成立後，他一直在上海高等教育部門擔任行政領導工作。

187 應為岱梅的筆誤。

蕭淑芳[188]信札
（1947年8月10日）

岱梅姐：

七月久日來信已收到多日。自足傷後小毛病不斷產生，天氣又熱，前些時耳朵又不好，已去過醫院，現已復原。腳上石膏已取下，還有點腫，多動就有點暗痛。不過不要緊的，多謝你的關注！。

我不知怎樣謝你才好，給你添不少麻煩。大衣已去做否？最要緊的是要闊大，千萬別做小了。如果來不及，就還是請為剪裁。這九鎊半的工資，請吳先生先付，等回來再還他。據他來信，大約總要十月後才回。英國的東西，也比戰前貴十倍了，但無論怎樣，沒有中國現在情形，做一件大衣，總要二三百萬，其他更不必說了。

寄來的照片真好，可惜沒有你的，下次再給我一張。式一先生還是那麼年青，德蘭都已成為漂亮的大小姐了。日子過得真快，還記得她梳了兩條小辮子跳來跳去呢。小荑十分可愛，非常像你，將來都是了不起的。德蘭畢業，我也沒有一點東西恭賀她。實在心緒不好。幾年病痛之後，國事、家事都是這般不痛快。對好朋友都疏忽了，真要請你們特別原諒。

謝謝你要我想辦法去英國，但是有了一個孩子，不像從前那樣自由。況且外匯多難，我手裏又沒有錢。美國也不想去了，我這病後餘生的身體，還是回平同父母住住算了。我現在只憧憬着一種極安靜地生活，讓我畫寫點對兒童有益的書畫，別的沒有什麼願望。小慧的確是很大的安慰，可惜太孤獨，將來脾氣怕會古怪。

---

188 蕭淑芳女士，著名畫家，吳作人先生的太太，1937－1940年間，曾赴瑞士和英國學習並舉辦畫展。

至於同新恩[189]事，遲早還是解決，現在進行中。他是一個好人，可是現在變得情義毫無，與那姘婦是無法分開的。將來曹未風可以告你們這一切。他與在英時給你們的印像是判若兩人。為了他從前對我太好，現在的一切言語與等待實不能忍受。其實幾年來，我已忍而又忍了，為了孩子的面上，為了想到他過去的好處，從來我是低聲下氣的，他就更欺負我，最後我不能不走這條路——答應他離婚——等手續辦好後，就回平居住。寧可眼不見，心不煩，安靜地帶着孩子過簡單生活。天無絕人之路，只要我努力，總有辦法的。世上也不僅是我一個沒有丈夫呀。岱梅姐，你不知道新恩同我說些多可氣的話。如果男人都是這樣無信義的，還是不結婚好。

我非常感謝你對我的同情。有這樣一位知己好友，這樣溫和的姐姐，想想心裏也得着安慰。你給我的印象是多麼和藹溫雅。可惜我們離得太遠，不過將來我們總有機會見面。假如太平後有機會去英國，一定去你那住。你們回國也盼望到我家來。如果德蘭回平任教，沒有問題與我同住最好。

余家是教會家庭，按理是很理想的。可是最卑鄙的，最會巧妙其辭的也只有這般老太太做得出說得出，新恩的母親就是例子。按說在這事發生之時，她就應出面阻止。但她始終不響，還口口聲聲說兒子好。你不知大家庭的複雜無趣。你想我犯得着這樣忍受下去嗎？

很想同德蘭合作點圖畫故事。請式一先生想想英國人的趣味，那一類的合式。請來信告我，畫點寄給你們。上次的歌謠，淑嫻來信沒有提及，我想還是另畫些。

英國女人穿的呢絨長褲，現成的不知多否？貴不貴？想請照尺寸

189 余新恩先生，醫學教授，1936 年畢業於北京協和醫學院，1937–1940 年期間，曾赴奧地利和英國進修、行醫，蕭淑芳女士的前夫。

買一條墨綠色的，褲長四十英寸，腰寬廿六寸，或是一段料子。這個錢怎樣同你算，也請吳先生代付，以後同他一塊算吧！

近來心緒很亂，如果回平（總在九月內），還要把東西整理。雖然沒有什麼東西，可是住了幾年，在現在混亂時代，搬起來也真麻煩。不動吧，這些貌合心離假面孔也不願看，簡直是給我刺激。再說，都市的生活與我的理想也太不調和。

岱梅姐，請原諒寫得如此潦草，九月裏來信，請直寄北平家中。再談。祝

闔府愉快！

淑芳

八月十日

北平東單水磨胡同四十九號蕭宅

凌叔華[190]信札（1947年9月）

岱梅姊：

承手示，知閱垂注，至為感銘。姊與我一樣做母親的人，當然明白做母親的心理，年青時人人都有胡塗的時候，因為認識不足。一種有力的邪說，往往把一隊年青人帶到無邊無際的地方都是可能的。小瑩[191]年來旅行太多，各色奇僻人士都遇見過。人家一二句奇僻的話，

190 凌叔華女士，民國時期著名女作家。
191 即陳小瀅女士，陳源與凌叔華之女。

她聽了都相信為真。這是家庭環境太簡單的緣故，把她養得太簡單了。幸到牛津，遇姊及德蘭，她還算運氣的。以後德蘭有機會，望她開解她一下，小瑩很喜歡德蘭，大約會聽的。威廉[192]相知程度幸尚未深。他是個公子哥兒，很有閒工夫胡纏。我聽小瑩口氣也常看不起他，就怕有朝一日，人胡塗起來，會愛上了這樣的人，那就慘了。

以後假日，望姊只許小瑩出來半日，不要留住。以免時間多了難招呼。姊家教素嚴，諸世兄來年均可出來，至為可喜。我人惟一的安慰與希望只為了下一代能學成，而好好地做一個有用的人，否則這亂世真是煩死人了。蒙姊不以外人看待，故敢以瑣屑承讀，知我如姊，定能原宥我也。Ration book[193] 在通伯大衣口袋中。望打一電話告瑩為幸。鴨絨被此間沒有，望姊暇時在牛津與小瑩買一張。如不急用，則等華幾時去牛津再買亦可。我要過了十月三日方能離倫，因預備一個演講稿子。Mrs. Stevens 那裏尚餘十鎊多錢，囑其寄姊處，望代收以備小瑩買物之用。以後如有合適自行車，或者叫小瑩買一輛。

種種麻煩，大罪大罪。乞並謝德蘭為荷。匆匆即問

式一先生撰安

妹華 上

廿五日

編者按：「可憐天下父母心」，由此可見一斑。

---

192 陳威廉，馬來西亞華僑子弟，據說比較有公子哥習氣。

193 英文「配給手冊」的意思，英國在二戰期間及戰後幾年，因食物供應緊張，一度實行配給制度。

蔡岱梅信札之六
（信件草稿，無落款未標註日期，1947 年底 /1948 年初）

靦兒[194]：

這個週尾本想和你談談，人來客往沒有清靜的時間，只有先用筆，比較不致中途打岔。我拿着筆半天，不知從何寫起。第一請你暫不要以為母親想教訓你，作為年長的朋友討論問題而已。近來不僅是你的心情不愉快，我更是憂慮萬分。你不要以為我有小茰就可忘記一切，憑良心講，我愛茰，尤如小玩意兒消遣，對你們三人，不是說得出的，也不是形式上手抱嘴甜的表示。尤如當年婆婆愛我，一切為我遠處打算，並不要我跟在腳前。這才是所謂母愛之偉大！你三人中，看來公公還是看重老哥，爹爹似乎看重老姊，而我不知不覺地對你特別愛護點（趙伯母[195]初見即發覺）。我仔細考慮過不知多少遍，只要你愉快，就不顧一切算了。譬如小茰最愛新鞋，我總想常常替她買一雙。假如她一日很餓想飯吃，正是飯燒着差五分鐘沒有熟，我還是依着她吃半生的得胃病呢，還是勸她耐性子等五分鐘呢。要是老哥哲學就讓她吃半生的，得胃病也算了，等她自己去痛苦。我覺得如此主張的人最硬心、最淺薄，只圖目前五分鐘的愉快，而不顧永久的健康。人生的過程，尤如旅行，其趣味自在各人。但你正想到某一地方遊，並從沒有到過的，有許多朋友曾經去過的，事先必給你點指導，如此你才不致糊塗。

194 即熊德靦。

195 即趙惠謨先生的太太裴亞雄。

如果你有神經病，或者想學詩人唱高調，不顧一切地專談愛情是聖神。但是人生不能離開社會，沒有孤島等着你倆人。那裏也沒有麪包。但是法律仍保護着幼稚未成年的人，就是未成年的大詩人也要保護。無論詩人如何主動，其罪還要歸於倒霉被動的、大幾歲的糊塗人。只要詩人年歲在法律保護下，其苦雖不得自由，其優勝不受任何罪罰。

現在不是討論你中迷的人好歹問題，而是你前途問題。男人最貴不在做官，「骨格」最主要，即是洋車夫也有他的大丈夫氣概。無論什麼事，事先不知而錯做了，那是命運。如果明知不糾正，何苦如此！小孩尿牀是睡着的，當然無辦法，如果個性強的孩子打開眼尿牀而唱歌，反叫侍候他的人受苦，其心肝如何的自私啊！

如果你要學趙伯伯[196]把女人看成上帝，不顧一切，那人生的狹小也就可憐。願你回到大道上來！

編者按：有關《海外花實》中那段「早戀」插曲，小說出版後眾說紛紜。看到這封蔡岱梅試圖對兒子進行耐心勸告的信，對是否確有其事，應該毋庸置疑。至於那位當時尚未成年、德輗所「中迷的」對象，究竟是誰，七八十年之後，也再無必要深究了吧。

196 即趙惠謨先生，曾任國民政府駐英大使館文員，《海外花實》中人物馬川的原型之一。

蔡岱梅信札之七
（1948 年春，具體日期不詳）

鎮球[197] 先生：

未提筆之先，梅考慮再三，寫信好呢，面談好呢。本來小問題的事，一寫一說的話，好似小題大做。因平日和先生說話機會少，否則一提也就了解。故先此聲明，此信毫無意氣用事，欲請先生一助我小兒德威而已。

先生來牛津三年，看來對德威頗熟識，此子糊塗處想先生亦能了解。先生在國內成績優秀，故來此攻讀當易舉之事。但舍間三子年輕，根底尚薄，非下功夫不可。去年德蘭考試不如平日之成績，知友當諒之，但他人批評亦難免。以往他們對時光鬆散已不可挽回，但願目前威靦稍稍努點力，雖不望比蘭更好，只望不致比蘭更差。半年來先生閉門趕論文，梅十分佩服，威亦因之奮勉知稍用功。近日聞先生論文已告成，想有時間多與德威相聚。如不因大考在即，威則有機領教。式一與梅所急者，希望威能效先生寫論文時閉門一讀，經過此考試後，所謂盡了最後可用之時間，他日不致後悔。威未曾入社會，尚不知尋朋友，如無人找他，他只知讀書，有人找也就忘記自己功課並未做完，以遊戲為重要事，可謂無把持到極點。幸好他同學均求學問之人，否則亦不知他如何。這也是我對他日後回國顧慮之一。當然梅亦不能照看他日後事業之事。在目前不能不盡為父母之最後之力。式一只知焦急，故梅敢冒昧請先生一助。在此未考前，請先生亦如梅

197 程鎮球先生，英語翻譯家，1945 年考取中英庚款獎學金，赴英留學，進牛津大學研究英國政治理論，1949 年回國。

家人愛威，設法鼓勵他多用時間讀書，大考完後大可閒談。如德威有先生的閉門決心，能知道在短時間設法暫躲避應酬的話，梅亦不必耽心。想先生對德威亦同此情也。千萬勿告德威我寫此信，他尚未脫孩子氣，易起反感。拜託了。

（多處塗改，應為信件底稿）

編者按：知子莫如母，蔡岱梅對德威的擔憂或許不無道理。德威因與主考官爭辯，未能通過畢業答辯，第二年補考後才得以畢業，最終拿到學位。

吳作人[198]信札
（1948年7月13日）

式一先生、夫人：

上次收到來書，附函即轉。又去師大看傅先生[199]，剛好他不在，我留下電話地址。後來在電話中說起德蘭等返國工作上無問題，但旅費學校不能負擔。我要傅先生立刻覆您們信。他並且約我第二天來面談，可是他並沒有來。大概忙得很吧。希望他已給您們詳確的消息了。

我們已在六月五日結婚了。另寄喜柬，或緩到。學校一直就忙得分不開身，所以也沒有去什麼地方。現在開始暑假，正忙着結束。而北平的學潮起伏不斷。前一個星期又演一件慘案，學生傷亡二三十人。物價從我回北平時（今年一月）起到現在又漲了十五倍。但是誰都得活下去。沒有什麼好消息奉告。令媛返國來平，盼早見告晤面。

英倫假中您們有什麼新計劃？附函乞轉，怕他們假期他去。敬祝

雙福！

作人、淑芳 仝上

七月 十三 日

書就未發，拜讀致淑芳函，並得照片[200]，欣胜之至。想是當日陳通伯先生偷拍者，至佳。

---

198 吳作人先生，著名畫家。

199 傅種孫先生，數學家，任教於北京師範大學。

200 請見本書（188頁）吳作人先生與熊德美的合影，應為陳源先生所拍攝。

崔驥信札
（約 1947 — 1948 年夏，日期不詳，後頁佚失）

式一、嫂嫂：

李子和衣服都收到，感謝難言，我又壞了一陣，今剛好。醫生說 “You are winning war, losing battle.”[201] 問他 “What's wrong with my tactics”[202] 他說 “Don't know. Bound to be like this.”[203] 同榴[204]、大舅[205]兩信大致異同。剪報寄上。初覺弟為史學系主任，甚為奇事。尋思一陣，亦無不可。放着有你家千里駒[206]，可帶回去管管老叔？此事自當大大考慮，望您兩位也想想何如。信說蕭校長[207]（惜不知蕭號，又不知其來歷）想打電報，繼因電價奇貴，又書不盡言，所以寫了航空信云云，此航空信自然不久可以收到。此事雖難，然對弟有二種好處。一、國內久隔 —— 既無熟人，就此落腳再說。如有更順心，而簡單的事，自更好。二、可以和大舅在一起。式一如去，自是屈就，然為蔡老師[208]想（大舅方亦望德蘭去），所有可轉圜處。尊意二，希予詳示，如不贊成弟去，亦請指教。弟十年來無事不聽式一，有感激，無怨言，此層賢夫婦所知，不可避嫌不告也。如正大[209]有信來，弟自當先問知下列

201 英文「你在贏得戰爭，但卻輸掉戰役」的意思。

202 英文「我在戰術上有什麼錯誤」的意思。

203 英文「不知道，就是這個樣子」的意思。

204 程同榴女士，崔驥先生的太太。

205 程臻先生，字擷沕，崔驥先生的大舅兼丈人，曾任國立中正大學文史系教授，通經史，工詩詞，著有《擷華詩草》。國立中正大學文史系乃江西師範大學文學院前身。

206 此處應指熊德威或熊德輗。

207 不知是否中正大學校長蕭蘧先生。

208 即蔡敬襄先生，蔡岱梅之父。

209 即國立中正大學（位於南昌）。

各種情形：(一) 史系是否包括地理？(二) 原有教授課程如何？(三) 可否，須否在外聘教授 —— 最高最低待遇何如？外國教授可否約定若干年限？三種皆合適才可答應。

楊敬年[210]信札
(1948年8月4日)

式一先生、岱梅夫人：

海上生活將近一週，無比的風平浪靜。回憶過去的三年生活，歷歷如在目前。最最縈迴於我腦際的，是溫暖而恬靜的您府上，海天萬里，我是愈去愈遠了！依依的情緒，有時伴着熱淚的交流。我遏止不住，這應是真情的奔放了。

三年之中，你們把我看作家庭的至友，我也真正地愛了您府上的每一員。我所受的益處是不可測度的，我不但得到鼓勵和幫助，在學業上能稍有成就。而且領受了無限的慰安，根本復蘇了我少年時代被摧折的快樂的心情。似海恩情，此生我是報答不了了。

我自幼飽經憂患，養成了孤傲自負的性情，陳寅恪先生的詩，「一生負氣成今日，四海無人對夕陽」，最足以描寫我的特性。有時不能自制，常常使氣，事後非常歉疚，可是也不願說出來。但我清楚地知道你們常常是饒恕了我。在將來我願你們永遠饒恕我。

210 楊敬年先生，著名經濟學家、翻譯家，1945–1948 年牛津大學聖體學院留學，獲得博士學位，曾任留英中國留學生會主席。

這是我在海上寫的第一封信。我在精神上深深地感到離不開你們。牛津三年，我在身體和學業方面都有相當的準備。此去祖國，不論教書或做事，我相信都不會太落人後。但是我在精神上太需要慰藉了。深望二老略分對子女之愛，時時賜寄數行。這對於我的事業和前途，會有莫大影響。

船中旅客不多，中國人卻不少，大家生活得非常和協。德蘭是天天見面，她是健康而快樂。吳素萱先生和我在一桌吃飯，談得最多。

我希望德威、德輗、德蕙都很好，我想念他們。德輗考試成績已揭曉，可喜可賀。德威的考試結果知道沒有？

便中請代向牛津的同學和朋友為我致意。我都沒有寫信。

敬請

福安

晚 敬年 謹上

德威、德輗、德蕙統此

八月四日

地中海

編者按：從「楊主席」的這封情真意切的來信，可以看出熊家這個「中國留學生之家」發揮的作用。楊敬年先生晚年在其回憶錄《期頤述懷》中亦曾提及牛津熊家。

袁家驊[211]信札
（1948年8月19日）

August 19, 1948　　12 Steel's Road,
London N.W.3

熊太太：

今晨奉讀惠書，不勝欣躍。前奉熊先生信，遲遲未覆，因為想決定了來牛津的日期，一併作答。可是瑣瑣碎碎的事不斷地發生，八月間恐怕又來不了呢。九月初旬此間圖書館大都關門，所以我大概九月五號左右可以來，不知上沅[212]先生屆時尚留牛津否？

我下年計劃仍不能定，據說 B.C. 的 scholarships[213] 和 fellowships[214] 的款子早已分派，現臨時無法支配。這樣，雙方似難免起爭執，我寫信表示，不願使他們為難，我隨時準備回國的，只是船期須三個月以前預定，事實上我得拖到年底哩。我希望下月初來牛津時，能有確定的消息。

許淵沖君係西南聯大同學，必要時我當然願意寫個介紹信。可是牛津各學院的名額恐多已確定，現在要入學，不知有無困難否？假期間許多人離開了，找熟人設法也不方便。見面時乞代為致意。

北平友人近無信來，諒生活困苦，忙於油鹽柴米，非必要時不肯寫信的。

---

211 袁家驊先生，中國現代語言學家，牛津大學校友，1948年應英國對外文化協會對邀請，赴英訪問交流，次年回國。其太太為錢晉華。

212 即余上沅先生。

213 英文「獎學金」的意思。

214 英文也是一種「獎學金」的意思。

之琳兄[215]聽說想下鄉住，不知現已決定下鄉日期否？他的寓所不必為我保留，因為我要是來不成，耽誤了房東出租的機會，那是對不住人家的。

餘再談，祝

闔第安吉

弟 袁家驊 拜啟

編者按：從袁家驊先生這封短信中，或可看到熊家作為非官方「駐津辦」所承擔的各項功能，包括幫助來往訪客協調住處。

215 即卞之琳先生，詩人、文學評論家、翻譯家。

蔡岱梅信札之八
（1948 年 12 月 11 日）

佐良[216]先生：

頃接德蘭來信報告北平安靜，故式一即與電話相告，以慰懸念寶眷也。

前奚小姐在此，談及本學期新舊同學不易碰頭，故梅提議學期末了日趁同學開會時在逸伏盧舉行茶會。梅不過效炊茶之勞，而對同學相聚方便耳。頃聞同學另有茶會，則不必為式一與梅之邀而改期，恐星期日同學多走散，請仍就同學開會日期，而梅等趕前一日亦可。何日較方便，祈示知為要。

問好！

熊蔡岱梅　十一日

編者按：這封簡短便箋所提議的，應是在逸伏盧為留英同學們所舉辦的眾多茶會之一。

216 王佐良先生，翻譯家，1947–1949 年在牛津大學留學，回國後曾任北京外國語學院副院長。

霍克思[217]信札（1949年6月13–15日）

星期日 六月十三日

德威：

好久沒有給你寫信。前天下午，我照例睡熟的時候（現在我的生活多半是睡着的），卞之林[218]跟你的老姐[219]到我這兒來，叫我醒起來了。這是你老姐頭一次找我來的，她說方才處理租一所小的房子，為的是給你們弟兄姊妹跟她一塊兒住。可是大概要先等二個多月，就可以和你們團聚起來。等到那個時候，她自己這麼一做，金小姐不好意思一個人在那兒住，可以請我暫住着，替她管房。我比較無所謂，不想反對她的意思。原來我希望暑假的時候有機會或者在鄉村給農人帮忙，或者遊歷一點。不過好像今年夏天外僑還是不會自由地旅行在中國的鄉間。恐怕連放了假我還是好好地唸書 —— 無聊得很！

（對不起！這一封信寫得很糟糕，因是我的鋼筆丟了，給人家借的這一筆很不慣了。）

討論房子的問題以後，我們三個人坐着三輪兒到北海公園去玩，爬上了山進去白塔後邊的一個小的飯亭。地方很高，從窗戶看到一個最好的景物，遠遠有那一帶淡藍色的西山。吃了飯，我們到外面去喝茶賞風景。可是天漸漸地黑了，風開始颳得很利害，電打了閃，雷大響起來，沒有多少時候突然下大雨。外面的人都搬到亭子裏頭等雨停

217 大衛・霍克思，著名漢學家，最重要的成就之一是將《紅樓夢》翻譯成英文。

218 應為卞之琳的筆誤，下同。

219 即熊德蘭。

下。裏頭已竟擠得很，人很熱鬧，有的唱歌，有的談話，有的無言地坐着看暴風雨。卞之林很抱怨他所謂「殺風景」，可是我自己很高兴，很喜歡在如此的高高的地方觀看暴風雨的厲害。

據我看，之林從回國來有很畏怯很不得意地樣子，好像跟新的情形還將就不下去，恐怕他再不作詩。可是這一件事情請你千萬不要告訴別人，究竟我看差了是很可能的。

（現在我得唸唸書，晚上給你繼續寫下來。）

星期二

上一次我給你寫信的時候，我想答應你的對於中國和中國人的問題：就是要我講我對於這一些事情有什麼感覺的問題。現在我覺得我當時說的話是一個大堆胡裏胡塗的話。其實我不大了解那個問題，因為我還是想所有的人在一方面都一樣，在一方面都不同。「民族的特殊性」是一個我並不相信的東西。如果要分別的話，我就以為中國民族的各種人比別的國家的各種人彼此差得很多（恐怕我的中文還不夠表見我的意見）。就是說中國的學生跟中國的買賣人的相遠，或者中國受過教育的人跟中國所謂的老百姓的相遠是天壤相別一樣的，是一種英國所沒有的情形。我很喜歡跟小買賣和小夥計一類的人講閒話。這一類人真的跟我們大學的同學是另外一個社會，幾乎是另外一個世界。

你別後的事情我不大知道，大概你已竟畢業了。畢業以後你想做什麼事情？我當然希望你馬上到中國來，可是這是一個經濟的問題，可能旅費不容易拿出來。你知道我已經勸了 Jean[220] 用我的存款到中國

220 姬恩（Jean Perkins），大衛的未婚妻，1950 年春與德威同船到香港，之後赴北京與大衛成婚。

來跟我結婚。雖然她的問題不少，希望她可以快一點把它們辦好了，來到北平。這樣子的話，最好是你跟她一塊兒來，一路作陪。

最近我想到你把德蘭較比林黛玉的比方，我覺得這個比方並不好。要是像紅樓夢裏頭的人，也許像一點寶釵 —— 不過我不敢說，因為我很不喜歡寶釵，所以把人家比較寶釵，跟罵人差不多。

現在吃飯去，再談。

衛

給小荑替我請安！

德輗在哪兒 ？

六月十五日

國立北京大學研究生宿舍

東廠胡同一號

霍克思

錢晉華[221]信札
（1950年3月15日）

岱梅姐：

今天張景月[222]先生送來您的信，真使我快樂得不得了。禮拜天德蘭來的，談得很高興。我第一先告訴您，她的身體很好，很漂亮，大眼睛，又白又胖。所以您可以一百分地放心了。她不常來，每次都得我們請她，過年時沒有請她，因為我們學校沒有放假。德威大約就要到了，德蘭已經替他準備也到華大這兒來學習。我相信這學習對他的性格相近的。您二位在海伏廬過着田園生活，回想起來，十分地羨慕。我對種菜種花養家畜早有幻想，只無法實現罷了。生來沒有此清福，奈何？牛津中國學生多數走了，您可以大大清靜了。但我總以為將來等蕢過兩天大了，學校告一段落，而德蘭姐弟在國內也立下了根基，則您二位也可以「張歸帆兮」了。您說好不好呢？我為了自私，總覺像您這樣的朋友難找，好朋友離着遠也是人生的憾事哩！您的猴子帶兒子過橋的比喻，使我聽了很惜然。過去的社會多麼不合理，貪官污吏作惡多端，可是他們的日子過得好，真正辛辛苦苦的好人，老就是左右為難。您就知道我為什麼對國民黨那般人那麼厭惡了。

左小姐[223]就要回來了。說起來還有半年多呢，我已經就在盼望了。在異鄉相處的朋友總比平常的朋友親切些。有時我還想出來，想想牛津的青草也還是可愛。人不知怎麼會有這麼多矛盾的想頭。

---

221 錢晉華女士，袁家驊先生的太太。

222 應為張景鉞先生，植物形态學家，教育家。

223 即左明徹女士，著名愛國民主人左宗綸先生（1887–1974）之女，《居里夫人傳》譯者。

蔣先生[224]近來常看見嗎？還有崔先生[225]，他好了嗎？我說給他們寫信的，老也沒有寫，真是抱歉得很。

王佐良已經出所了。他本來與我同組。這個人很有點政客氣味。還有一個新回來的胡什麼的，是徐國璋[226]的親戚也來學習了。第五班，剛剛開始。沈從文也在第五班。將來人材愈來愈多了。方渠成[227]夫婦也回來，已工作，沒有經過學習。但聽說政府不把他們當作幹部，將來職業方面也無多大保障。不知這話確否？我還沒有見過他們。

春天又來了，年年是這麼盼望着，已經盼過這麼多年頭來。什麼時候我們才能真正地享受一個春天呢？今年我是這樣穿着灰制服過了。您那兒的花草小雞一定有趣得多。小孩子們也都是灰制服，但他們有很多的春天哩。再談吧。拉雜寫來，勿怪是幸。即祝

儷安

晉華

式一兄均此！

三月十五日

---

224 即蔣彝先生。

225 即崔驥先生。

226 應為許國璋先生，著名語言學家。

227 應為方鉅成先生，斐濟華僑，曾在英國廣播公司工作，回國後加入國際新聞局，其夫人為姜桂依女士。

吳素萱[228]信札
（1950年5月3日）

式一、岱梅：

……

這學期開學後，一直很忙，教了三班遺傳學，一班是清華的，來回跑格外費工夫，而且解放後的遺傳學是多麼難教啊！教舊的怕被批評，教新的又沒有教材，所以不但忙而且時刻感着不安。好在現在已過了一半，沒有發生什麼問題。

德蘭去年暑假回南昌的前一天，我們曾碰見，她說剛接到電報，祖父病重，她已決定次日就動身回南。當時我覺得這是她的孝心，而且也可以代表您們安慰病重的老父，所以不便阻攔。當時正值炎夏，而且國民党天天轟炸火車，自然是不但辛苦而且危險。不過大家已習慣了這種轟炸，該走路的還是照常走，只好碰命運了。德蘭在路上正遇到我的姪女兒（她本身回濟南看祖母，以後接到她父母的信要她去上海看看）。兩個糊塗虫湊在一塊，當然很好玩，飛機來了，火車停止，大家跑到草堆裏避飛機，因此我姪女把錢袋掉了，裏邊還有給別人帶的美鈔。又一次有了警報，火車暫停，德蘭竟跑到一位附近鄉下人家裏想法洗澡。等她回來，我說，「德蘭，你大概以為火車總會等着你的是不是？」她才恍然大笑。過年時德蘭也來過兩次，第二次曾與俞大縝[229]先生相遇。以後德蘭告訴我她見了俞先生相當失望。

---

228 吳素萱女士，植物細胞學家，1947－1948年期間，曾受英國文化委員會之邀，赴牛津大學講學。

229 俞大縝女士，曾國藩外曾孫女，牛津大學校友，曾任北京大學西語系教授。

德蘭搬到右附馬大街之後，我因忙且病，一直沒有去看她，據她告訴我並不比以前的住處方便。好在德威來了，他們已於前天搬到南長街七十四號與堂姊共住，大概方便得多。大前天晚上他們在我這裏吃飯，李儒勉[230]先生也在坐，相當熱鬧。我答應德蘭一星期以內一定去看他們的新居。

卞先生[231]回來後，曾遇見幾次，他是民主教授，當然積極高興。不過提及張四小姐[232]依然牢騷無窮。楊博士[233]也曾遇到一次，但他究竟是在天津工作，平常聽不到他的消息。其餘的同學都很少看見。

袁家驊太太住的不遠，您給她的信已轉交了。

前託式一買的玻璃片，已由陳閱增[234]先生帶來，但是沒有發票。按學校的規定一定要有發票，或付款收據才能報賬，所以發票若沒有遺失時，請便中寄下。據陳先生說還有顯微鏡零件，是否即蘇先生代訂購的 Phase-contract[235] 鏡頭？

德蘭一直是很快活的，請放心。此祝

康樂

素萱敬上　五月三日

230 李儒勉先生，英語語言文學專家。

231 即卞之琳先生。

232 即張充和女士，苏州教育家张武龄的四女兒。

233 即楊敬年先生。

234 陳閱增先生，原生動物學家，教育家。

235 英文「可逐步伸縮」的意思。

曹靜淵[236]信札
（1950 年 7 月 26 日）

遠彤姊[237]：

兩封信早已收到，直到現在才寫回信，真要請你多多原諒才好。我自回來後先在北京一個多月，每日忙得不得了。想去看看德蘭，也未能如願。大事小事，像永遠辦不完似的。回滬後，更加是忙得不可開交。開會、討論、學習，初回國，對於許多事情都感生疏，同時還要領導別人，所以更得多聽，多看書，和多學了。好在各方面對我都還好，只是感覺能力不夠，領導起來須費氣力。我想至晚年假辭去培成職務，在大學裏教些鐘點，再翻譯些書等。現在國內作大學教授，若再能有些著作或翻譯，是可以過得相當好的。不過要攪一套新的東西了，老的一套已不能再用啦。現在的新民主主義文學和筆法，及思想，對我們都是生疏的。初回來時，既聽不懂也用不來，但是多讀，多聽，多加入討論會，也就不久能運用自如了。所以在國外越久越不利，將來回國後人家都已跑得很遠了，再追上去，自是困難。政府是非常寬大的，特別在新解放區，像江南一帶。有許多人我們都認為是非常有問題的，可是政府都不計較，和收用，只要是不再做反政府的事。華北比較嚴格些，東北更嚴格。

……

自回國後，已確實知道，我那兩位弟弟，已於十餘年前犧牲！對

236 曹靜淵女士，民國時期教育家，曾任上海培成女中教務長、校長。翻譯家曹未風的姐姐。

237 蔡岱梅，字遠彤，這封信以字相稱，遵照文人傳統，也間接透露出兩位知識女性對彼此的欣賞。

我真是莫大的打擊。我十多年一直提心吊膽，為他們的安全而憂急。滿想一直沒有噩耗，一定是平安了。現在全國解放，就可會面了。我的急急回國，也一半是為了他們。誰知是這樣一個結局，使我身心俱碎，幾乎痛不欲生。若是早曉得了，也許現在事隔多年，可以漸漸忘懷。現在已經十幾年。把他們的安全終日放在心中，差不多無時無地，不在想到他們，無事不可牽到他們的身上。這樣一來，恐怕終身也不能克服了這個悲哀。有時真不知何以開解。這樣，深深影響了我工作和生活的情緒。我也知道，有用的青年也不知犧牲了多少，活着的人還是要活下去，為人民服務。但是，臨到自己身上，這悲痛是太深刻了。

我回來後，情緒不佳，再加上工作見繁，所以就很少給國外友人寫信，希望以後能多報告些國內消息。令友李女士本來未去約她，因為國文教師沒有空缺，現在可能有機會，所以想去約她一談。若無問題，定當盡力帮忙。現在國文教師，第一要着重政治思想，不然沒法教下去。教材內容和學生問題，都很多關於政治的。

少溪近日如何？念！回來後見到他大姐一次，把他在國外情形，大致告訴了她，她一會兒說一定要他回來，一會兒又說不要他回來。她本來要請我給你寫一封信，後來因為三心二意，也就算了。希望少溪能早日強健到可以回來的程度。同榴也是可憐，聽說眼睛壞了，是全瞎了，還是部分瞎，我不大清楚。可不必對少溪講。

兩個孩子[238]已經正式上學了罷？你們分散了十幾年，這次見面，一定是快樂之至了。人間家庭的溫情是至可寶的。希望你們在能享受的時候，多享受一下吧。我下次去北京，一定去看德威和德蘭。不知德威的工作已有了着落沒有？我上次過港的時候住了八天，是因為我

238 此處指熊德海、熊德達姐弟。

們同行的十幾個人都有些事要辦才多停了幾天。去天津的船票是不難買的，現在還可走廣州，就更便當了。

拉雜寫了一些，現在又要開會去了。有暇希望常來信。有什麼我可以代辦的，請不要客氣。

式一先生和其他的熟人請代為問候。

遙祝

平安

靜淵 上 七月廿六日

編者按：據《東成西就》（羅元旭著），曹靜淵和曹未風姐弟是東吳興學先驅曹子實先生的後人。他們犧牲了的兩個弟弟，想必也是非常優秀的青年，現在連名字都難以查詢得到。戰爭的殘酷和家族的不幸往往就是這樣交織在一起。

李效黎信札
（1950 年 10 月 22 日）

岱梅大姐：

Erica[239] 高興得了不得，很喜歡小儀[240] 送她的 doll[241]，真的你那麼忙，德輗離英在即，還記得給 Erica 送禮，真的多謝多謝。我早就要把邁可照的相片寄給您，可是每天就那麼耽擱下去了。我覺得日子過得快極了，有生以來也沒有感到光陰過得這麼快。

今天下午我去倫敦，明天工党有一招待中國代表的會，要我及邁可[242] 幫忙，我真懶得出門。可是邁可說應該去幫忙。Erica 及 Jim[243] 今晚到 Brough[244] 一個朋友家，（禮）拜二他們送他們回來。Brough 離這裏不遠，坐火車走廿分鐘。他們二人倒很願去，所以這方面沒有為難。

大概你們也聽說了，這次中國代表由英共招待。英工只願利用他們作宣傳，並不誠意願他們和一般人來往。同時中國代表也好像並不願和共產黨以外的人來往。我覺得他們兩方的行動對世界和平並無補益，並且有促成戰爭之危險。李德全[245] 告訴在倫敦的某中國人說只有工人日報[246] 是英國可靠的報紙，是代表英國人輿論的報。如果他們來

239 即艾麗佳（林海文），林邁可和李效黎的長女。

240 應為薁字的筆誤，即熊德薁。

241 英文「娃娃」的意思。

242 林邁可先生，畢業於牛津大學的英國學者，抗戰時期國際友人，是「以外國非共产党員的身份参加共产党領導的抗日工作的很少几個人之一」。

243 即詹姆斯（林建侶），林邁可和李效黎的兒子。

244 英國约克夏郡的一處地名。

245 李德全女士，馮玉祥先生的夫人。

246 即英國《勞工日報》。

到英國仍如此盲目，我真不覺得中英兩國的友誼會容易促進。

德輗到中國時請代我們問德蘭、德威好。離牛津時，打算到 Low Ground[247] 就給德蘭去信，一直到現在無成。德輗忙，不要促他洗照片，等他動身後，您再慢慢給我們寄底片就好了，一點也不忙。趕車，就此打住。請問

各位都好

效黎 上　十月廿二日

糟糕，邁可不在家，我找不到照片，下次再寄。

許淵沖[248]信札（1951年1月5日）

式一叔嬸：

到廣州時寄上一信，想已收到。在廣州招待所住了幾天，天天吃小灶飯，而幹部同志反吃大灶，非常不好意思，所以趕快回南昌去。從廣州到南昌只要二天一夜，硬席臥鋪票只要十五萬人民幣（大約等於兩鎊），軟席就要加倍。但硬席已經夠好了，不過要自己帶被子，我因為沒有被子，所以到南昌時有點傷風。

247 指英國低地地區。

248 許淵沖先生，著名翻譯家，熊式一的姪輩。

到南昌後就去看了蔡公公[249]。出我意外的是，公公的身體和精神都好，我去看他時，他坐着和我談了相當久。我走時，他還起來送我到房門口。後來託我帶信給德蘭，也是親自動笔，並且寫得很工整。羊毛衣和針線、小手提包，都交給章家姐[250]了，並且告訴了她，毛衣要加鈕扣，補衫袖。

……

程老先生[251]我大伯碰見過了，說他身體倒挺好，不過崔太太因為子宮瘤開刀，剛從醫院裏面出來，所以崔先生的死，我們暫時還是不敢告訴他們。但是他們等着錢用，所以式叔託帶的十鎊，已經送去。這十鎊到香港換了160港幣（官價，黑市不一樣），港幣匯回中國，每元合人民幣4,750元，160港幣共合人民劵七十六萬元。但到香港後，只許匯回港幣，不准匯英鎊，所以反而損失二萬元，我的英鎊、美金也都是在香港換成港幣匯回的。

我同大伯送錢去程老先生家時，他和崔太太都在裏面，身體看起來都不壞。開口就問我崔先生在英國怎麼樣？我因為不能告訴他們，就假說我沒去牛津，沒見到他，只得到我叔的信，說他住在醫院裏面。程老先生頗為懷疑，我們走後他又一個人到我家來，問我是不是有壞消息沒有告訴他，我因為告訴他，他一定瞞不過崔太太的，所以還是說沒有壞信息，並且告訴他英國醫院很好，請他放心。至於叔嬸給他們的信，還有崔先生的大衣，我大伯都交給住在他們前面的吳先生（從前上海裕民銀行的經理）。等他看崔太太身體完全復原的時候，再告訴他們。大約總在舊曆年前。等我得到家信時，再告訴叔嬸。

249 蔡敬襄先生，蔡岱梅之父，著名教育家、收藏家。

250 即章家女，蔡家的忠實女傭，熊家子女稱其為乾娘，為她養老送終。

251 即程臻先生。

……

我十二月廿一日離開南昌，一天一夜，就到了上海，住百老匯大廈招待所，非常舒服。上海待遇最高，市立中學教師月薪都在一百萬元以上。我在上海住了五天，又坐上快車，兩夜一天，就到了北京。現在國內交通，真比從前方便多了。

到北京後住在舊刑部街廿號教育部第一招待所，當天就去了淑姊[252]家裏，那是從前國民黨河北省主席的住宅，房子很好。德蘭、德輗也都住在那裏。窗外可以望見故宮和護城河，眼界很好。德蘭因為冬天風大，懶得跑來跑去，又在一月搬到學校去了。魚肝油精已經交給她。Solitaire[253]也給了小蓮[254]，淑姊說是多謝。

德輗已和外語學校談好，大約沒有問題。我也去外語學校談過，但它法文組學生只有廿人，教師已有五人，多是在法國十幾年從中學讀到大學的。如果法文組不擴大，暫時不容易再加人。即使要人，也是需要翻認報紙的人員，我也沒有做過這方面的工作，所以還是讓教育部給我分派工作。明來再告叔嬸。敬問

近安

姪 淵沖 上 一月五日

252 熊淑忱女士，其父為熊式一的叔伯哥哥，也與許家有親戚關係。

253 一種單人紙牌遊戲。

254 即黃愛蓮女士，熊淑忱的女兒，畢業於中央音樂學院，改革開放後赴美留學，現為旅歐鋼琴家，歌星順子的媽媽。

左明徹信札
（1951年5月14日）

熊先生、熊太太：

……

謝謝您兩位關心我的身體，反正是不過如此，我也不管它了，現在沒有什麼半日工作可擔任，在學校教書兼任雖可比專任少上幾小時課，其他學習開會仍是一樣的，除非另有專任工作，在兼任的一方面才可以不參加，所以我也還是辦不了。冒昧地答應一種工作，做不了半途而廢也不像話。我又希望能找點翻譯做做，在家裏不出去，省點氣力，不過我這不高明的文筆，也不敢承譯重要的東西，也沒有出去找人聯絡，現在還只偶爾李儒勉先生找我幫忙譯點無關緊要的東西。

您兩位看了我的信沒有嫌煩已不容易，吳世昌[255]先生還說我的筆調像《兒女英雄傳》，真是笑話了，我根本不會寫作，哪有什麼筆調？大概是我說話的口氣受了舊日老北京的影響，吳先生不是北方人，所以覺得像《兒女英雄傳》了，若給真正老北京聽見，差得遠呢！

您二位勸我寫自傳式的小說，那是萬作不來，記得您二位說過叫我談一下，由熊先生來寫，後來也沒有談成，現在看來，沒有談成最好，免得熊先生糟蹋時間和氣力，現在的作品總要有意義，我的經歷實在沒有意義，家庭是又新又舊，教育是不中不西，個性是又偏又癖，作過的事是非驢非馬，不代表任何階級，也不表現任何時代，糊

255 吳世昌先生，著名紅學家，1947年至1960年代初期曾於牛津大學任教，1962年秋回國。在牛津期間，吳家與熊家交往密切。

裏糊塗與草木同生，也就與草木同腐罷，能賺稿費補貼家用，自然是「甚所願也」，其如我這一生不值一寫何？

……

再談，祝雙安！　德海、德達、德荑安好。義孚[256]大概也快考試，還有威廉，都祝他們順利。伯筠、惠賢都問好。吳先生、吳太太、蔣先生請替致意。

明徹手書　五月十四日

蔡岱梅信札之九
（約 1954 年 2 月 17 日，未標註年份）

梁閩蔡胡郭譚石蘇韓孟十位同學[257]：

昨天我們由德海信中接到一張可愛的賀年明信片，我們高興萬分！你們團結友愛，像兄弟姊妹一樣，我們聽了多麼快活。德海每次來信也總是興奮快活，這是祖國對每個人民都照顧到。所以在祖國任何土地上，都是像在自己的家一樣的快樂。

英國的氣候和我們祖國不十分同，但今年冬也特別冷。春節邊正是下大雪，很多人家的水管都凍壞了。雖然英國沒有春節，但我們想到祖國，又想到在國內的兒女，所以我們在除夕那晚邀了幾位朋友來

256 即段義孚先生。
257 熊德海在東北師範大學的十位同學。

慶祝。德海的小妹妹——德荑也特別快活，我們常講祖國過年的熱鬧給她聽。她這次看見你們給我們的賀年明信片，她想在畫片中找她的二姐。她說每個人都像她的二姐姐一樣快樂喜歡笑！

此信到時已是很遲了。雖然沒有趕上和你們賀春節，但祝

你們永遠是春天！

熊式一、蔡岱梅 同上 二月十七日

（德海的父母）

唐笙[258]信札
（約 1956 年 6 月 21 日）

熊太太如見：

咱們真有不少時候沒有通信了。可是這兩年常常從德蘭處聽到您的消息，知道您們都好，小姑娘也長成大姑娘了。上禮拜天德蘭來玩，說收到您的信，想帶着小荑先回國。我聽了這消息覺得很興奮，因此也不像平時那樣懶了，趕快給您寫封信表示歡迎您早些回來。希望您不要再多考慮了，趕快回來吧。

德蘭說小荑已經十六歲，我簡直都不相信。那時我在牛津您府上玩的時候，小荑還那麼小。一晃眼已經十年，我的大孩子也快有六歲，真是時光易逝。十年沒有見，想念得很。德蘭姊弟三人離開您也好些

258 唐笙女士，著名翻譯家，新中國同聲傳譯事業的開創者。她先後畢業於上海聖約翰大學和英國劍橋大學。她著有英文紀實文學《漫漫歸途》（*The Long Way Home*）1949 年在英國哈奇森書局出版，由熊式一作序，熊德蘭繪製 35 張水彩插圖。

年，更是想您。我知道他們盼您回來，真是殷切得很。我猜您一定更是想他們，也想早些回來吧。當然，您在外多年，回來是生活中一個大轉變，難免要有很多顧慮。我回來之前也是左思右想的，打了好久的主意。那時怕生活不習慣，怕孩子小，路上吃不消等等。其實到了祖國一切就都自然解決，沒有什麼問題。您這時回來，正好對小荑比較合適。她上大學之前，可以進華僑學校讀兩年，把中文補好，到十八歲或十九歲上大學時，就完全習慣於國內的生活了。年輕人適應生活環境是最快的，越大越不容易適應，最好不要讓她在國外讀大學。以前我在聯合國時一個同事的兒子，就是進了大學一年，父母決定回國，他卻不肯回國，最後把父母的計劃也打亂了。一個十幾歲的青年，在新中國很快就會習慣一切生活的。很愉快過了一兩年，人家就都看不出是國外長大的。而我和德蘭這樣的留學生，多少總還是有些與眾不同，改造得還是比較慢。所以我想為了小荑，您的确是應該早些回來。

我和德蘭雖都在北京，但見面的機會不很多，大家都忙。德蘭還有些交際，而我呢，除工作外，整天忙着兩個孩子的事，難得出門。她有時來玩玩，和我暢談一番，談談她的男朋友。似乎人選不少，但沒有完全合意的。我覺得她是可以結婚了，但這位小姐自己卻毫不在意。我看您實在得快點回來，自己挑個中意的女婿。要等德蘭慢慢地挑，不知她要等到哪一年。

您回來預備工作嗎？記得您以前教過書，回國後還可以繼續。碰巧可以在華僑學校教書。現在華僑委員會對歸國華僑非常優待，生活上和找工作都照顧。您決不用耽心的。

說了半天，總之一句話，希望您早日歸來，我們等着歡迎呢。

祝您快樂。

笙

六月廿一日 北京

蔡岱梅信札之十
（約 1956 年夏，未標註日期）

伯昇[259]吾姊：

今日我洗完了衣出來發信，順道給你們帶了報。碰巧你也在洗東西，我因小萸一人在家趕着要回來，真是無禮之至。好在如此老大朋友，當然不會見怪。

剛才我寫了信給 Eddie，謝謝他們送的食物。他們為得吃了牛津三天，一定要補還點倫敦的東西。假如按中國習慣，可以退還他們的。但既住在西方，也只有收了，並且還要表示大謝他們。說來 Eddie 那天突然帶了朋友來，又說是因為病後醫生叫他離開倫敦的。我一時因同情病人，就留了他們。一切事的碰巧也是千差萬錯的。那天如不是請令徽[260]去看戲，我一定不在家的。德達當然不會留客人。我因為令徽的 G.C.E.[261]發表出來，早說要慶賀她，我才讓位子請她的。平日府上人多，決不會為她去買票，而此劇又是她念過的，當然她更喜歡。只怪那天小萸和她淘氣，在電話中嚇了你一下，反弄得你們母女不愉快。這也有點怪我，當時如阻止了她們就好了。我也沒有想到，過後你還責令徽啊。我聽了非常大不安的。那天因小萸不在家，同時我也想休息一下，結果沒有請寧家孩子來玩，那知由倫敦走來兩人。我不懂 Eddie 養病也要帶朋友。以往我們住鄉下時，他是喜歡帶朋友。王小孩住了兩天，我還沒有搞清他姓什麼。這類事不知多

259 嚴伯昇女士，著名紅學家吳世昌先生的太太，早年入讀北平女子師範大學，後因戰亂求學於西南聯大等校，1962 年從英國回國後，曾執教於北京師範大學。

260 吳令徽女士，吳世昌和嚴伯昇的長女。

261 英國的普通專科證書。

少次。以往朋友帶朋友來，過後接了謝的信都不知誰寫的。剛才我在Eddie信中提到，因為王鏞的父母既在台灣，請他寫信時不要提同他來了熊家。我們的大兒女都在祖國，不久達和蒖也要回祖國的。

平日我和式一罵王鈴是爛好人。現在我把鏡子自照，也覺和他一樣的軟心腸的無道理，一樣的爛好人。多少次不問黑白的熱心，事後才知道做了傻子。

……

自有血壓病以來，好像更容易worry[262]，加上國內兒女要小蒖回國，使我心緒大亂。

蔡岱梅信札之十一（1957或58年，未標註日期）

芹蓀[263]兄、耀坤姊：

多年不見，想你們和孩子們都好。聽到弟弟已入倫敦大學習醫，恭賀恭賀！日子真快，我還記得你們生第一個孩子時，我也陪了耀坤去醫院。今日最小的妹妹都有十歲吧？我們離得遠，不像往年大家住倫敦容易常見。

式一目前在香港，此地的家只是我同小女兒德蒖在牛津。我們在此的生活還是靠式一一點版稅收入。此款沒有一定，偶爾多點，

262 英文「擔憂」的意思。

263 蘇芹蓀先生，三十年代中期赴英留學，請見三十年代徐悲鴻先生來函介紹。

偶爾則很微薄。我只要對付過去，則無所謂。不過最近有幾筆欠賬相當大，一時無法彌補，故不得已向你們商量挪動五十鎊。這完全是舍間經濟轉不動，並非我是追討往年芹蓀兄的用款。那時我們比較充裕點，又承徐悲鴻先生叮囑照應。當時我們特別重友誼，也對苦學生同情。偶爾式一事忙忘了，我即刻提醒他。有一次芹蓀兄被賊偷了錢，我即刻要式一另開一五鎊支票（當然不是我現在要表功，但有的女人是會阻止丈夫的）。並且事已多年了，我們從來沒有對生人提過。故這次不得已寧可直接和你們商量了，希望你們原諒我不得已。我記得前後一共只八十多鎊，數目雖不大，但當時生活低，對芹蓀兄是相當的有力。我們住英太久，今日生活和那時生活是不可比喻了。我記得戰時承你們提議每月還兩鎊，只是數次又停了。

（後頁佚失）

編者按：這封信不知最終是否發出，這筆欠款也不知有所歸還。其中百般無奈，至今讀來仍令人心酸。

蔡岱梅信札之十二
（1975 年 5 月 12 日）

Dear Susan[264]：

謝謝你的信和祝賀我的生日。上月底我因連着幾天忙亂點，本來我想離開家幾天，就可免了朋友們為我賀生日。起因兩小孫女要求我不要去過假，然後她們父母又轉告我的朋友「何太太」，何太太說只有費太太可說服我。當時我不知道他們在商量，結果真是她說服我的，當然用感情兼哄孩子似的。我的破英文信給蕙的沒有說得清楚，請你順便把這段起因和結果告訴她。費太太在電話中對我說，又不是做大官要人，為什麼逃壽，如果一個人在外滑一跤也沒有人知道。她說時正是天氣冷，外面還在飛雪花。她又說等天氣好了，她陪我同去過假。這點令我高興起來，要她同我去中國玩了。她說那太貴，去美國是可以的。那時只要我不必一人走出去，並說是她和何家來接我出去吃飯。但是既我在家，就請他們來家的，也就沒有大請客。我自動地要玩幾圈牌，並賺了 60p！星期天就去和孫女們熱鬧了一天。現在算是難關已過了，休息了幾天已恢復了正常生活。上週我正要回信給你，那天接到德蕙長信，使我掛念她的身體，也使我情緒擾亂了好幾天。

……

我並不是強蠻的母親。有一次她聽見某女孩未結婚生了孩子，家中母親氣得不認她，德蕙還說：「我的母親不會那麼對我。」當然德蕙最了解我，我也最了解她。不知為何她在這封信中所談的變得太

264 英文「親愛的蘇珊」的意思。陳毓賢，英文名 Susan Chan Egan，是熊德蕙在波士頓期間結識的好友。

遠了。所以我暫時不回信，等她稍稍清醒點。你可勸她不要太過地怕胖，因為擔任了工作，飲食營養是要注意的。性格美比體格美更重要。

可惜你們來過英國沒有來看我。我那本破書[265]中你大概也可覺出我是如何的母親。你真的喜歡那本破書嗎？我自己不可再去看它。一來我當時寫得太快，很多地方應該刪去的。但是當時德蕙的父親替我翻成英文時，他捨不得刪，曾爭執過數次。可笑的是我的書，他會那麼強地不讓我刪去。中文稿我是有的，總想有一日自己來刪刪改了，但是又覺得不如續寫下一本，也就這樣拖下了。當年出版時，接過有些讀者來信，都喜歡其中人物，特別那位宋叔叔和我的兒女們。當時牛津學院的太太們茶會時也談其中人物。有一位丈夫也拿來讀，他說太太們談話時他不可接話。我來英國後雖然沒有學點什麼課程，因為做了一個家庭主婦。特別又是戰時，又在海外，又住在一個牛津名大學城。當時來往朋友也確實多，在客廳，在飯桌上，在廚房，我觀察到各種朋友的性格，特別是有風趣的。自從我的大女兒回國後，家中空氣漸漸開始失落了什麼，再接着兩兒子也回祖國了（我為了愛大女兒，才讓兩弟弟去陪她的）。我的生命只是為蕙了。母女相依為命多年，是笑與淚地看她長大的。去年她回家也常提到你，我很高興她也有中國朋友。她小時很輕鬆說笑話的。近年因工作太緊張，生活也變得緊張了。這是我最掛念她的。現在我還沒有決定是不是去美國看她，還是等她來看我。更希望她能陪我遠旅行一趟。也希望你下次來英國時一定請來我家玩玩。特此道謝來信，並祝

儷安

熊岱梅 手上 五月十二日

---

265 即《海外花實》的英文版。

蔡岱梅信札之十三
（約 1980 年 8 月，或為底稿，未標註具體日期）

克安[266]：

卅年不見，沒有想到仍在英國重會，真是非常地驚喜！我常常記得你用功做學問，因為要考試把收音機送掉。今日的青年很多貪玩，浪費時間。我常常教訓在英的孫女們，也常以你做模范。那天她們姊妹真的見到你了！。

那天提到大使館還有熊德輗送去的書。當時熊德輗在此時是聽熊德蘭的囑咐送去大使館的。所以他由書店買了直接送去，沒有帶回家來。我知道的是分兩批買的，大概一次太重。日前我在書桌上看見熊德輗丟下的舊信，現附給你看看，就知道如何一回事。那兩批書不是他自己的，因他來英之便，他們託他代選些書。不知當時他送去時是向哪位交待？如果萬一無法帶回去，我想抽一日去大使館帮忙包紮那些書。我可雇一車子送去郵局代寄。如果太重，恐怕我（七十五歲）老人也做不了。等我看了再說，包紮一定可做到。（可惜熊德輗忘了寫一條，只是說說就沒有人記得是如何一回事，那二批書都不是他自己的，因他來英方便，託他代選些書，只是如此。）

本來我早就想請柯大使[267]和夫人來舍間便飯，但因我燒菜是來到英國時開始學的，燒得不系統，有點不中不西的，所以久久不敢請。同時也想到柯大使太忙，你看看等國慶後，或選一個週尾請你陪同大

---

266 裘克安先生，著名翻譯家，1945—1948 年在英國牛津大學留學，建國後在外交部工作多年，曾任駐英國大使館參贊。

267 柯華先生，1978 年至 1983 年任中國駐英國特命全权大使。

使夫婦來舍間便飯。這是熊德蘭的老家，柯大使或有興趣看看老華僑之家，那我是非常地高興歡迎的！

九月卅日我一定會到國慶會，那天我們一定可見到的。

問好。

熊蔡岱梅

蔡岱梅信札之十四
（1982 年 12 月 3 日）

Dear Susan：

去年我寫了一頁信給你，當時不知為什麼沒有寄出，大概因為沒有找到大信封。我要附一本兒童畫冊給 Louisa[268]，一拖再拖，這次來華盛頓帶來這裏了，但信不見了。

多少次說來總沒有來成。我的飛機是定好了日子的。還有三天就要回倫敦。E[269] 的工作很忙，她說正碰上這幾週特別忙。我的眼睛更壞了。本來有一隻是很好的。現在可憐這隻好的有毛病看不見，反來用那隻不夠好的。配了特別的玻璃，寫字和走路都糊得很。手杖不離手，所以我不敢一人出街。加上地生不認得路，只是等 E 下班和週尾帶我出去。但遠的地方，紐約和波士頓我都不敢去，否則我想該看看老朋友們。但接接送送要加朋友很多麻煩，而且大家都忙得很。我

268 Louisa Egan，陳毓賢的女兒。
269 熊德荑在家人中的簡稱。

是上月八日到的，此月六日即歸，四週一下就過了。我很高興看見我沒有見過的孫子[270]。E 新買的 Apt[271] 很方便，她也比從前會做家事。這是我離開她十多年的好處。她一人過得很好，對工作有興趣。這就是她的愉快，也就是我放心了。

你住的地方離楊教授[272]家近不近？他們也是在 Arlington[273] 買了新房子。楊師母寄過他們室內室外的照片給我。原主人是一位建築家，自己設計的，所以特別好。我想你們一定去看過他們？可惜我走路不穩，否則我是該去一趟的。

匆匆草此，順賀

闔府新年快樂健康

岱梅　十二月三日

（德荑的母親）

270 熊偉，熊德輗的次子，當時在喬治城大學讀本科。

271 Apartment 的縮寫，英文「公寓」的意思。

272 楊聯陞先生，哈佛大學著名教授。

273 波士頓郊區小鎮阿靈頓。

三

熊氏子孫家書摘選

熊德蘭家書 1953.8.10

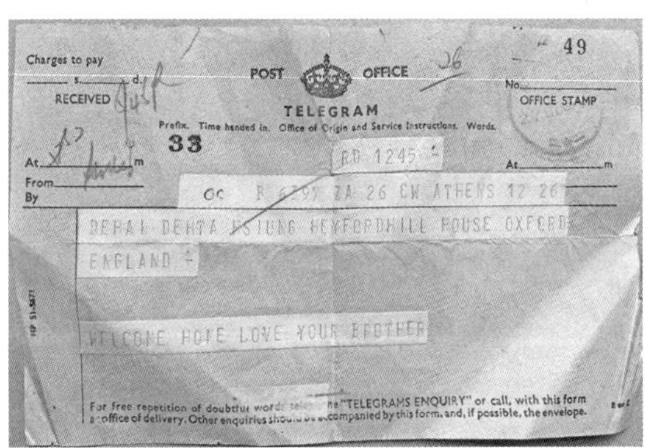

Charges to pay

RECEIVED

POST OFFICE

TELEGRAM

Prefix. Time handed in. Office of Origin and Service Instructions. Words.

33

No.

OFFICE STAMP

At m

From

By

RD 1245

OC R 6297 ZA 26 CW ATHENS 12 26

DEHAI DEHTA HSIUNG HEYFORDHILL HOUSE OXFORD

ENGLAND

WELCOME HOME LOVE YOUR BROTHER

熊德輗電報：1949 年 12 月 26 日發自希臘雅典

遠在希臘聯合國機構工作的熊德輗，不能在牛津親自迎接久別的妹妹弟弟，特地拍發電報歡迎他們回家。

DEHAI DEHTA HSIUNG HEYFORDHILL HOUSE OXFORD ENGLAND

WELCOME HOME LOVE YOUR BROTHER

英國 牛津 海伏山莊 熊德海 & 德達

歡迎回家 愛你們的 哥哥

熊家子輩家書摘選

熊德蘭信札之一
（1948 年 8 月 16 日）

父母大人，

奇怪！真奇怪！走 Indian Sea[1] 遇風大，船上人大半都睡倒了，然而我跟好人一樣。小姐太太們差不多都吐了，我到照常吃飯，比在牛津吐的機會少得多。真是孩子離家，有天保佑。

……

船上不少的同學要我寫家書的時候替他們問候你們。到北平的人不少，想必一路沒問題。

……

女 德蘭上 八月，十六日（1948 年）

1　英文「印度洋」的意思。

熊德蘭信札之二
（1949 年 5 月 14 日）

父母親大人：

前些時寫的兩封信，應該起碼收到一封。我一個多月沒接到家信，上一封還是母親三月底寫的，說快要搬家。現在郵政又不怎樣通了。說不定再過一兩個月才接得到您們的信。這封信是一個學生的朋友下星期要到香港去帶去寄的。以後我寫家信可以請梁文華[2]轉。不過信從這到香港太慢。

北平生活還是跟我上幾封信報告的一樣。學校已成立了一個學務委員會，等於校長。是教授、助教學生各選出代表為委員，教授十七個，助教學生各兩個。傅老伯[3]現在又是系主任，又是大學裏的教務長。一天到晚忙。北平一般人民還是安居樂業。物價最近漲了，那是因為天不下雨，麪漲然後所有的物價都跟着漲，不過比起去年這漲得算慢。不過我們的薪水不怎樣受影響，因為是以小米價錢算的。我每月得七八百斤小米，物價一漲薪水就同漲。

我還是胖的，說不定以後還會胖。上次寄的照片希望收到。請來信告訴我一齊收到多少信。我這些時倒也忙，學生還是對我好，送我東西（小件）不少。去年我大傷風，得睡下，全是他們來照看我。我時常到傅老伯家去，吳素萱先生同吳作人家玩，有時候住。孫毓棠常見面。陳體強有時候來師大。牛津那兩位姓陳的同學從香港來了。卞芝林[4]也到。

2　梁文華女士，熊家好友，1945 年上半年曾任牛津留學生中華俱樂部主席。

3　即傅種孫先生。

4　應為卞之琳的筆誤。

……

這時候北平正要各種人才，找事沒問題。所以我上幾封信都叫德威、德輗早早地回來。我跟我們所有的熟人都談到這事，他們都覺得威輗早該回國，並且希望您們倆位等不久也回來。現在大學教授雖然可以過得去，一到北平要想有屋子有傢具可不成。所以我希望威輗早早回來，然後我們三人可預備一切，好接你們老人家來過太平日子。祝

平安

兒 蘭上　五月十四日（1949 年）

熊德蘭信札之三（1949 年 7 月 9 日）

父母親大人：

好久沒接到家信，聽說郵政又不直接通了，這封信是請梁文華轉的。前些時打的電報叫德威趕快回來，是打到新的搬的房子，希望你們已收到。我要他趕快來，是因為來得越早，找事的機會越多。現在北平各處正要人，大學生畢業後都有事做。薩空了[5]也常來找我幫他們（民主同盟）的忙，那是專利用我的英文。他說香港的 China Digest[6] 暑假要搬到北平來，他已介紹我到這總編輯（提起我而已，並

5　薩空了先生，著名記者，1940 年代曾在香港辦報，1949 年在北平協助胡愈之先生創辦中國民主同盟機關報《光明日報》。

6　1946 年底創辦於香港的《中國文摘》，是中國共产党创辦的第一份向海外发行的英文期刊。

沒當面介紹)，他們說正用得着一個幫他們改英文的人……程鎮球到平後加入了「學習團」(政府辦給知識分子學社會，政治，經濟的一個機關)，不過兩三天就有人去打聽他的來源，再過了幾天就請他到外事學校去教書，現在非常得意。

德輗現在如果也打算回來教書就比較有一點問題，除非他不打算在南開教歷史，不怕吃苦。現在教歷史思想問題很重要，我已寫過信去問鮑覺民[7]，他回信說他當然不能做主，下學期的事誰也不知道(這是春天來的信)，直到現在沒接到一字。前幾天楊主席[8]來坐了十分鐘，這是回國後第一次見面，胖得坐我椅子都覺得太小。南開政治系除消了，他明年預備到財政系，這是新開辦的一系，陳舜禮[9]也讓他介紹到這系去了。

……

還有一件事爹爹聽見一定快活的，就是我現在剪刀不用找了！總是在中間那個抽屜，有時候別人還要問我借剪刀哩！您們只管讓孩子們離家，大事小事你們平常看不順眼的都自自然然會改好。我到希望威輗回國一年以後，我三個人可以合起來慢慢找好一座房子，現在房租並不貴，然後您可帶小蕙回來，那時候您們六個孩子都在眼前。爹爹做事也好，不做事也好，到那時就沒多大關係了。今年我還不希望您們回來因為內戰還未完，社會正在改變中。只要再等一年，樣樣都該安定了(我問過傅老伯同楊伯平關於你們回來的事，他們的意見也是如此)。

……

兒 蘭上　七月九日(1949 年)

7　鮑覺民先生，中國经济地理學家，抗戰勝利後曾應邀赴英講學。

8　即楊敬年先生。

9　陳舜禮，著名教授，先後畢業於清華大學和牛津大學，回國初期任教於南開大學，後赴山西大學執教，曾任山西大學校長。

熊德蘭信札之四
（1949 年 12 月 20 日）

父母親大人：

又有好久沒接到您們的信。最後的一封是從英國直接寄來的（只走了十幾天），裏面提到德輗已去西臘[10]就一小事。到底是什麼事，在那一個城裏，我很想知道，並且請德輗有空寫信給我。他老人家自到法國之後，我就沒接過他一字，女朋友太多，把老姐姐就忘了。

……

德海、德達已上船去牛津，這封信到的時候他們已到家了。兩個孩子十幾年沒見到父母親，說起來是早應該去英國，可惜是這些年來太困難了。他們離開南昌後幾個鐘頭內家裏就接到我的電報要他們來北平升學，他們如果晚一天離開南昌，今天說不定就在北平了。現在回想起來，我雖然非常想他們跟我在一起，讓他們去英國是對他們更好的一件事。

公公[11]的身體一天比一天好，前些時來信字寫得不太齊，最近的信字又很有力了，每天吃雞蛋，時常出來走動，對共產黨的看法也不同了。乾娘[12]雖然快六十，精神還是不錯。我暑假接到電報趕回去，十一天在路上沒有睡好，曬得又黑又瘦，看見乾娘就不知不覺地大流眼淚，她也哭着說，「德蘭，德蘭，你小時候那樣好看，現在怎麼變成一個這個樣子呢？」

……

10 即希臘，熊德輗曾於 1949—1950 年在希臘聯合國巴爾幹委員會從事翻譯工作。

11 蔡岱梅的父親蔡敬襄先生。

12 章家女，蔡家的女傭，相當於熊家前五個子女的第二個母親。

我在南昌時碰見許多德海、德達的朋友，所有的人提起他們都是贊美他們，愛他們，梁文華給我的信裏也是一樣的意見。使我做大姐的人心中有說不出的一種快樂，祝

冬安。

兒 蘭 叩 十二月二十日（1949 年）

熊德達日記摘抄（1949 年底抵達牛津前後）

12 月 13 日星期二

……

母親一號手諭，其中從各方面推測我們兩人的個性。說我愛活動，耐性差點，記憶力不算壞，脾氣浮躁點，卻有中上聰明，與人交得人歡喜。

……

12 月 15 日星期四

……

在給父母信中我也寫上了我心目中底母親個性為：舉動和緩，顧慮多為本性，經過數十年做人底閱歷能了解他人，有退讓及忍耐能力。保持有中國固有女子道德，滲以西歐文化。治家整理有條，對丈夫體貼無微不至，對兒女處處周到。有委屈時往自己肚子裏吞，不怨天也不尤人，是個「新中國」底舊女性，因為她不主張拋家不顧跑進「人民」底陣容中去。是典型的「賢妻良母」。

……

12.26.1949

……

七時四十分船已停碼頭，早餐後去頭等艙驗護照，一點都不麻煩。大家在十時便下船……上去倫敦的火車，一直都不見爹爹的影子。滿以為他不會來這裏接我們了，但是在車開前十分鐘，突然一張半生半熟的面孔在窗口出現。他同何伯伯[13]駕車來接我們，因為聽一馬來女子說我們在船上等他，結果害得枉耽擱了廿多分鐘。於是立刻把箱子從一大堆東西上請 Dr. 周和劉設法弄出。等到我們車子開，火車也開行，並行了一百多碼左右。細姐[14]從窗口伸手出去揮動，火車中許多朋友也都回禮。

卅五分鐘後，我們已到達這久仰的大倫敦中心，已不能趕十二時半去牛津的火車了。公共汽車票又買不着，只好改乘四時的火車。便先到何伯伯家午飯，中國菜飯有味之至。小妹、弟都相當有趣。三時餘何伯伯又用車送我們到車站，轉了一次車，於六時〇三分抵 LITTLEMORE[15] 站。姆媽和大哥在站迎接我們，相見了已悲喜交集。走十幾分鐘便抵海伏山房。荑妹和兩位陳、桂來接，自然又是一番說不出的味道。進抵家門時內心底情形已是不可想像地高兴了。

晚餐姆媽為我們宰了雞。因為是由大哥飼養的，他說：「聞其聲不忍食其肉。」但結果還是被我們逼得吃了一小塊。整晚都過得愉快異常，大家談到深夜一時有餘才去睡

——27 補記

13 即何思可先生，曾任國民政府駐英大使館一等文祕，何家與熊家交往甚密。

14 南昌話「小姐姐」的意思，即熊德海。

15 利特爾莫爾，牛津郊區地名。

12.27.1949　星期二

昨夜興奮過度，許久都無法入睡。在我隔牀的大哥也許久都睡不着。兩人左轉身右翻身地大概一小時後我才睡去。

今晨醒來已是九時廿分了。早餐後黃領我去看養的雞、兔子，還有草園、船等，並觀看我們屋子附近的風景。真好極了。前後左右有樹木，有五株百年老樹，特別好看。泰晤士河相距百步左右，幽靜之至。房子有三層，也很不壞。比起南昌，自有天淵之別了。

……

在贛縣時我送刻的「還我河山」四字給他而大得他獎賞的蔣彝先生帶着他的大兒子來替我們拍照。

下午細姊和我偕爹爹去蔣先生家和崔先生住的醫院。玩到晚飯前廿分鐘才回。

晚又談到十二時餘。

熊德蘭信札之五
（1950年4月10日）

父母親大人：

……

現在德威已到。看見他我多快樂當然不用說了。據說他在船上又胖了些。可見得路上並沒吃苦。他現在很懂事，船上的人都很喜歡他。他到祖國後也非常高興。父親信上提到怕他對很多事失望，其實他抱的希望並不高。和我一樣在回國之前聽C.P.[16]、小伯母[17]等人說得中國社會多可怕，到後才明白國內普通一般人並不壞。據我看來他並不怎樣過左，看事很清楚，就是做人也相當周到，可見得孩子們離了家也自然會懂事。他看見國家很多事上軌道，是他本來沒有想到的，當然十分高興。就是您們回國後也會覺得我們中國有今天的一天是意外的。東三省當然還是中國的，北平同東三省來來往往的人很多。這裏很多人到那裏去工作。英美報紙很多關於中國的消息我聽德威講到，我國現在在國內的人聽後都覺得太可笑了。

……

祝全家大小

安樂

德蘭 上 四月十日（1950年）

16　即徐誠斌先生。

17　即陸晶清女士。

再者 —— 傅老伯覺得德輗最好回來。回來後我們三人做事有希望兩年內還梁文華錢[18]。

再者 —— 德威在文化部做事，過幾天上班。

再者 —— 我有一次說想回英國，並不是因為對這裏不滿意，不過想看看家裏人而已。現在回國後，再也不想在英國長久住了。

熊德威信札之一（1950 年 5 月中旬）

父母大人：

三月十三日到香港，……欲速不達，船半路壞了。回香港換船，結果一共耽擱了十多天，還是同張安治與丁則良[19]同到北京。Jean[20]在香港比我後動身四天，比我先到北京一個多星期。上個星期她與 David[21]結婚了，吃喜酒時碰到好幾個爹爹的老朋友。

新人民政府對回國留學生特別優待，招待所幹部對我們完全誠實地幫忙，假如老姐[22]沒有幫我找到事，他們一定會負責早晚幫我找到事的。文化部對外聯絡局譯員這事對我很合適，工作多半是從中文翻譯成英文，所以沒有多少問題。

18 熊家朋友、牛津校友梁文華與丈夫出資墊付了德海和德達 1949 年底從香港到英國的船票費用。

19 丁則良先生，著名學者、歷史學家。

20 姬恩，大衛 · 霍克思的未婚妻。

21 大衛 · 霍克斯 (David Hawkes)。

22 南昌話，大姐的意思，即熊德蘭。

……

工作已經一個月了，忙得很，每天八點到六點。晚上除了看英文書以外多半什麼地方都不想去，什麼事都不想做。將來應該過慣了這種生活，可以讀點古文與俄文。有些人一直到現在還沒有工夫去找，也沒有機會碰到。清華、外語學校的人都沒有見到（除了袁太太[23]、程謹球[24]在 David、Jean 的 wedding[25]見到），吳作人夫婦找了一次不在家，北京不是與牛津那樣人閒地方小。雖然還有很多事可以說，實在沒有工夫寫了。我與老姐還擔任了些 freelance[26]翻譯工作，二萬到三萬一千字。一兩年內我們可能還 Munhua[27]的錢一半（房租八十五斤小米二人，中灶一百二十斤一個月，沒有吃）。

威（1950 年 5 月中旬）

熊德蘭信札之六
（1950 年 5 月 16 日）

父母親大人：

德威到北京已一個多月了，在文化部做了三個禮拜的事，心情非常好，對工作也滿意。我們倆人一星期前搬到淑寶[28]姐姐家住，她同

23 袁家驊的太太錢晉華女士。

24 應為程鎮球先生。

25 大衛和姬恩的婚禮。

26 英文「自由職業」的意思，此處指工作之餘承接的副業。

27 即梁文華女士。

28 熊德蘭和熊德威的堂姐熊淑忱女士。

姐夫[29]三個月前來北京。姐夫在燃料部當處長，還是做他的水力發電工作。淑寶照顧我們十分周到，家事都是她管，她精神特別好，做每件事很熱心。我因為住在學校同事學生找我的太多，時常自己用點功的時間都沒有，早想搬出來住。同時又怕管家事麻煩，現在再好也沒有。我們的窗子是對着故宮，有河有橋，並且看得見中山公園，這是姐夫的燃料部部長住的房子，我同德威每人一間，同姐姐家合一個飯廳，用一個傭人，吃飯照人口算，吃得特別好。德威每天六點後才回到家，晚上多半看看書，他最適合這種生活。李如勉[30]關照他跟自己家人一樣，如有空最好來封信給他謝謝他照顧德威，他以後幫忙就會更熱心。德威的工作是只要翻譯，有時改改同事的翻譯，因為他算那裏英文比較好的一個譯員。

德威信裏最後兩句話因為紙不夠沒有說清。我們現在兩個人每個月的伙食費合起來只是我一人薪水的三分之一，房租特別便宜，除此以外這個年頭真用不了幾個錢。

……

現在住在這裏非常安心，德威來後我也不常想家了。德海、德達要早來北平，我就早可得到這種安靜地家庭生活。現在他們能和父母親在一起，對他們當然是最好。下次的信是寫給他們的。祝

安樂！

兒 蘭上　五月十六日（1950 年）

29　即黃育賢先生，著名水利發電專家。

30　應為李儒勉先生。

熊德蘭信札之七
（1950 年 7 月 23 日）

親愛的德海、德達：

早就打算寫信給你們，但是總是先寫完一封給父親母親之後，就好像把所有的話都說完了，結果每次總是說下次再寫給你們。這次根本我就不寫一個字給父母，要不然又會把所有的事先跟他們說完。

你們這位老哥真有意思，有好多怪脾氣，頭還是不理，我對他實在沒辦法，要德海或小蕙在這兒才行，他說女人可怕，但就是不怕我。這裏每個人都喜歡他，好在他是一回國就到這解放後的北平，要是他是解放前到，很多地方很可能就會跟別人合不來。現在只要你是一個老實人，在那裏做事都會受歡迎的。前幾天是我的生日，幾個朋友跟我做壽，好幾年沒過生日，過一個到怪好玩的。想起來在牛津的時候我的生日是送給小蕙請她的朋友同學來玩的，因為媽媽知道我喜歡小孩，就借這個機會把他們請來。你們問小蕙還記得有一次我過生日，她送我一塊肥皂做的小房子嗎？我把這事講給淑寶姐姐的女兒小連[31]聽，她在我生日那天也送我一塊洗衣肥皂，上面還刻了字，因為她要學小蕙。

如果德輗哥能馬上回國再好也沒有，現在我和老哥覺得三缺一，因為我們三人從前老是在一起，從來都沒有吵過一架。希望你們倆人和小蕙也是如此，大家說話時應該要和和氣氣，不能「起火」，要不能就沒有一個真正的快樂家庭。父親母親來信說你們功課大有進步，我聽了非常高興。祝　努力！

大姐 七，二十三（1950 年）

31　即熊淑忱的小女兒黃愛蓮女士。

熊德蘭信札之八
（1950 年 9 月 29 日）

父母親大人：

昨天是中秋節，不知道你們大家過了還是沒有過？我們吃螃蟹，河螃蟹，您們十幾年沒有吃過的，現在聽見一定想吃吧！晚上月亮圓而大，正照在我同德威的兩間屋子裏。月亮正出來的時候最大，那時德威辦公還沒有回來，我同小連還有同住燃料部宿舍的三個小孩子，一共五個人坐在兩把沙發椅上賞月、唱歌。我自離家後對別家的小孩也發生興趣來了。沒有小蕙在身邊，只好拿別的小孩們代替。就好像德輗小時候說：「怎麼沒有肉？肥肉也拿些來哦！」我住在師大宿舍的時候，小孩子們每次看見我就叫：「熊姑姑」。這個宿舍的孩子們都叫我做「熊姨」。所以我現在福氣不小，姪兒、姪女、外甥、外甥女滿堂。這裏有個孩子名叫「小妹」，年兩歲半，我特別喜歡她。她母親出去做事時她就沒有人管，剛才我放下筆出去問她幾歲時，看見她同比她大一歲的姐姐在秋風裏玩水。袖子也濕了，衣服也穿得不夠，只好到她們家抽屜裏找衣服給他們穿。

九月，二十九（1950 年）

……

母親的文章我們都覺得非常好，又有意思又幽默，可惜這一兩年的中國雜誌不歡迎沒有革命性質的或所謂「不前進」的作品。再過一些時期，等我們中國革命完全成功了，文藝才能離開政治。我馬上會寄幾份雜誌來，您們就完全了解現在中國文藝的味兒了。我同德威好在這些日子不須要稿費用，母親也不是跟崔先生一樣的人，一定要把東西出版，所以這篇文章暫時留起來也好，以後價值更大。

……祝

冬安

兒 蘭上　十月二十八日（1950 年）

熊德蘭信札之九
（1950 年 11 月 26 日）

【此信沒有稱謂，應是致父母親】

德威已去東北，我大約去不成，因為目前那裏並不怎樣十分需要人。德威來信說是在東北航空司令部做譯員，那裏倒不算怎麼冷，吃得也不錯，住的房子也非常好，所以我到不掛念他。

……

希望您們不會看待他還是像以往一樣，玻璃房子裏的一盆小花，不能吹風，最好是不動。其實一個年青人應該多看看世界，多同人接頭，才知道人生。當然德威從前喜歡吃沒有意思的苦，是不應該的。

但是我一年半沒有見他，然後這次他同我住七個月，我發現他不跟在牛津的時候一樣，要吃無意思的苦，或說話太直，不知上下高低。他到北京後非常懂事，談到政治也很慎重。結果所有的同事，不管是特別前進的人，或是思想落伍的人，從老解放區的人，或是在國民黨政府做過事的人都跟他搞得來，大家都非常喜歡他，愛護他。左小姐[32]最近跟我說過一句話，我覺得很對，她說她這一生什麼事都看過，她從經驗裏知道，一個老實人在論何環境裏，就是在國民黨那種環境，頂多是常吃點小虧，無論如何不會出事的。所以這次德威離開我，沒有什麼地方使我不放心地。希望朝鮮事早早結束，我們三人可以早早在一起。

敬禮！

德蘭上 十一月二十六 (1950 年)

熊德輗信札之一
（1950 年 12 月 5 日）

父母親大人：

我一號早上就到了北京，在香港住了三晚，在廣州住了兩晚，在漢口住了兩晚，離開英國一共走了四十一天。

……

老姐到了車站來接我。她還是根從前一個樣子，一點也沒有老。精神身體比從前好多了，跳上跳下。她的房子可就亂得可怕，就是我不大講這一套的都看得吃了一驚。據說因為我來還整理了一下。本來

32 即左明徽女士。

亂得更不可想像。我本來說想幫她 tidy up[33] 一下，現在看看知道這不是那麼樣容易地事。

……

還有一件事姆媽聽了應該鬆一口氣的，就是老姐的男朋友特別的多。因為弟弟來了，她都把他們趕走了。我怕媽媽將來要怪得我一頭的疱，所以我還是要她搬回學校去。小舅子都是可怕的，我想起來從前在牛津的時候，想追老姐的人看見我和老哥就頭痛。這兩年來，她的成績不壞，因為沒有兩個老仗，也沒有兩個小舅子在旁邊。不過你們不要怕，不要覺得老姐變成了見男的就倒的。她想要男朋友的時候就要，想工作的時候就把他們趕得廿四里以外去了。

老姐對我可是就很嚴了，我和她在路上走時，她要我目不斜視，生怕我看女孩子。其實這裏的女孩子並不好看，這也許是我沒有看慣的緣故。

……

兒 輗 十二月五日（1950 年）

33　英文「清理、整理」的意思。

熊德輗信札之二
（1951 年 1 月 3 日）

父母親大人：

又有好些日子沒有寫信了，我想你們一定在掛念。日子過得真太快了，不覺得我已到了一個來月。

……

我大約還是到外語學校去教書，輔仁要等到暑假後才能要我去，我當然不能等那麼樣久。外語學校非常地要人。初大告寫過信給老姐，說想我去那裏。我昨天去談了一下，大約不會有什麼問題，現在只等我寫個自傳。我想想到外語學校也好。雖然會比別的學校忙，錢也會比別的學校少，不過比起在別的機關做事還是舒服多了。外語學校也等於是一半政府機關，將來大學要有什麼變動的話，還是在外語學校最好。

……

還有一件事姆媽更不應該急的就是老姐的婚姻。我上一封信說了，老姐的男朋友多得很，她想嫁的話早就會嫁了。這還要託人更是笑話。造成一種空氣好像是老姐嫁不出，家裏都在急，這對老姐反而不好。馬馬虎虎就嫁一個人我也不贊成，老姐是有分寸的。

現在除了老哥不在一起，我們掛念家裏，這兩點以外，我們真是過得很快活。我們只希望姆媽爹爹不要掛念我們，不要每天到晚只想到我們，希望你們能把那種關心、愛護、照顧，現在遺到海、達、萁身上。我們因為從前得到了這些，現在都能在社會上獨立了。現在是他們真正需要你們的愛護了。尤其是海、達，你們丟開過這麼最要緊的幾年。這是我們真心的話。我們只希望你們還是可以和我們從前一樣的快樂！

兒　輗　一月三日（1951 年）

熊德輗信札之三
（1951 年 1 月 4 日）

德海、德達：

離英國後一直就沒有寫過信給你們，不過我是非常想念你們的。在英國時跟你們一起真是太快活了，使我更可惜戰時這麼多年不能在一起。這次的分離也使我很難過，老姐雖然這次沒有見到你們，也很想念你們，不知幾時你們才能回到祖國，跟我們一起。

……

細哥哥[34] 一月四日（1951 年）

熊德蘭信札之十
（1951 年 2 月）

德海：

剛接到你的來信，關於家裏的事，就更知道一些，你以後寫信給我們不用覺得這是一個責任，到了一個時期非辦不可的事。其實我希望你如有事就寫，無事上年不寫我都不會怪你的，我知道你就是不來信也不會忘記我們的，因為我們總是想你們，就是懶寫信。

老哥[35] 從東北來了幾封很短的信，這位老兄從來都不寫長信的，他在那裏不叫冷，吃得好，下班有好多時間看書，所以很快活，並且

34 南昌話，小哥哥的意思，即熊德輗。

35 南昌話，大哥的意思，即熊德威。

覺得中文會有進步。細哥哥已經去外語學校上課了，薪水約我的四分之三。他一人是絕對用不完的。老哥的薪水現在每月全部寄回南昌。這是他文化部的原薪，在東北他不需要用，就是他回來後我們有三個人進錢，每月還是可以寄錢回家。對我們絕對不是一種負擔，所以從此以後你們不用掛記祖父、乾娘[36]，也不用覺得我們在省錢寄回家。

細哥哥回國後算玩夠了 —— 可能他還覺得不夠 —— 每天早晨十一點左右起牀，一會兒就吃中飯，下午溜冰，晚上看小說，跟小孩們玩玩，一天一天地就這樣過去了。這樣的生活我同老哥最多可以這樣過一兩天，再不做一點事就活不下去，你想必是跟我們差不多。德達這個地方一定像細哥哥。小莧呢？那我就不知道。現在細哥哥在外語學校工作，就不能這樣過少爺生活了。輔仁要到暑假才要新人，所以他去外語學校。這也好，輔仁是少爺小姐學校，細哥哥在那裏多教幾年，更不像人了。外語學校有一個教員伙食團吃得很好。還有一個飯館，可以隨時去大吃一頓肉。這學校離萬壽山不遠，離燕大也很近，所以他冬天好溜冰，夏天好游泳。這一來真樂得！

我時常跟朋友談到你，一個十四年沒有見過面的妹妹，我從中學畢業後就感覺到要有一個跟我年歲差得不太遠的姊妹在身邊是多麼好。莧太小，許多事談不來，好朋友雖然有，總不能和親姊妹相比。老哥到後談到你，細哥哥回來又談到，南昌親戚朋友也談到你。尤其是你的同學們，所以我相信我已經好像是沒有離開你這樣多年似的認識你了。可惜你在英國正開始讀書，要不能我就會要你早早來北京，跟我們一齊生活。所以我告訴你我時常想念你。你應該知道這絕對不是一句假熱情話。從你的信裏，我也可以多了解一點你的性格。我相信你是和母親一樣的重感情，體念別人，不管你外表、舉動如何，你

36 即章家女，熊家子女及後代與其感情深厚，並為其養老送終。

的內心是很女性的。你的信裏總是同情母親如何掛記我們，恨自己沒有能力安慰她老人家，並且永不忘記乾娘，這都使我非常感動。父母親來信說你很用功，所有認識你的人都這樣說。有耐心，不怕吃苦，這些地方你像老哥。膽大、有魄力像父親。幽默、快樂像細哥哥，聽說你也有缺點：心粗，這像我。有一次我差一點把一個三層放點心的玻璃架打在一位八十多歲的老頭子的光頂頭上 —— 他們講過這件事給你聽嗎？好在這架子落在他頭旁邊，如果落在他頭上，就要買棺材了。據說你不容易忍氣，這也像我，我在家的時候常和父親有衝突，現在回想，大可不必。家是父親母親的，就是覺得他們老人家無理，或冤枉了我們，這算什麼呢？實在是肚量太狹。我們這樣大了，和父母同住不了幾年，就要各走其路，那時候想孝敬雙親都不能，我後悔我從前看不開，生過一些不應該而不值得生的氣。可能你這地方比我好多了。還有一點你也像我，志願太大，自尊心太強，怕別人看不起我們而希望將來做巨大的事業、相當重要的事業。你想做醫生，我想做電影編劇導演家（不是好萊塢那一流的片子）。這都可算是野心，我們的目標和我們的能力可能差得很遠，結果我們恨自己的智力差。其實是眼光太高，把個人看得太重要了。志願是應該有的，不過非達到理想的志願不可上現在所謂的「個人英雄主義」，只想到自己，沒有想到社會。如果每人盡其所能，就是當清道夫，也是一種為社會服務的光榮事業。

……

姐 二月（1951 年）

熊德輗信札之四
（1951 年 10 月 15 日）

父母親大人：

……

母親的小說寫得如何？是不是快完了？我現在看小說的機會都很少，更談不上寫小說。這到不是我真正忙到那一個地步，只是生活還是有點亂，抓不緊時間，也許將來我也會寫小說的，因為可寫的材料在慢慢地多起來。當然這還不知道是哪一天的事！老姐本來預備在暑假寫她的老小說，結果只寫了幾天。《牛天賜》[37] 是不是已經出版了？本來是說五月出的，後來一直你們都沒有提過。要是已經出版了的話，希望你們可以寄一本來給我看看，和告訴我賣得怎樣和批評如何。我很想知道。

游泳的時期已過去了，今年的收穫不大。我沒有練長游，因為沒有牛津那一樣的河，就是練好了也沒有 English Channel[38] 給我去游。老姐更沒有用，還是不會，只能游五六下，頭也抬不起，手腳紛亂，技術更談不上，真是丟人！

聽你們的口氣好像是我的女朋友太多而不寫信，其實哪裏有那麼好的事！這個年頭女的都要去革命，哪有功夫來應酬男朋友，尤其我這種落後的留學生，現在是最不吃香的了。看來我也要做一個 Chrussachi[39] 第二！許淵沖 [40] 為得這點非常地着急。上個學期他追一個

---

37 老舍先生的小說《牛天賜傳》，由熊德輗譯成英文 *Heavensent*，1951 年在英國出版。

38 英吉利海峽。

39 克羅沙基先生（Mr. Chrussachi），一位希臘哲學家，原逸伏盧房東的朋友，終身未婚，一直借住於逸伏盧花園洋房一隅；熊家搬去後沒幾年，他因病去世，其寵物貓由熊家收養，即《海外花實》中的黑貓「匹可」（英文名 pickles）。

40 即許淵沖先生，著名翻譯家，回國初期曾與熊德輗同在北京外國語學校任教。

女學生，結果受批評。據他講他並沒有追人家，而是人家常來找他。不管怎樣，結果又沒有成功，又受了批評。他馬上也要去土改了，他是去西南。我本來也很想去，結果沒有被選上。

楊雲慧帶安東[41] 回到北京，前些時候見到她一次。她說她來以前沒有通知任何朋友，所以也就沒有去找你們。她現在在一個電影局工作。

……

兒　輗上

1951 · 10 · 15

編者按：由熊德輗譯成英文的 *Heavensent*（老舍所著《牛天賜傳》），1951 年由英國 Dent & Sons 書局用舒舍予原名首次出版（1986 年由香港三聯書店再版）。可以看到，作為譯者，熊德輗對該書的出版狀況非常關心。

41 郭安東，郭有守和楊雲慧的次子。

熊德蘭信札之十一
（1952 年 1 月 27 日）

父母親大人：

十二月底的信還沒有發出，前天又接到十二月二十七日信，母親問我們六個問題，現在一一答覆：—— 我沒有請阿媽，因為太不需要，衣服可以送到學校裏有人洗，自己做飯不但不麻煩，吃得也合胃口，週末德輗進城時，總是請同事或朋友來我們家吃飯。有時煮一大鍋肉和雞讓他們來吃，很省事。有時他們自帶菜來自己做得吃。牛奶我天天吃，您們託人帶來的魚肝油去年吃了一個時期，最近因為身體好得可怕，不只是不需要吃，實在是不敢吃，怕吃了要飛牆走壁。母親不要覺得德威、德輗是「假胖子」，游泳時人家看見他們身上的肌肉，沒有不贊美的。今年冬初北京有流性感冒，得了要發燒好幾天，大家都打 Penicillin[42]，好些認識的人都得了，就是張振先「運動大家」也得過。可是您們兩個寶貝兒女就一直沒有傳染到，今年我們連傷風都沒有傷過一次。德威說得對：「母親總覺得自己的孩子聰明，可是身體不好，別人的孩子們總是笨，但是身體好。」其實我們回國後發現事實完全相反，我們中國人一般智慧都很高，身體如我們這樣的在知識分子圈子裏找不出幾個來。Penicillin 在中國算是一種非常普通的藥，我們接來信聽您們大談此藥，不免笑你們英國「鄉下人」大驚小怪。

公公和乾娘去年今年一直用的是德威的北京薪水，是我們三個人都不需要的錢。前些時我和德輗都加了薪，用不完的錢只好放在銀行

42 盤尼西林的英文名稱。

裏，一大筆，不知怎樣辦。最近南昌要錢補義校女學[43]老契，交錢給政府後還會退回來一些，故乾娘寫信來問我們借。她還覺得對我們不起，不是實在沒有法子也不會來信問我們。因為她平常來信總是說要我們多吃一些，多享受一些。最近的一封信說希望以後德威的薪水不再寄南昌，留下給德威將來結婚用。我們聽了大笑，並不是笑德威結婚，我們覺得結婚倒是應該的，笑的是乾娘老人家不知現在年青人結婚半個錢也不用花，都是請幾個熟朋友吃點糖果就是，所有的青年女子是知識分子都工作，有小孩向託兒所一送，所以年青人要成家並不是要多花錢的一件事，可見得一代和一代大有不同。

德威常有信來，但是老是幾行字，他很想看家裏的照片，所以希望您們有的話寄些來。他寫信老是沒話說，可見得他還是個孩子，不比老人，一提筆就有好多話說，我現在寫信也好像話說不完，回想從前要寫信也是想不起說 什麼。如果德海、德達不大願常寫信給我們，請您們不要總叫他們寫，因為我們知道不接他們的信並不是表示他們對我們沒有感情。我們三個人和他們倆個人在一塊的時候太短，來往信也不一定有那麼多話說。當然他們的來信我們十分歡迎，不過希望他們不要把寫信給我們當着一個責任。

……

德蘭上　舊曆元旦　(1952. 1. 27)

43　蔡敬襄先生在南昌主辦的義務女校舊址。

熊德輗信札之五（熊德蘭附）（1952年5月2日）

父母親大人：

快有半年沒有寫信了吧？說起來又是幾句老話——太忙，太懶……忙的時候就想到要寫信，忙完了就想到要休息，要玩。這是我的老毛病，很慚愧地說，三反運動以後這毛病還沒有完全改。

……

德海的問題我已經和老姐談過好幾次。接到姆媽和德海的信，我們都很高興。我們的意見是既然你們都同意我們的建議，德海自己又願意回來，那麼還是今年回來最好，不必再等一年。能夠多學一年的英文當然只是有益無害，不過從目前的情況來說，還是早回來一年多好處更大。德海現在英文的程度，學醫是足夠了。現在除了外文，所有的課門都是用中文講，中文考。現在比不得從前，樣樣都要用英文，並且只要懂英文就吃香。德海回來不必關心英文不夠，就怕反要怕中文不夠。協和的很多教授，為得現在要用中文上課，很多專名詞不知道，講不出來，急得要命。要花很多時間去準備。回來不馬上進大學也好。補習一年的益處是很大的。一方面可以從容一點，底子好一點將來學得更好。另一方面來說這一年不只是補功課，德海回來可以看到祖國的新氣象，可以了解新社會，可以學習不少的東西。在祖國來看新的祖國到底是和在外國看不同。並且在這裏補習的話對入學更方便。所以我們還是贊成德海考完了 General Certificate[44] 就馬上回

44　英國的普通專科證書。

來，也不必等考試的結果，能考取幾樣就算幾樣，沒有關係。等發表了再寄 Certificate[45] 來。

……

德海來了這裏以後，你們千萬不要覺得好像我們增加了一個什麼負擔。增加一兩個人真是談不上什麼負擔。德海也不必要感謝我們。這個反而使我們吃不消。我們真的很想她來，我們考慮的也只是，第一，她自己想不想來。第二，你們同不同意她來。第三，路費是不是可以寄去。我們根本沒有想到負擔問題，因為這問題根本不存在。我們也沒有想到德海能不能入牛津大學問題，因為就是德海可以進牛津我們也想她回來。我們覺得一個中國的青年應該在祖國受教育。協和、北大等等地方的醫學並不比外國的差，尤其現在的教育絕對不會折爛污，也不會學些沒有用的東西，或鑽牛角尖。現在一切都是從實際出發，從工作出發，絕對不會浪費時間，浪費精力。我們也不是只想德海一個人回來。要等到一天我們全家都回到了祖國，我們心裏才不會有任何負擔。不過我們覺得這樣等待下去不是道理，所以決定一個個的把你們接回來，並且決定馬上行動起來。其實我們最擔心的還是小荑，但是我們也知道先把小荑一個人接回來是不可能的，那至少也要同姆媽一起回來，所以我們覺得那還是做後一步的計劃，頭一步還是把德海先接回來。

德輗　上

德輗寫到這兒就出城回學校去了，我接上寫吧。我們贊成德海今年回國來比明年回來好主要是因為考大學所有的科學名詞都要用中文，德海可能沒有學過中文的，只學過英文的。回來補習是很必要

45　英文「證書」的意思。

的。路費的事德輗已說了。崔家的錢讓我們在中國還，這樣比請求外匯方便多了，所以請千萬不要寄錢給他們。我們很希望您們多知道人民民主國家的情況，我們信裏也說不了那麼多。《人民日報》聽說牛津學生會是有的，除此以外還看得見其他的報紙件和雜誌，或是新文藝書嗎？我真希望家裏今後看報最好訂 *Daily Worker*[46]。從前我們以為這報是所謂「共產黨宣傳」，現在事實證明了此報登載的是真理。從它您們才看得到一些關於中國的正確消息。同時我們也很想您們多接近真正的進步人，或是左派的工作者或是作者（例如 Priestley[47] 之流不能算是真正的左派）。

……

德蘭上 五月二日（1952 年）

46 英國《勞工日報》。

47 约翰·博因顿·普里斯特利，英國小說家、批評家、戏劇家。

熊德輗信札之六（1952 年 10 月 14 日）

父母親大人：

南昌一切都還好。公公的身體非常地健康，雖然人有點老糊塗了。我初去時他老是叫我做德威，過了好幾天才搞清楚我是誰。他睡得好，吃得多，所以身體好。乾娘也很好。她現在年紀大了，我們希望她不要過勞。但是她一生克苦慣了，現在還不肯好好休息，吃得也很節省。她一生就是為我們家裏操心。

……

北大、清華、燕京、師大、輔仁的外文系都合併到新北大了。現在師大沒有了外文系，老姐現在調到外交部工作，還是教英文，薪水還是一樣。她最近在和大工作，到廣州去了一個時候。老哥因為工作積極，立了一個二等功。這是相當了不起的東西，等於打下兩架飛機。等德海回來時他可能請假回來一次。

……

公公的書已經捐給文教廳了。爹爹的書還在南昌，保存得很好。師大英文系已經沒有了，帶到北京也不容易。以後再談吧！

兒　德輗上　　十月十四日　（1952 年）

編者按：據此可見，蔡敬襄的藏書是 1952 年 10 月捐給江西省文教廳的，但他當時並沒有去世。現在的公開信息把蔡敬襄的逝世日期都錯誤地寫成 1952 年 10 月，很有可能是基於記錄在檔的捐書日期。

熊德輗信札之七
（1952 年 11 月 30 日）

父母親大人：

今天在城裏看見姆媽的信，知道德海已定了十二月十二日的船。今晚已經是三十日了，不知道這封信是否可以趕上。

姆媽的書我們都收到了。我是晚飯時收到的，當晚就把他看完了，一直看到十二點鐘。結果還要準備功課，所以那天一直到兩點才睡。我和老姐都覺得好笑，因為姆媽把我們都說得太好了！我想認識我們的人看了一定會生氣的。

我們北長街的房子已經沒有了。老姐現在住在外交部。所以以後的信一齊寄給我最方便。

姆媽的書現在看見了，但是《牛天賜》為什麼一直沒有寄來？學校很多人都問過，因為我的簡歷上寫過我曾譯過這本書。要來得及的話希望德海可以帶一本來。

……

兒　輗　十一月三十日晚　（1952 年）

熊德海信札之一（熊德蘭附）（1953 年 2 月 16 日）

雙親大人：

因為這時候我在老姐房裏等老姐回來，便在她的亂櫥子裏找出了三張縐得很利害的，也是在此唯一所能找到的白紙，來寫信給你們。今天是星期六，前天我看見她時，她說她預備這個星期天給你們寫信。

我時時刻刻覺得有很多好消息和你們喜歡聽的事要告訴你們，但辦不到身上帶筆記的習慣，正式坐下來寫又不知從何談起——

先說老哥。他在那裏很好，雖然沒有工夫回來跟妹子玩，但他及時寄了一張照片給我們同看。現在你們多看幾眼吧！你可以看得出他現在是多麼的愉快和有精神。他的獎狀還掛在老姐的房裏，我看到了，還有老姐的許多朋友都看到了。因為當她的朋友問到她究竟有幾個弟弟在中國，她便指着那獎狀說：「那是我的大弟弟，還有一個在外語學校，天天罵得我要命。」

真的，細哥哥每次進城來都要給她開玩笑說她不大方，不肯請他大吃，甚至從來都沒有吃飽過。還有他抱怨她管得他太嚴，同他出去時老是要他目不斜視。他這次看見我時並沒有在英國時我看見他那樣怕生，油黑，也不亂吃了。平時吃得和我差不多多。不過上星期日他在老姐這裏自己炒了一盤皮蛋炒肉碎，於是又大吃起來。

德海

德海沒有寫完這封信就到學校去。她現在住在華僑補習學校，離我不近，所以星期六和星期日來我這裏玩。她對新中國的一切都感到興奮，一天到晚不停地笑，我們叫她做「快樂女神」。她和我的朋友們和同事們都非常搞得來，一見面就好像是多年不見得老朋友似的。他們對她的印象也很好。

今年過舊曆年（現在叫春節）我放假四天，今天是初三，已經玩了三天整整的，每天還要出城玩一天。我們帶德海看電影看戲。她來了後不知道一共有多少人來找我，看我新從英國回來的妹妹。她穿的是我的棉幹部服，人家都說像我。

……

德蘭　上

二月，十六日（1953 年）

媽媽二月二日的信是今天早上接到的，可惜前兩星期我們沒有趕寫第二封信，害得媽媽又要望好幾個特別長的星期。

德海

附文（英譯中）：我親愛的 E，非常非常感謝你可愛的來信！再見，愛你的細細 XXX[48]。另外，大姐姐在這封信中說的關於我的內容，多少有點誇張了。

48 英文信札中親吻的縮寫。

熊德蘭信札之十二
（1953 年 6 月 27 日）

父母親大人：

我今年暑假休假十二天回南昌來一趟，路上走了三天兩夜就到了，真算是快。

公公今年要算是七十七歲（南昌算法），實在是高壽。他現在一天到晚睡在牀上休息，看見我來了很快樂，可是不能說什麼話。公公很喜歡小孩子們，這裏小孩子很多，他們也很喜歡在公公身邊玩。公公每天很快活，心情非常安靜，雖然不說話，總是微笑，我希望我們大家老了的時候，都和公公這樣安樂，老年人活着應該是這樣的。我們相信公公將來要去世的時候，也會很安靜地，如睡覺似的開始他的長久休息。

乾娘照顧公公非常細心，所以公公四年來一直沒有生過任何病，現在只是衰老，因為年紀實在不小。

……

乾娘身體還不壞，我們打算公公百年之後叫她去北京去和我們住。敬祝

安樂

德蘭上 六月廿七日（1953 年）[49]

編者按：根據修改筆跡和郵戳判斷，這封信極可能是七月一日晚寫成，但未及郵寄，第二天一早蔡敬襄老先生就去世了，可能因為還不想馬上向母親發訃告，德蘭故意將日期改早幾天，於 7 月 3 日投遞寄出。

---

49 原筆跡為七月一日。原信封正面郵戳：江西南昌 五三年七月三日廿一。

熊德蘭信札之十三
（1953年8月10日）

父母親大人：

暑期回了南昌一趟上封信已談到，關於公公晚年的情況也談了些。這次我回去是乾娘和南昌同住的親戚和朋友的意思，他們看見公公雖然沒有病，但是越來越衰老，等到公公衰老得非睡在牀上不可，並且頭腦越來越不清楚的時候，他們就來了一個電報，叫我和德輗趕快回去一趟。當時德輗的學校正在考試和編教材，所以他覺得最好我去一下。我的工作本來也是不容易放下來的，我在這裏除教兩班學生以外，還負責一個教學研究小組，但經過我把這件事和領導一談，領導也同意我丟下工作回家一趟。

等我到了南昌公公已經不能說話了，可是和他說話他還懂，我相信他知道我回到他老人家身邊了一定很高興。那時候他已經不能吃東西，只能喝一些液體的東西。我看見乾娘照顧公公那樣細心，親戚朋友們和公公的學生如郭老師、胡老師等等都是那樣關心，他們過一兩天就來看公公一次。我感覺到公公在他一生最後的階段，雖然自己的子孫不能都在身旁，但是有這樣多的人來關心和愛護他，可算真正的所謂有福氣，不辜負他一生對社會的貢獻。

我到後眼看見公公的身體和知覺一天比一天差，等我到的第五天，七月二日，公公在早晨七時左右去世了。公公在最後的幾天中，並沒有遭受到一個病人臨死時的痛苦，公公的死逝只不過是一個老人的長眠而已。第二天就出殯，送殯的人很多。

我們打算在北京找到房子後就接乾娘來住，南昌的房子不容易賣掉，如果萬一賣出去就把錢寄給德達做路費回國來升學。我想這樣辦您們一定同意。因為南昌到處在造新房子，所以舊房子沒有人要買，所以賣去房子的希望特別小。有空請去信給四珠叔，孟右表母舅等等感謝他們對公公在生的照顧，和安葬時給我的幫助。祝健康。

德蘭上　八，十（1953年）

編者按：據此可見，蔡敬襄先生的逝世日期應為1953年7月2日，而不是1952年10月（藏書捐贈日期）。這封信上端有明顯的水漬，很有可能是蔡岱梅讀信時流下的淚痕。

熊德海信札之二
（1953年8月28日）

雙親大人：

……

公公逝世的消息，大概老姐已告訴了你們，那時我正在忙着考，沒有寫信來安慰你們。他老人家的逝世的確是仙逸，一點痛苦也沒有。當他知道大姐姐在他身邊送終時，面上還飽含着笑容。大姐姐當初怕我難過，一直不肯告訴我。當她經過上海回北京去時，特地到上海中學來看我。才把經過的情形，像講神話般的告訴了我。相反的，我真為公公而高兴，他的長外孫女已在短短的三天之內，替他順利地辦好了一切後事。所以，母親大人也不要太難過。就是你在這兒的話，也不過只能做到這些。大姐姐就是你的代表。也許你要說多年不在他身邊也是遺憾。而我連剛回國經過南昌去看他老人家的機會也輕易地放過了哩！這些追悔都是無濟於事的，待我到南昌後再告訴你們一些詳細情況吧。

……

兒　德海謹上　28日（1953年8月）

熊德威明信片
（1954 年 1 月 27 日）

明信片

老姐：一月四日的信昨天才收到，今日已經寫信到南昌去了。德輗到南昌去是不是準備把乾娘接到北京來？德海在東北師範進的是哪一系？你們是不是經常寄一些報紙雜誌到牛津去？假如沒有，希望德海今後可以注意每個月寄一些去，特別是一些關於祖國在建設的刊物。下一次寫信到牛津時記得替我提醒德荑不要一個人在河裏游水。水底下常有看不見的蘆葦絆腳。從前我有好幾次差一點送掉了命。

德威 一月二十七日　(1954 年)

編者按：這張明信片應該是由德蘭託德輗轉寄到了英國牛津。

熊德輗信札之八
（1955 年 3 月 13 日）

母親大人：

……

關於我們婚姻問題，不知老姐信上說了些什麼。我們有時也談談這問題。我看主要的問題就是老姐沒有找到她喜歡的人。她是不願意馬馬虎虎就結婚的。可能她是太理想了，但這旁人勸是沒有用的，只能等她自己思想上現實點才行。做母親的關心兒女婚姻大事是很自然地，並不是俗氣，所以姆媽有話不必放在心裏，寫信時有什麼說什麼，就是不起積極作用也不會起反作用的。姆媽說老姐主要是homesick[50]，我覺得這並不是原因，就是那時全家回來了，只要老姐思想上沒有解決問題，問題還是解決不了的。姆媽悔先讓她回了國，這是不實際的。兒女成年了，一定是想獨立的，這並不是說不喜歡家。姆媽是太喜歡我們了，只想用棉花把我們包到老。我看姆媽對小葉也是有點這樣，做母親的是自己看不清的，我們的朋友都可以看得出來。我記得小葉很大了姆媽都不許她游泳，騎自行車，並且每天早上為了要小葉穿什麼衣服，總是鬧得不愉快。上次老姐也談到，她小時候為了穿衣服的事和姆媽鬧。有一次她到Hitchin[51]去拉violin[52]，姆媽一定要她穿旗袍，弄得她哭了！她說，一個女孩不要看她小，她的心裏比大人還要敏感，最怕的就是旁的女孩看她或笑話她，所以她的印象特別得深。

……

德輗　三月十三日　（1955年）

50　英文「想家」的意思。

51　希欽，英國地名。

52　英文「小提琴」的意思。

熊德蘭信札之十四
（1956年9月9日）

母親大人，

我和德輗都碰到一起有一時期沒寫信給您了，我以為他寫了，他可能也是以為我寫了，這次我們兩人同寫，就不至於出問題了。

……

這次我們在中國的兄弟姊妹大團圓，尤其是加了一個「新媳婦」[53]，大家特別高兴。特別是我感覺快樂。我頗有一家之主的感覺，因此這次照像我和老哥都照得格外好。德輗平常照像總是照得比他本人好看幾十倍，這次可比不上老哥老姐了，他說：「不得了，媽媽最不喜歡看我笑得嘴巴向一邊斜，這次照壞了！」那天晚上我們五個人都睡在我在外交部附近找到的一間很大的房子裏。德海和惠真睡一大地鋪，德威和德輗也同睡另一雙人地鋪，我這「一家之主」就洋洋得意睡在牀上。五個人又談又笑不想睡覺，好在我們的「新媳婦」是個醫生，她說：「十點半後一定要睡，否則影響身體健康！」她平常把德輗當病人一樣照顧，晚上睡前一定要他漱口，刷牙，洗這裏洗那裏。還要在牀上做運動，第二天早晨又做早晨的運動，還要吃您最喜歡的維他命子若干粒，總言之，生活非常有條理，現在德輗胖得像豬一條，讓老婆管得咪咪笑的。特此向母親大人報告，敬祝您也

身體健康！

德蘭　上　九，九（1956年）

編者按：這張珍貴的五人合影，可充分展現他們當時的精神面貌。請見本書191頁。

53　即萬惠真醫生，她與熊德輗於1956年3月底在北京結婚。

熊德蘭信札之十五
（1958年10月11日）

母親大人，

最近德威結婚後來北京住了幾天（八月間），他們當時就寫了信向您和父親報喜，但是那時因為父親說要回國，所以就把信先寄到香港去了，想必父親忘了轉給您。那封信裏還有他們結婚前的照片和我從鄉下回來後給您們寫的一封短信，想必都沒轉去。沒有關係，您不必再寫信問父親要，他可能現在找不到了。信上沒有說什麼要緊的事，只是談了談德威結婚的消息，而您現在已經知道這事了。

我現在想和您談一件重要的事，就是：您是否願意不久就回國來？回來走一趟也好，回來住下去也好，總之，只要您願意回來，那我們比什麼也高兴，旅費不成問題，只要您決定日期來，我立刻寄上。您知道，我的錢不是省下來的，而是實在用不完，人家開玩笑說我是個「資本家」！

您回來走一趟呢，還是住下來呢？這完全由您決定。我的意見是最好回國住下來，以後要想看小莢，就再到英國去看她，或讓她暑假回國來玩一會兒。有一點我們原來沒有想開，好像出國，回國是天難的事，一別十幾年，您流了多少次眼淚，其實現在小莢大了，可以和其他中學畢業生一樣獨立生活，用不着每天有一個媽媽照顧着她。同時牛津現在也沒有一個一定需要您照管的幾口之家。你一個人想出國回國，或小莢一人出國回國，旅費都不成問題，我和德威每年買公債的錢，可供一人每年買兩三張船票，我一年薪金兩千多元，怎樣用也用不完一半，所以現在誰願回國、出國，旅費不是問題。

現在唯一的問題是您是否下決心，是否認為小莢沒有媽媽在身旁就不能生活？還是覺得牛津那個「家」如果取消，您心中就會「空一塊」？這都是我瞎猜。您原來有一种邏輯，就是：如果大家都回國，父親一個人在國外，他可能不會想回國，但是如果國外還有個家，他反而會想回國。這就是您當時（小蕙準備考大學以前）決定不回國來的理由，我一直不明白這個道理。現在事實已證明沒有這道理。雖然國外還有個「家」，但是父親還是願意過「老山哥」的生活，因此我勸您還是想開，不管父親他老人家想回國也好，不想回國也好，您的家應該在祖國。您的兒孫成羣的地方就是您的家。

……

我記得不久以前有一次我和德輗對惠真談話，是這樣介紹您的性格的：我和德輗都覺得您看起來好像膽小，但是很果斷，我回國，和德海回國，都是您決定的，如果我們這幾個大孩子都沒有回國，現在還拖在英國的話，即使能找到什麼工作，在那裏生活真沒有意思！現在我們希望您再一次考慮。當然，是否現在回來完全由您決定。按我的理想（供您參考），您最好不要等小蕙考取大學後再開始做回國準備。不論小蕙今年考取大學也好，考不取也好，您一心一意回國。家裏的東西早早地賣光，輕鬆回國，不要準備什麼禮品給親戚朋友，現在不時興送禮了（除結婚以外）。以後您每隔一、兩年去英國看小蕙時，就如牛津學生的父母一樣，住 boarding house[54]，或旅館。這事您當然會和父親先商量，但不管父親的意見如何，您自己應該有個主見。我知道父親就是不願賣掉自己的東西的人，但是您不能永遠在國外看管家裏的東西，或是單單為了照顧一個完全可住 digs[55]，或住校的女兒。爹爹一人在香港過得很習慣，不大想英國的「家」，就是回牛津，也可能是不得已，為了照顧您的情感而已，因此您何必老住在英

54 英文「提供食宿的寄宿住所」的意思。

55 英文「租住的住所」的意思。

國等他回「家」。男人和女人不一樣，他有他的事業，他的兴趣，「家」在他的心中不佔很大的位置。做母親的人當然不同，重感情，因為「家」就是她的一切。年老了的主婦一般來說，一切為了兒孫，這都是人之常情。我現在想起來，我們家所謂「分散」主要原因不是因為有人在國內和國外（現在交通很方便，許多家兒女大了，也在各地工作），而是因為母親這個中心放錯了地方。您如果在北京，父親回國來看您也要方便多了，起碼旅費也要省很多，您的所有兒女都能來北京看您，你高兴去找誰就一人旅行去找誰。

……

祝您身體好。

蘭兒　十一，十（1958 年）

編者按：這是熊家檔案中最後一封子女勸母親回國的家書。

熊德威信札之二
（1981 年春節前夕）

母親大人：

有 20 多年沒有給你寫信了，罪該萬死。

我去年夏天轉業，當了老百姓，現在在「中國日報」（*China Daily*）工作。報紙還處於籌備階段，計劃今年 5 月份正式出版。好不容易離開了軍隊。我原來當兵是為了打仗，本來想回到文化部去，但是軍隊不讓我走，一呆就是 30 年。現在當了老百姓，自由多了，可以給你寫信了，並且假如有機會，還可以到英國去看你老人家了。

China Daily 有可能在今年或明年派我出國去學習、考察、報道新聞等，那就太好了。當然也可能不派我去。我目前在報紙的社論版工作，主要是把人民日報和其他中文報紙的某些社論或評論譯成英文。由於在軍隊呆了 30 年，英文不太會說了，寫起來也困難不少。中文沒有學好，英文又忘了不少，這可能是我的悲劇，但我有信心克服困難。

假如不能公費出國，我准備明年或後年請假自費去看你老人家。我說自費，就是我自己的錢，絕不要你老人家或德 E 和父親的錢。我現在利用業餘時間搞翻譯，一兩年後可以儲蓄足夠的錢買來回票，不要你老人家操心，也希望你老人家以後不要給我和我的老婆孩子們寄錢寄東西了。國外生活費用高，你的養老金也不多，現在熊心在你那裏讀書，你的手頭上不會太寬裕的。可憐天下父母心。你可能比我的老婆和孩子們更了解我的心情和脾氣。

……

Mr. Rowland[56] 是英國 Thomson Foundation[57] 的訓練新聞寫作和編輯人員的教員組負責人。他和其他兩位英國教員到中國來訓練我們這些外行怎樣搞新聞工作。他現在提前回國處理私事。他說他願意為我給你帶信。

你去中國駐英大使館，大使對你說「我是你大女兒的學生」，工作人員對你說「我是你二兒子的學生」你聽後心裏美滋滋的。你的大兒子是 black sheep of the family[58]，過去從來沒有人說見到過他，他怎麼樣。現在突然有人給你帶信，說「我是你大兒子的老師！」可以說是別有風味。

暫寫到此，祝你

一切平安

你的兒子

德威　春節前夕（1981 年）

56 羅蘭德先生。

57 湯姆森基金會。

58 英文「不肖之子，或家族中另類」的意思。

熊家孫輩家書摘選

傅一民信札
（1986 年 6 月 21）

親愛的姥姥：

您好！進入八六年還一直沒給您寫過信，不知您近況如何，身體好嗎？甚念。

三月份的時候我曾到大姨家裏去過兩次，她精神好極了。當時正籌拍一部電視片，由她自編自導，可惜後來因故停機，她也就一下跑得不知去向，我們全都找她不到。五月初聽說在杭州，現在又聽說去了昆明。所以這次小姨來，二舅雖去信通知，已是鞭長莫及，未能見到。

小姨來後，二舅即寫信告訴了我，上個星期六晚上，我們在二舅家初次見面，因為我已經在照片上多次見到過小姨，所以一點也不感到陌生，交談起來也很自然。小姨很健談，那天晚上我們聽她講了好多熊家的故事，尤其是我，很多都是初次聽到，頗感新奇。不知道將來能否有機會把這些好玩的事都寫出來。

可巧第二天我哥哥小鋼出差到北京，去我學校沒找到人，便到了二舅家，我們大家聚面，煞是熱鬧。當晚小姨還請二舅媽、熊堅和我們兄妹在她住的建國飯店吃了晚飯。星期二下午我領哥哥去大舅家，二舅和小姨已早到，又是一大家子人。後來時間不早，合過影後小姨就起身告辭了，因為她第二天一早就要飛香港。留下哥哥陪大舅下棋，我和二舅、小姨一起走了。

這次我真高興能見到小姨，她待人和氣，說話慢慢地，總之我很喜歡她，就像喜歡大姨、大舅、二舅一樣。

……

大舅的身體看起來比冬天時好一些，他一再說要去鄉下種地，目前還只能在窗前種幾排蔥。

……

謹祝　安好！

外孫女　小民[59]　八六年六月廿一日

熊偉信札
（1987 年 2 月 9）

祖父大人尊前：

我本該早就給您寫信的，但自祖母大人仙逝之後，我由於心中實在是難過，總也提不起筆來。我於一月十一日學校開課，到目前為止功課也荒廢得利害。但從上週起我的感情開始慢慢地平靜一點。隨着今後時間的推移，我想我會慢慢地適應沒有祖母的生活的。只是我現在日日夜夜地想念她。她一生犧牲自己的一切，為家人操勞。在臨終

59　熊德海之女傅一民。

的時候，口中還在唸着自己的兒女子孫們。她一生雖未作出甚麼「驚人之舉」，但我真正地感到她平凡中的偉大，我為我曾有過這樣一位祖母而感到無比的自豪。在她最後病重的一個多月裏，正值我放假，得有機會天天在家中照料她，她入院後的一週中，我幾乎天天從早到晚守在她老人家牀前，這是我唯一感到欣慰的。我想您知道後也會感到欣慰的。

……

過去的一年中是祖母對我無微不至的關懷照料。真想不到她走得那樣快，我連一句感激的話都沒有來得及對她說。在她臨終前最後一次醒過來時，我拉着她的右手，她望着我，用左手輕輕地摸着我的臉，我真希望她那時明白我對她的感激之情！最後希望您多多保重，我盼望不久能有機會去看望您。敬祝

福體永遠健康！

孫　偉[60]泪叩　二月九日倫敦　（1987 年）

編者按：在這二封八十年代的家書裏，祖孫之間的親情傳遞，並沒有因為時代的變遷，以及地理位置的遠隔，而變得淡漠或疏遠。可見家教家風的傳承，亦能不受時代和地域的阻隔，依舊綿綿流長，源源不斷。

60　熊德輗的次子熊偉。

後記

這本書，從最初開始探討想法，到正式啟動項目，直至編輯完成初稿，歷經了七八年的時光。這期間，恰好遭遇了百年未遇的「新冠」疫情，讓我對書中書外的許多人和事，更增添了幾分理解和感悟。名城牛津猶在，似乎也不復遙遠。然逸伏廬不再，當年盡歡的賓主，大多已淹沒在歷史的長河中。多少悲歡離合，早已隨風而逝。幸有若干雪泥鴻爪留存，包括書中所選錄的，珍貴的信札手書。當年這個特別的朋友圈，滿是修養學識皆高的知識分子。有些信札的書法，好似龍飛鳳舞，辨識起來頗具挑戰性。同時，所選信札中也不乏典雅別致的遣詞造句，令人讀罷贊歎不已。其實，親友之間的書信往來，傳遞的往往是最不加掩飾的真情實感。作為資料整理者，深知這種跨時空的回望窺探，是一種特權，更是一種責任。因而在摘選編輯的過程中，絲毫不敢懈怠，時刻心存敬畏。囿於水平有限，最終的呈現，難免疏漏不足之處，還望讀者海涵。

在這本文選付印之際，首先想要感謝的，是我的小姨熊德荑。可以說，沒有她，就沒有這本書，至少不可能以如此豐富的形式予以呈現。書中的很多資料，和絕大部分圖片，都來自於她所保存的家族檔案。作為《海外花實》主要人物原型之一，對書中其他人物情節及背景方面的考證，以及書外熊家朋友圈的很多交往細節，她都是最具權威性的信息源。同時也要感謝德荑多年的好友陳毓賢女士。她不吝每日有限的閱讀時間，慷慨同意幫忙審稿。陳女士在七十年代中後期到八十年代初期，曾與我的外祖母蔡岱梅保持通信，本書即選錄了她所保留並歸還的二封珍貴信札。

另外也要感謝，小舅熊德達和其家人。他們對我毫無保留，慷慨提供了小舅 1949 年的日記原件。這本日記，詳細記載了我母親和小舅姐弟倆，如何從南昌一路南行，長途跋涉跨洋越海，最終抵達英倫，與父母團聚的全過程。特別感謝表姐熊心，她是祖母中文手稿和很多信札的保管者，也是家書的最初分檔整理者。這些年，每當我登門梳理那些資料，她都傾其所有，給予熱情款待和全力支持。也要感謝表哥熊偉一直以來的大力支持，以及同意在書中選用他 1987 年初寫給祖父的那封家書。

非常感謝香港商務印書館的編輯們。他們在聞知《海外花實》中文原稿的出版意向後，即於 2024 年 5 月，討論並通過了本書的選題。熊家與商務印書館的淵源，可謂由來已久。外祖父熊式一的第一本譯作《佛蘭克林自傳》，即由商務印書館於 1932 年在上海出版發行。近百年後再續良緣，有幸與香港商務印書館合作，出版發行外祖母蔡岱梅的這本文集，幾乎達成一個完美的閉環。另外也要感謝鄭達教授，他十年磨一劍，為撰寫外祖父熊式一的傳記進行了廣泛深入的研究。這也帶動着我，開啟了對於外祖父母的再認識之旅。還有陳曉婷博士，衷心感謝她在本書的編輯過程中，給予的所有鼓勵和幫助。

特別感謝沈雙教授，欣然同意作序。我們初識於九十年代中期的紐約，當年印像中的她，不是在取書，就是在去送書的路上。德蕙曾評論說，雙是我身邊朋友中，最有書卷氣的人。這些年來，我們從相識到相知，從同遊到互訪，足跡遍及紐約、華盛頓、北京、上海和香港。沈雙教授也是最早開始發掘外祖父熊式一歷史資料的學者之一，在相關領域多有論著。這次，有幸請到她，為外祖母蔡岱梅這本文選撰寫序言，真是冥冥之中最好的安排。

最後的感激和敬仰之情，謹獻給我的外祖母蔡岱梅，以及外祖父熊式一。雖然我從小並沒有機會和他們共同生活，但是在讀大學後，非常有幸與二老分別進行了通信。那些珍貴的手諭，足以讓我感受到，他們對外孫的關愛。最後的最後，深切感恩我的母親熊德海和父親傅佩。是他們，屏蔽了外在的逆境，給了我一個無憂無慮的幸福童年，使我得以至今保持好奇心，有能力感知愛和美好。

傅一民

2024 年秋，海上瑞伏居